suhrkamp taschenbuch
wissenschaft 1307

In den Beiträgen dieses Bandes wird jene neuere technikwissenschaftliche Diskussion weitergeführt, in der von einem interaktiven Verhältnis zwischen Mensch und Technik ausgegangen wird. Aus der Sicht der Psychologie, der Soziologie, der Pädagogik und der Informatik wird – am Beispiel von Entwicklerinnen und Entwicklern, Benutzerinnen und Benutzern – die Interaktion mit der Computertechnik in den Mittelpunkt der einzelnen Analysen gestellt. Es wird danach gefragt, mit welchen Kompetenzen, Wünschen, Ängsten, Interessen die Subjekte in die Auseinandersetzung mit der Computertechnik und der ihr eigenen Logik eintreten, welche Fähigkeiten und menschliche Qualitäten die Technik fordert und fördert und welche nicht, wie sich die Mensch-Maschine-Interaktion unter den Bedingungen maschineller Vorgaben und individueller Dispositionen gestaltet und ob die Subjektivität Entwicklungschancen erhält. Die Antworten auf diese Fragen werden in den einzelnen Beiträgen auf der Basis empirischer Studien entwickelt. Darüber hinaus werden Perspektiven einer alternativen subjekt- und subjektivitätsorientierten Technikentwicklung erörtert. Das Buch wendet sich an die am Technikdiskurs beteiligten Wissenschaftlerinnen und Wissenschaftler verschiedener Disziplinen, an Technikexpertinnen und -experten in öffentlichen Institutionen wie Kirchen und Gewerkschaften, an Technikgestalterinnen und -gestalter in den Betrieben sowie an interessierte Laien, die sich in Fragen des Mensch-Technik-Verhältnisses einlesen wollen.

Christina Schachtner, Sozialwissenschaftlerin, ist Professorin am Fachbereich Erziehungswissenschaften der Universität Marburg. Im Suhrkamp Verlag hat sie bereits veröffentlicht: *Geistmaschine. Faszination und Provokation am Computer* (stw 1072).

Technik und Subjektivität

Das Wechselverhältnis
zwischen Mensch und Computer
aus interdisziplinärer Sicht

Herausgegeben von Christina Schachtner

Suhrkamp

Einen herzlichen Dank
an Susanne Hickel, Elke Gruber und Sohella Hailand
von der Universität Wien
für ihre Unterstützung bei der Realisierung dieses Buches

Die Deutsche Bibliothek – CIP-Einheitsaufnahme
Technik und Subjektivität : das Wechselverhältnis zwischen
Mensch und Computer aus interdisziplinärer Sicht /
hrsg. von Christina Schachtner. –
1. Aufl. – Frankfurt am Main : Suhrkamp, 1997
(Suhrkamp-Taschenbuch Wissenschaft ; 1307)
ISBN 3-518-28907-1

suhrkamp taschenbuch wissenschaft 1307
Erste Auflage 1997

Satz und Druck: Wagner GmbH, Nördlingen
Printed in Germany
Umschlag nach Entwürfen von
Willy Fleckhaus und Rolf Staudt

1 2 3 4 5 6 – 02 01 00 99 98 97

Inhalt

Christina Schachtner
Die Technik und das Soziale
Begründung einer subjektivitätsorientierten Technikforschung

Das vorliegende Buch thematisiert das Verhältnis zwischen dem Sozialen und der Technik als ein Spannungsverhältnis, das auf der Subjektebene verhandelt wird. Es präsentiert eine Forschungsperspektive, als deren Leitbegriff Subjektivität fungiert, der die Mikroebene ins Blickfeld rückt. Im folgenden werde ich in diese Forschungsperspektive einführen, indem ich sie begründe. Zunächst aber stelle ich in Anlehnung an Werner Rammert Überlegungen darüber an, was unter Technik zu verstehen ist, um den möglichen Gegenstandsbereich der diskutierten Forschungsperspektive abzustecken. Technik im engeren Sinn meint die »stofflichen Verkörperungen zweckmäßiger Mittel« (Rammert 1993, 10). Zur Technik im weiteren Sinn zählen alle Verfahrensweisen eines Handelns und Denkens, die methodischen Operationsregeln folgen und strategisch einen bestimmten Zweck anstreben (vgl. 1993, 11). Der weitere Technikbegriff bestimmt auch nichtstoffliche Artefakte wie z. B. bürokratische, juristische, medizinische Verfahren der Fallbearbeitung als Technik, sofern sie einer methodischen, effizienzorientierten, zielgerichteten Logik folgen (vgl. Habermas 1981, 240).

Die Computertechnik, auf die sich die Analysen in diesem Buch beziehen, stellt neue Anforderungen an einen Technikbegriff, handelt es sich hierbei doch um eine Technik, die sich aus stofflichen und nicht-stofflichen Teilen zusammensetzt. Ihr entspricht ein informations- und systemtheoretischer Technikbegriff, demzufolge technische Systeme durch formale Operationsschemen festgelegt werden, die die stoffliche, energetische und informationelle Transformation von gegebenen Inputs in gewünschte Outputs eindeutig regeln. Unterschiedliche Transformationen können sich in ein und demselben technischen Sachsystem vergegenständlichen; Computer können u. a. als Rechen-, als Textverarbeitungs-, als Spielmaschine benutzt werden (vgl. 1993, 13). Computer haben, wie alle technischen Instrumente, Handlungscharakter (vgl.

Joerges 1989, 61). Der Begriff »techne«, der aus dem Griechischen kommt, bezeichnet als Tätigkeitswort anfertigen, herstellen, geschickt gestalten, etwas ins Werk setzen. Der Handlungscharakter kommt den Subjekten von den Maschinen bereits entgegen und trifft in diesen auf ein Gegenüber, das ebenfalls handlungsmächtig ist.

Die Technik und das Soziale: Drei Erklärungsansätze

Sowohl die Entwicklung als auch die Anwendung technischer Verfahren, Instrumente und Systeme lassen sich nicht als exogener, vom Sozialen abgekoppelter Prozeß beschreiben. Die Technik und das Soziale sind aufs engste miteinander verschränkt; über das Wie der Verschränkung existieren im sozialwissenschaftlichen Technikdiskurs unterschiedliche Auffassungen.

Die Technik bestimmt das Soziale

Die Automationsdebatte der 50er und 60er Jahre, ausgelöst durch Veröffentlichungen der Amerikaner John Diebold (1956) und Charles R. Walker (1957) stand im Zeichen technikdeterministischer Annahmen. Es wurde u. a. angenommen, daß die Automation zu einer Freisetzung der Arbeitskräfte führt, daß sich Schlüsselberufe in leicht erlernbare Tätigkeiten der Maschinenbedienung verwandeln und sich der Einfluß der Arbeitenden auf den Arbeitsprozeß vermindert (vgl. Lutz/Schmidt 1969, 89 ff.). Diebold dagegen prognostizierte neben einer zunehmenden Rationalisierung von Arbeitsabläufen die Abnahme unqualifizierter Tätigkeiten sowie den Rückgang von Arbeitsbelastungen und den Abbau von Entfremdung (vgl. ebd.). Pessimistisch wiederum äußerte sich Hannah Ahrendt, die feststellte, daß die Maschinen »dem Körper die Initiative für die Bewegung abnehmen, und nicht mehr er dem Werkzeug den Takt angibt, sondern nach dem Takt der Maschine gewissermaßen tanzt« (Ahrendt 1960, 133). Der Mensch, so Ahrendt, paßt sich den Maschinen an, weil er ein bedingtes Wesen ist, so daß ein jegliches, ob er es erfindet oder vorfindet, zur Bedingung seiner Existenz wird.
Der technische Wandel wurde im Hinblick auf seine Folgen auch

für die Menschen außerhalb des Arbeitsbereiches diskutiert. Als ein profilierter Vertreter der sog. Technokratie-Debatte der 60er Jahre ist Hans Freyer zu nennen, der von einem »Dominantwerden technischer Kategorien in der Lebenswelt« (Freyer 1970, 156) sprach. Er meinte damit, daß die seit der industriellen Revolution entwickelte Produktions-, Verkehrs- und Informationstechnik zu einer Lebensform geworden ist, die unsere Verhaltensweisen und Bewußtseinsstrukturen bestimmt. Sie bringe Sozial- und Humantechniken hervor, die den Menschen zum Objekt eines social engineering mache, das ihn bis in seine Struktur hinein zu manipulieren gestatte. Freyer dehnt mit dieser Annahme seinen Technikbegriff ins Nicht-Stoffliche aus. Das Technische wird zum Sozialen und das Soziale wird technisch.

In den ersten großangelegten empirischen Untersuchungen nach Einführung der Computertechnik in der industriellen Fertigung und im tertiären Sektor Anfang der 80er Jahre findet sich ebenfalls eine technikdeterministische Position. Die am sozialwissenschaftlichen Forschungsinstitut (SOFI) Göttingen von Kern/Schumann und Baethge/Overbeck durchgeführten Studien kommen übereinstimmend zu dem Ergebnis, daß der Einsatz der neuen Informations- und Kommunikationstechnologien sowohl in der Fertigung[1] als auch im Verwaltungs- und Dienstleistungsbereich[2] eine Bündelung heterogener Inhalte zugunsten eines ganzheitlichen Aufgabenzuschnitts zur Folge hat (vgl. Baethge/Overbeck 1986, 29 f.; Kern/Schumann 1984, S. 152). Kern/Schumann sprechen in diesem Zusammenhang von einer »Reprofessionalisierung der Produktionsarbeit« (1984, S. 155 f.).

Anders wurden die Auswirkungen der neuen Technik in einer Studie des Instituts für Sozialforschung Frankfurt beurteilt. Karin Benz-Overhage und Gerhardt Brandt, die ihre empirischen Kenntnisse aus Untersuchungen in der Stahlindustrie, der Metallverarbeitung, der Elektrotechnik, des Maschinenbaus beziehen, vertreten die These, daß die Implementation von Computersystemen in diesen Industriesektoren menschliche Arbeit auf relativ einfache, routinierte, automatisierbare, wenig planende und wenig kreative Funktionen reduziert (vgl. Benz-Overhage/Brandt 1982,

1 Automobilindustrie, Werkzeugmaschinenbau, Großchemie, Nahrungsmittelindustrie.

2 Handel, Banken, Versicherung, Industrie- und Kommunalverwaltung.

S. 96). Nicht Produktionsfacharbeit, wie Kern/Schumann prognostizieren, sei in Zukunft vorrangig gefordert, sondern ein Tätigkeitstypus, der sich durch eine »inhaltsleere Jedermanns-Qualifikation« (ebd.) auszeichnet.
Die einzelnen theoretischen und empirischen Ansätze unterscheiden sich in bezug auf die Bewertung des Einsatzes neuer Technologien; gemeinsam ist ihnen die Blickrichtung auf die Technikimplementation und -anwendung sowie die Orientierung an einem Ursache-Folge-Modell, das der Technik eine prägende Wirkung zuschreibt und den Subjekten die Rolle als AdressatInnen, als Betroffene, als Opfer. Dieser Orientierung entspricht die von politischer Seite veranlaßte Etablierung von Verfahren der Technikfolgenabschätzung, mit deren Hilfe zu erwartende Folgeprobleme und Risiken möglichst frühzeitig erfaßt werden sollen. Auch die Rede vom technischen Fortschritt unterstellt ein lineares, direkt proportionales Verhältnis zwischen der Technik und dem Sozialen, das in diesem Fall optimistisch gedacht ist (vgl. Dierkes 1989, 4).

Das Soziale bestimmt die Technik

Notwendig richtet sich die Perspektive dieser Position auf die Technikgenese. In Umkehrung der Erklärungsrichtung wird die Entwicklung technischer Artefakte als Folge soziokultureller Prozesse behauptet.
Lewis Mumford untersucht die technischen Folgen unterschiedlicher Sozial- und Politikformen. Nach Mumford existieren von der späteren Jungsteinzeit im Nahen Osten bis hin zu unserer Zeit zwei Technologien nebeneinander: die demokratische und die autoritäre Technik (vgl. Mumford 1980, 13 f.). Die demokratische Technik ist auf den Menschen zugeschnitten; sie ist relativ schwach, aber phantasiereich und dauerhaft. Sie hat ihren Ursprung in einer überschaubaren Produktionsweise, basiert auf handwerklichen Fähigkeiten sowie animalischer Energie und bleibt der Kontrolle des Handwerkers oder Bauern unterstellt. Ihre Leistungsfähigkeit ist begrenzt, doch bietet sie eine hohe Anpassungs- und Regenerationsfähigkeit.
Die autoritäre Technik ist nach Mumford systemzentriert, von immenser Leistungsfähigkeit, aber im Kern instabil. Sie hat ihren

Ursprung in der Zentralisierung politischer Kontrolle, aus der eine Lebensweise hervorging, die wir Zivilisation nennen. Ihre Anfänge reichen in das 4. Jahrtausend vor Christi zurück. Die autoritäre Technik schuf nach Mumford komplexe menschliche Maschinen, die aus spezialisierten, standardisierten, austauschbaren, interdependenten Teilen zusammengesetzt sind; die Arbeitsarmee, die militärische Armee, die Bürokratie (vgl. 1980, 15). Automatische Figuren in menschlicher Gestalt verkörperten den politischen Anspruch auf »bedingungslosen Gehorsam, absolute Ordnung, Knopfdruck-Kontrolle, lauter Eigenschaften, welche seit dem Pyramidenzeitalter die Herrscher ihren Untertanen einzuimpfen trachteten« (Mumford, 1974, 432). »Die Erfinder der Atombombe, der Raketen und Computer sind«, so Mumford, »die Pyramidenbauer unseres Zeitalters« (Mumford 1980, 17). Nach Mumford nähern wir uns einem Punkt, an dem die demokratische Technik durch die autoritäre vollkommen verdrängt wird. Dieser Position zufolge schreibt sich das Soziale in die technische Dingwelt ein; es verdinglicht sich aber auch selbst, indem einzelne Menschen, Gruppen, soziale Strukturen zu technischen Mitteln werden.

Auch Norbert Elias konstatiert eine Verdinglichung der Menschen im Zuge der abendländischen Zivilisation. Er beschreibt den Zivilisationsprozeß auf der individuellen Ebene als Errichtung einer Selbstzwangsapparatur, welche mit einer Disziplinierung der emotionalen, sinnlich-leiblichen Expressivität des Menschen einhergeht (vgl. Elias 1978, 327). Unterdrückt werden müssen die unbeherrschbaren, eigen-sinnigen menschlichen Potentiale, die das individuelle Handeln unberechenbar werden lassen. Im Unterschied zu Mumford sieht Elias die Verdinglichung des Menschen nicht als Ausdruck eines politischen Machtwillens, sondern als Konsequenz zunehmender Arbeits- und Funktionsteilung und entstehender sozialer Interdependenzketten, die Selbstbeherrschung und Selbstzwang erforderlich machen (vgl. 1978, 373). Elias unterscheidet sich auch darin von Mumford, daß er die Verdinglichung nicht kritisch kommentiert, sondern sie als unhinterfragbares zivilisatorisches Erfordernis analysiert. Gemeinsam ist den beiden Zivilisationstheoretikern die Charakterisierung des Sozialen als kausale Bedingung der Maschinisierung. Mumford scheint aber auch eine Wechselbeziehung in Erwägung zu ziehen, denn er schreibt: »Und als die Maschinen lebensähnlicher wurden, lernte der abendländische Mensch in seinem täglichen Verhalten maschinenähnlicher zu werden« (vgl. 1974, 443).

Das Soziale und die Technik beeinflussen sich wechselseitig

Technik- und Sozialdeterminismus beschreiben nach Meinolf Dierkes eine Forschungsfalle (vgl. 1989,18). Begreift man die Technik als einen eigengesetzlich wirkenden Faktor, so könnte man allenfalls zwischen Technikfatalismus und Technikabstinenz wählen. Kaum mehr Handlungsmöglichkeiten eröffnen sich den AkteurInnen auf der Basis einer Sichtweise, derzufolge Technikentwicklung ausschließlich auf die Interessen einer Zentralmacht verpflichtet ist.

Bereits Karl Marx, der zwischen Produktivkräften und Produktionsverhältnissen unterschied, aber ein Wechselverhältnis annahm, betrachtete die Technik als endogene Größe gesellschaftlicher Entwicklung. Der sich in den letzten Jahren in der sozialwissenschaftlichen Technikforschung entwickelnde Diskurs knüpft an dieser Sichtweise an. So wird die These diskutiert, daß registrierte Technikfolgen in Abhängigkeit von der Einbettung eines technischen Systems in sozial-organisatorische Verwendungszwecke hochgradig variieren und somit sozialstrukturelle Voraussetzungen spezifische Technikfolgen erst generieren (vgl. 1989, 21). Aus empirischen Untersuchungen, die am Institut für Sozialforschung (ISF) München durchgeführt wurden, geht hervor, daß in den verschiedenen Industriesektoren für die Technikimplementation stets mehrere Entwicklungspfade offenstehen. Hirsch-Kreinsen u. a. unterscheiden zwischen einem technikzentrierten, einem offenen und einem arbeitszentrierten Implementationsprozeß (vgl. Hirsch-Kreinsen 1990, 142 ff.). Im Hinblick auf die Implementation neuer Technologien im Maschinenbau wurden drei realisierbare Modelle der Arbeitsorganisation festgestellt; A: Zentralisierung der Programmierung bei gleichzeitiger Dequalifizierung auf Produktionsebene; B: Zurückholung ausgelagerter Programmierung in die Fertigung; C: Zentrale Programmierung und in Ergänzung Programmierung an der Maschine (Hirsch-Kreinsen/Lutz 1987, 538 ff.).

Eine Wechselwirkung zwischen der Technik und dem Sozialen

wird aber nicht nur für die Implementation, sondern bereits für die Entwicklung von Technik angenommen. Andreas Knie und Sabine Helmers fordern ein plurales Verständnis von den Ursachen, Triebkräften und Einflußgrößen der Entstehungsmuster von Technik (vgl. Knie/Helmers 1991, 429). Zu den Einflußfaktoren der Technikentwicklung zählen nach Meinolf Dierkes: Konstruktions- und Forschungstraditionen, Konstruktions- und Forschungsstile, Unternehmens- und Organisationskultur sowie sozial verhandelte technische Leitbilder (vgl. 1989, 23). Dem Leitbild kommt laut Dierkes eine besondere konzeptionelle Bedeutung zu, weil es Intuition, Wissen und die soziale Verständigung über das Wünschbare zu bündeln vermag.

Entwicklung und Implementation von Technik sind eingebunden in Prozesse des Aushandelns, Entscheidens, Auswählens, Weglassens, Prioritäten setzens. Folgerichtig plädiert Rammert mit Rückgriff auf Alain Touraine dafür, das Forschungsinteresse auf die Akteure in der Technikentwicklung zu richten. Akteure sind für Rammert kollektive Handlungseinheiten, die unterhalb der Ebene gesellschaftlicher Strukturen und oberhalb einzelner Handlungen anzusiedeln sind, z. B. Unternehmer, das Militär, Verbände, soziale Bewegungen (vgl. 1993, 100). Die Akteure sind im Sinne der Wechselbeziehungsannahme nicht nur als »strukturierte Struktur«, sondern auch als »strukturierende Struktur« zu begreifen (vgl. 1993, 106).

Die vorgestellten Erklärungsansätze zum Verhältnis zwischen der Technik und dem Sozialen weisen trotz ihrer Unterschiedlichkeit einige Gemeinsamkeiten auf. Gemeinsam ist ihnen, daß sie sich überwiegend auf den technischen Wandel in der Arbeitswelt beziehen. Eine Ausweitung des Forschungsinteresses ist angesichts der zunehmenden Technisierung aller Lebensbereiche ein dringendes Erfordernis. Diesem Erfordernis kann auch in dem vorliegenden Buch noch nicht ausreichend Rechnung getragen werden. Weiter zeigt sich in den skizzierten Ansätzen, daß das Soziale vorwiegend auf einer strukturellen Ebene untersucht wird, während das Subjekt und dessen Subjektivität ungleich geringere Beachtung finden. Im Hinblick auf die daraus resultierenden Erklärungslücken setzen die Beiträge dieses Buches Gegenakzente.

Zur Entwicklung und Gestaltung der Computertechnik

Das zur Diskussion stehende Verhältnis zwischen der Technik und dem Sozialen soll im folgenden am Beispiel der Computertechnik noch detaillierter untersucht werden. Gegenstand der Analyse sind sowohl die soziokulturellen Entstehungsbedingungen der neuen Maschine als auch die Mensch-Maschine-Interaktion in der Softwareentwicklung und -nutzung. Die neue Maschine, so meine These, symbolisiert bestimmte kulturelle Denkmuster und Wertorientierungen, auf die sich die Subjekte beziehen und die sie entsprechend ihrer eigenen Bedürfnisse zu verwandeln suchen.

Die neue Maschine und ihre soziokulturellen Grundlagen

Unerschöpflich waren in der Antike, wie Siegfried Giedion in seiner kulturhistorischen Studie ›Die Herrschaft der Mechanisierung‹ (1987) darlegt, die Vorschläge für Vögel, die mit den Flügeln schlagen oder zwitschern, wenn Wasserdruck die Luft durch verborgene Pfeifen treibt. Maschinell bewegte Figuren agierten in religiösen Stichen, Zauberapparate wurden konstruiert, aus denen einmal Wasser, einmal Wein floß. Die technische Erfindungsgabe diente weniger praktischen Zwecken, sie wurde vorrangig in den Dienst des Wunderbaren gestellt. Daß das Wissen über die Ausnutzung des Vakuums und des Luftdrucks so wenig alltagspraktisch und kommerziell genutzt wurde, hängt für Giedion mit einer inneren Einstellung zusammen, die er die »Liebe zum Wunderbaren« (Giedion 1987, 54) nennt. Diese wurde laut Giedion an die Araber weitergegeben; sie lebte fort im Automatenmotiv islamischer Miniaturen sowie in den Androiden (Automaten in menschlicher Gestalt, die Instrumente spielten, und mit menschlicher Stimme redeten) des 18. Jahrhunderts und noch in der Gegenwartskunst eines Jean Tinguely oder eines Chris Burden (z.B. in dessen Arbeit ›The Flying Steamroller‹) ist sie unübersehbar. Doch der Nützlichkeitsaspekt technischer Erfindungen gewann an Bedeutung. Dieser Bedeutungszuwachs steht in Verbindung mit einer sich verstärkenden rationalistischen Einstellung zur Welt im Zuge der »Entzauberung mythischer Deutungssysteme« (Habermas 1981, 238). Max Weber hat den Rationalisierungsprozeß des Okzidents in den Mittelpunkt seines Werkes gestellt. Er unterscheidet zwischen Wert- und Zweckrationalität. Wertrational handelt, wer ohne Rücksicht auf die vorauszusehenden Folgen im Dienst ethischer Werte und Überzeugungen handelt (vgl. Weber 1956, 18). Zweckrational handelt, »wer sein Handeln nach Zweck, Mittel und Nebenfolgen orientiert und dabei sowohl die Mittel gegen die Zwecke, wie die Zwecke gegen die Nebenfolgen, wie endlich auch die verschiedenen möglichen Zwecke gegeneinander rational abwägt ...« (ebd.). Zweckrationalität ist nach Weber die dominierende Rationalität des Okzidents geworden. Es ist dies die Rationalität des Homo faber, der »keine anderen Kategorien kennt als die Zweck-Mittel-Kategorie« (Ahrendt 1960, 141) und sein Handeln am rechnerischen Kalkül ausrichtet. In der technologischen Entwicklung fand diese Rationalität ihren materiellen Ausdruck, ohne daß sie in der von dieser Technik symbolisierten Rationalität aufginge. Bei der Konstruktion technischer Instrumente wird nämlich nicht mehr nach der Rationalität der Zwecke gefragt, sondern nur noch nach der Rationalität der Mittel. Welches die rationalsten Mittel zur Erreichung vorgegebener Zwecke sind, ist eine technische Frage, die sich nach dem »Prinzip des kleinsten Kraftmaßes« (Weber 1956, 45) entscheidet. Technik materialisiert Zweckrationalität in Form instrumenteller Rationalität. Dies gilt für die neue und für die klassische, mechanische Maschine, doch wächst das Potential instrumenteller Rationalität durch die neue Maschine in bislang nicht gekanntem Ausmaß. Dies begründet sich in dem universalen Charakter der neuen Maschine. Im Unterschied zu mechanischen Maschinen, die nur einen Algorithmus verkörpern und daher in ihren Einsatzmöglichkeiten beschränkt sind, kann ein Computer unbegrenzt viele Algorithmen abarbeiten. Jeder Wirklichkeitsausschnitt, der sich in einen Algorithmus transformieren läßt, ist einer Computerisierung zugänglich. Die neuen technischen Möglichkeiten unterstützen die Rationalisierung von immer mehr Lebensbereichen. Maßstäbe instrumentellen Denkens und Handelns können verstärkt in private Lebenswelten vordringen. So gesehen, erweist sich die Technik zugleich als Produkt und als Produzentin kultureller Prozesse.

Mit der Computertechnik ist das Verhältnis zwischen der Technik und dem Sozialen noch enger geworden; zum einen aufgrund des erweiterten Spektrums an Anwendungsmöglichkeiten dieser

Technik und zum andern aufgrund der Tatsache, daß sie ihre Leistungen auf einer geistig-sprachlichen Ebene zeigt, wodurch sie in bislang nicht delegierbare menschliche Bereiche vordringt, ein Gedanke, auf den ich zurückkommen werde. An dieser Stelle möchte ich noch festhalten, daß Weber die technische Entwicklung zwar in erster Linie auf die gesellschaftliche Durchsetzung instrumenteller Rationalität bezieht, daneben aber auch andere Motive nennt, die den technischen Wandel vorangetrieben haben, nämlich Spiel und Grübeln, jenseitige und phantastische Interessen sowie künstlerische Experimente (vgl. 1959, 46). Diese Motive erinnern an die Aura des Wunderbaren, die die Technik der Antike umgab. Es darf angenommen werden, daß diese Motive als das Andere zur instrumentellen Rationalität in der Technik, im Umgang und in der Betrachtung von Technik stets mitschwingen können.

Die Mensch-Maschine-Beziehung als Produktionsbedingung

Sowohl die Erzeugung als auch die Implementation und Anwendung von Technik verlangt die Interaktion zwischen dem Subjekt und dem entstehenden oder bereits fertigen technischen Artefakt. Es bedarf des Subjekts, das technische Instrumente entwirft, das durch Treten, Schalten, Drehen, Drücken Maschinen in Gang setzt, und selbst automatisierte technische Anlagen funktionieren nicht ohne menschliches Zutun. Interaktion ist wie ein Kreisel, der die maschinellen und menschlichen Leistungen in eine dynamische Verbindung bringt und in Balance zueinander hält. Interaktion ist vergleichbar mit der Nabe eines Fahrrads, um die sich Arbeitsvollzüge, Bewegungs- und Handlungsmuster drehen.

Die Interaktion mit der neuen Maschine weist Besonderheiten auf. Sie beschränkt sich nicht auf manuell-motorische Bezüge, sondern spielt sich auf einer geistig-sprachlichen Ebene ab. Sie besteht darüber hinaus nicht nur aus einzelnen Handgriffen, die die Maschinerie in Gang setzen, vielmehr muß die Maschine durch Interaktion erst vervollständigt werden, indem der materiellen Maschine eine immaterielle in Form eines Computerprogrammes hinzugefügt wird. Die Subjekte sind aufgefordert, ihr Denken, ihr formal-logisches Denken permanent mit der Maschine zu verschränken. Es handelt sich um einen schöpferischen

Prozeß, bei dem das, was eben noch innere gedankliche Welt war, im nächsten Augenblick, auf den Bildschirm gebracht, zur äußeren Welt wird. Die Grenzen zwischen innen und außen sind fließend. Ort des Zusammenfließens ist die materielle Maschine, der Computer, den ich daher Grenzobjekt nenne. Ein 19jähriger Softwareentwickler erklärte mir in einem Interview: ... *man sieht (...) teilweise keine Maschine mehr vor sich, sondern eine Art Gehirn*[3]. An der interaktiven Erschaffung der Maschine sind die SoftwareentwicklerInnen als HerstellerInnen der Computerprogramme intensiver beteiligt als die ComputernutzerInnen, die sich fertiger Programme bedienen. Doch ändert sich dies mit zunehmender Dezentralisierung der Programmiertätigkeit.
Wie beziehen sich die Subjekte auf die von der neuen Technik repräsentierte instrumentelle Rationalität, die ihnen als Anspruch an ihr Handeln entgegenkommt? Der von mir im Bereich der Softwareentwicklung durchgeführten Untersuchung ›Computerbezogen wahrnehmen, denken und handeln‹ (Schachtner 1993) zufolge zeigen sich die Subjekte eigen-sinnig. Sie folgen einerseits den der Maschine inhärenten, der instrumentellen Rationalität verpflichteten Ansprüchen, die diese als diskursives Symbol (vgl. Langer 1965, 88) auszeichnen, das ein analysierendes, systematisches, quantifizierendes, zielgerichtetes Denken und Handeln erfordert. Doch versuchen sie, diese Ansprüche so zu modellieren, daß sie mit den eigenen Ansprüchen übereinstimmen. *So ein Programm ist wie ein Gemälde*, bemerkte ein 28jähriger Softwareentwickler, *(...) man hat eine Idee, dann kommt eine Struktur ins Bild (...) und die Details wachsen dann immer so. Man ist sich nicht sofort klar, wie man das kleinste Detail realisieren will, und man hat also die Möglichkeit, dies tatsächlich selber zu bestimmen, was man macht.* Der spielerische Umgang mit den Regeln instrumenteller Rationalität wird in den Interviews wiederholt als ein Bedürfnis und als Möglichkeit artikuliert. Er knüpft an Kindheitserlebnisse an. Die Entwicklung eines Computerprogramms wird verglichen mit dem Tun eines kleinen Jungen, der ein Schiff baut, oder mit dem eines kleinen Mädchens, das ein Stück Garten erhält, auf dem sie Erdbeeren und Stachelbeeren züchtet.

3 Alle kursiv geschriebenen Satzteile stellen wörtliche Aussagen von SoftwareentwicklerInnen dar, die ich im Rahmen des Forschungsprojekts ›Computerbezogen wahrnehmen, denken und handeln‹ interviewt habe.

Neben diesen kreativen Versuchen, mit denen die Spielräume instrumenteller Rationalität ausgelotet werden, gibt es andere maschinenbezogene Verhaltensweisen, die diese Rationalität transzendieren, indem die Maschine entgegen ihrer Bestimmung zu einem präsentativen Symbol (vgl. 1965, 100 f.) gemacht wird. Dies ist der Fall, wenn sie den EntwicklerInnen als ein menschliches Gegenüber, als ein Alter ego oder als ein Du erscheint, das Gefühle und Sinne anspricht. Die Verwandlung von einem toten Ding in ein lebendiges Wesen drückt ein 41jähriger Entwickler so aus: *Das* (der Computer, d. V.) *ist vom letzten Schrotthaufen, der aber wirklich ein Metallkasten, bis nahezu jemand, mit dem ich kommuniziere. Da können Sie sich alles dazwischen ausdenken, je nach Situation.* Wird die Maschine in dieser Aussage als ein Du imaginiert, so sieht ein 15jähriger in der Maschine sich selbst. Er würde sie nicht verkaufen, denn, so begründet er, *da ist ein viel zu großer Teil von mir drin.* In Hinblick auf die präsentative Symbolik werden sinnlich-emotionale Verhaltensweisen entwickelt. Die Maschine wird geliebt, gestreichelt, verziert, zärtlich angesprochen, aber auch angeschrien, getreten und geschlagen. Die Interaktion mit der Maschine gestaltet sich nicht nur nach den Regeln instrumenteller Rationalität; auch lebensweltliche Themen, Fragen, Probleme bestimmen die Interaktionsinhalte. Die von Giedion beschriebene Liebe zum Wunderbaren kann zum Tragen kommen. Programmieren wird zu einer Tätigkeit, die sich zusammensetzt aus ausweisbaren strategischen Verfahren (vgl. Lorenzer 1981, 161) und einem weiten Feld von Gesten, Gefühlen, Träumen, Ängsten. Bei der Verschränkung der materiellen mit der immateriellen Maschine verschränken sich aufs engste kognitive Kompetenzen mit sinnlich-emotionalen Empfangsbereitschaften und Empfindungen. Mein Beitrag über programmierende Jugendliche in diesem Band enthält hierzu weitergehende Ausführungen.

Es gibt Hinweise aus anderen Untersuchungen, daß die von mir festgestellte Eigen-sinnigkeit der Subjekte in der Produktion und im Umgang mit Technik kein singuläres, sondern ein allgemeines Phänomen ist. Knie/Helmers haben diese auch bei Naturwissenschaftlern und Ingenieuren in der betrieblichen Forschungs- und Entwicklungsarbeit festgestellt und zwar in Form eigen-williger Handlungskalküle und technischer Leitbilder (vgl. 1991, 435). Böhle/Milkau zufolge findet sich das eigen-sinnige Subjekt aber nicht nur in hochqualifizierten technischen Berufen. Ihren Untersuchungen zufolge entwickeln Facharbeiter an CNC-gesteuerten Werkzeugmaschinen nicht lediglich Arbeitsmuster im Sinne instrumenteller Rationalität; deren Arbeitshandeln speist sich vielmehr auch aus sinnlicher Wahrnehmung, Gefühl, Spürsinn und Erfahrung. Dieses »subjektivierende Arbeitshandeln« (Böhle/Milkau 1987, 102) befriedigt Bedürfnisse nach Subjektwerdung und stellt laut Böhle/Milkau ein unverzichtbares Erfordernis für das störungsfreie Funktionieren der Maschinerie dar.

Die Computertechnik entwickelte sich, um nun zusammenzufassen, ebensowenig wie die mechanische Maschine nicht unabhängig von Kultur und Gesellschaft. Die Logik, die sie verkörpert, ist tief eingelassen in den rationalen Diskurs abendländischer Kultur. Es ist eine Logik mit Handlungscharakter. Die Maschinen fordern auf und handeln mit. Doch die Subjekte bringen ihre eigenen Bedürfnisse und Potentiale ins Spiel, die sie dazu drängen, die der Maschine entspringenden Ansprüche zu modellieren und zu verwandeln. Die entstehende Interaktion kann infolgedessen nicht reibungslos verlaufen; sie konstituiert vielmehr ein Spannungsverhältnis. Das Anpassungspotential des Subjekts ist ungleich größer als das der Maschine, stellt diese doch als eine tote Sache ein geschlossenes System dar, während das Subjekt als lebendiges Wesen als ein offenes System betrachtet werden kann. Somit sind den Modellierungs- und Verwandlungsakten des Subjekts in der Interaktion mit der Maschine Grenzen gesetzt.

Subjektivität als Ausgangs- und Bezugspunkt von Technikforschung

Zur Relevanz der Mikroebene

Das technische Maß wird von den Subjekten, wie am Beispiel der Computertechnik dargestellt, nicht einfach adaptiert. Es reibt sich an deren Eigen-sinnigkeit, die dafür sorgt, daß sich maschinenbezogenes Handeln nicht nur nach dem Muster instrumenteller Rationalität formt, sondern von dieser Rationalität ausgegrenzte Potentiale und Kompetenzen integriert wie Erfahrung, Intuition, Emotionalität, Spürsinn. Im Gebrauch dieser Fähigkeiten werden diese geschult, verfeinert, erweitert. Dies sichert den Subjekten die Reproduktion ihres Arbeitsvermögens und die Entfaltung ihrer Individualität. Unverzichtbar sind diese Fähigkeiten aber auch für die Herstellung und das Funktionieren von Technik, wenngleich die von dieser ausgehenden Ansprüche dazu tendieren, das menschliche Potential der technischen Rationalität unterzuordnen, d. h. es zu instrumentalisieren (vgl. Böhle 1995, 18 ff.). Nicht der schweifende, sondern der fixierende Blick, nicht das leiblich-sinnliche, sondern das kognitive Erkenntnisvermögen, nicht die empathische, sondern die distanzierte Wahrnehmung erscheint für die Produktion von und für den Umgang mit technischen Apparaten und Instrumenten wünschenswert. Dies ignoriert die Bedeutung eines frei sich entfaltenden, unzensierten Denkens, Empfindens und Handelns. So geht z. B. dem Entwurf eines Computerprogrammes häufig ein von der technischen Logik losgelöstes, von der Intuition inspiriertes Denken, Assoziieren und Ausprobieren voraus. Eine Softwareentwicklerin erklärte mir im Interview: *Am Anfang braucht man mal ein bißchen was Neues, einfach zwei linke oder zwei rechte Hände, irgendwie was Außergewöhnliches.* Der Facharbeiter an der CNC-Maschine wiederum kommt nicht ohne eine empathische Beziehung zur Maschine, nicht ohne ein sensibles Gehör und eine schweifende Aufmerksamkeit aus, um technische Störungen rasch zu erkennen und adäquat zu interpretieren (vgl. Böhle/Milkau 1987, 115). Doch müssen sich die die technische Regel transzendierenden Fähigkeiten gegen diese erst behaupten.

Das Verhältnis zwischen dem Sozialen und der Technik entscheidet sich auf der Mikroebene und nicht auf der Makroebene. Dies begründet die Notwendigkeit einer auf das Mikrolevel gerichteten Forschungsperspektive, anders gesagt, einer subjektivitätsorientierten Technikforschung, die danach fragt, wie sich die Subjekte bei der Produktion und im Gebrauch von Technik zu dieser in Beziehung setzen, wie sich subjektives Denken, Handeln, Fühlen in bezug auf technische Logik formt bzw. diese von den Subjekten geformt wird. Subjektivität bildet den Ausgangs- und Bezugspunkt dieses Forschungsansatzes. Doch was ist unter Subjektivität zu verstehen?

Subjektivität bezeichnet keinen festen Zustand, sondern ein dynamisches Verhältnis des Individuums zu sich selbst und zu der es umgebenden Sozial- und Dingwelt sowie ein Potential, das sich mehr oder weniger in diesem Verhältnis zu entwickeln vermag (vgl. Kade/Geissler 1980, 12). Subjektivität entsteht im Spiegel der Dinge und des Mitsubjekts. Das Aufkommen des Begriffs Subjektivität Anfang des 19. Jahrhunderts war, wie Ralf Konersmann ausführt, in Paris und London begleitet von einer großzügigen Verteilung von öffentlichen Spiegeln (vgl. Konersmann 1991, 16). Ein Augenzeuge schrieb in einem Gesellschaftsblatt, daß man in Paris keinen Schritt mehr tun könne, »ohne sein liebes Ich zu erblicken« (zit. n. ebd.). Spiegel beglaubigen dem Subjekt sowohl seine Präsenz als auch seine Potenz. Autonomie generiert sich durch Heteronomie. Deshalb sind Autonomie und Heteronomie keine Alternativen, zwischen denen sich das Subjekt entscheiden könnte. Beides setzt sich in einer Bewegung gegeneinander durch (vgl. Meyer-Drawe 1990, 152). Im Mythos verkörpern Narziß und Echo die beiden Lebensextreme, das bloße Sein zu sich selbst und das pure Sein durch den anderen. Beide gehen an dieser Ausschließlichkeit zugrunde. In der feministischen Subjektdebatte wird von einer »dynamischen Autonomie« (Fox Keller 1986, 123) gesprochen, die aus einer empathischen Beziehung zur menschlichen Welt erwächst und eine Form der Liebe darstellt. Liebe ist für Kierkegard das Kernstück von Subjektivität (vgl. Kierkegard 1959, 263). Und doch sind Liebende so selten, stellt er fest. Dies verweist einmal mehr darauf, daß Subjektivität den Menschen nicht per se verfügbar ist, sondern erst ausgebildet werden muß.

Eine subjektivitätsorientierte Technikforschung hat grundlagentheoretische und evaluierende Aufgaben. Sie erarbeitet zum einen grundsätzliche Erkenntnisse über die zwischen den Subjekten und technischen Artefakten entstehenden Interaktionsmuster. Zum andern sucht sie diese zu bewerten. Sie untersucht, inwieweit die Herstellung und der Gebrauch technischer Verfahren und Apparate Räume eröffnet, die es erlauben, Subjektivität vielfältig zu leben und weiterzuentwickeln. Vielfalt speist sich aus der Möglichkeit, die Interaktion zwischen Subjekt und Technik sowohl kognitiv als auch emotional, sinnlich-leiblich, spielerisch und experimentell zu gestalten. Vielfalt in diesem Sinn ist nach Merleau-

Ponty eine Bedingung menschlichen Seins. Leib und Seele (= Denken und Fühlen) sind nicht als zwei Glieder vorzustellen, die vielleicht zusammenhängen, aber einander äußerlich bleiben (vgl. Merleau-Ponty 1976, 242). Sie unterscheiden sich lediglich als verschiedene Integrationsstufen. Nicht immer finden unsere Gedanken, so Merleau-Ponty, die Fülle ihres vitalen Ausdrucks, »aber wenn die Seele über kein Mittel, sich auszudrücken verfügt, hört sie alsbald auf zu existieren«, so wie umgekehrt, »der Leib, der seinen Sinn einbüßt, alsbald (auf)hört, ein lebendiger Leib zu sein« (1976, 243). Die Entfaltung von Subjektivität ist aber nicht nur im Hinblick auf das Subjekt, sondern auch vom Standpunkt der Technik aus betrachtet, unverzichtbar, ist diese doch in der Interaktion mit den Subjekten auf dieses Potential angewiesen. Die Chancen von Subjektivität beschreiben somit auch die Chancen technischen Fortschritts.

Dieses Buch versammelt Analysen, die die Chancen von Subjektivität bei der Produktion und bei der Nutzung von Computertechnik in verschiedenen Tätigkeits- und Lebensbereichen zu bestimmen suchen. Sie bedienen sich hierfür theoretischer Ansätze, die unterschiedlichen Denk- und Wissenstraditionen entstammen, wodurch das Buch einen interdisziplinären Charakter erhält.

Fritz Böhle und Hartmut Schulze, deren Untersuchung sich auf die Arbeit an computergestützten Werkzeugmaschinen bezieht, kommen zu dem Ergebnis, daß sich in dieser Technik ein Arbeitsbegriff materialisiert, der ein objektivierendes Arbeitshandeln einfordert. Doch entgegen dieser Forderung orientieren die Arbeitenden ihre Praxis an einem subjektivierenden Arbeitsstil, der das reibungslose Funktionieren der technischen Anlagen garantiert, sich aber erst gegen die Implikationen der Technik durchsetzen muß. Die Beiträge von Brigitte Scherer, Thomas Leithäuser und Erhard Tietel basieren auf einer empirischen Studie zur PC-Nutzung in der öffentlichen Verwaltung. Brigitte Scherer untersucht aus psychoanalytischer Sicht, wie die bei einer verordneten Einführung von PCs erlebte Ohnmacht auf seiten der NutzerInnen von diesen in eigene Wünsche umgearbeitet wird mit dem Ziel, sich wieder als Subjekt erfahren zu können. Thomas Leithäuser vertritt die These, daß das, was bisher verschiedenen Lebensbereichen zugeordnet war, nämlich Arbeit und Spiel, mittels der neuen Technik zusammengezogen wird. Es entstehen neue Erfahrungsräume, die gleichwohl neue Kontrollmöglichkeiten enthalten. Erhard Tietel analysiert die Beobachtung, daß Gestaltungsmöglichkeiten an der Maschine, ästhetische Bedürfnisse der PC-NutzerInnen freisetzen. Er interpretiert deren Versuche, in der Textverarbeitung individuelle Kreativitätsbedürfnisse ins Spiel zu bringen, und stellt fest, daß die kreativen Ergebnisse in neue Standards umschlagen können. Die Analyse von Barbara Grüter behandelt die Individuierungschancen in der Softwareentwicklung. Für Grüter birgt diese Tätigkeit neue Möglichkeiten, die Trennung von Körper und Geist aufzuheben in dem Sinne, daß beide Potentiale mit- und gegeneinander wirksam werden. In einem eigenen Beitrag, der sich auf programmierende Jugendliche bezieht, bin ich der Frage nachgegangen, welchen Einfluß die Auseinandersetzung mit technischer Logik auf die Entwicklung von Subjektivität in der Adoleszenz gewinnen kann. Sabine Collmer untersucht die Aneignung der Computertechnik und Computerkultur aus geschlechtsspezifischer Sicht. Ihre These lautet, daß die Aneignungsversuche in besonderer Weise Doing-gender-Prozesse evozieren, finden sie doch in einem gesellschaftlichen Raum statt, in dem technische Kompetenz dem männlichen, aber nicht dem weiblichen Geschlecht zugeschrieben wird. Arno Bammé fragt: Wie konstituiert sich Subjektivität als politisch entscheidender Faktor im Kontext technologischer Zivilisation? Subjektivität zur Geltung zu bringen heißt nach Bammé, Verfahren zu implementieren, die sie zur Geltung bringen. Der Beitrag von Willi Bruns schließt den Band ab. Bruns stellt einen neuen methodischen Ansatz vor, mit dem die Verbindung zwischen einem abstrahierenden und einem intuitiven, sich einlassenden Vorgehen bei der Technikgestaltung und -handhabung unterstützt werden soll. Der Rechner bleibt als Berechnungsgerät im Hintergrund, im Vordergrund steht das Hantieren mit gegenständlichen Objekten und damit die Auseinandersetzung mit stofflichen Elementen und die technisch ungebrochene Kommunikation mit und über diese(n) Elemente(n).

Die Chancen von Subjektivität müssen nicht dem Engagement des einzelnen Subjekts überlassen bleiben. In den Beiträgen von Arno Bammé und Willi Bruns wird über Möglichkeiten nachgedacht, wie durch Gestaltung und Plazierung von Technik bzw. durch Implementation von Partizipationsverfahren die Förderung von Subjektivität zu einer gesellschaftlichen Aufgabe werden kann.

Literatur

Ahrendt, H. (1960), *Vita Activa*, Stuttgart

Baethge, M./H. Overbeck (1986), *Zukunft der Angestellten, Neue Technologien und berufliche Perspektiven in Büro und Verwaltung*, Frankfurt/Main: Campus

Benz-Overhage, K./Brandt, G./Papadimitriou (1982), Rationalisierung und Herrschaft, in: *KZSS, Sonderheft 24*, S. 84-104

Bolte, K. M. (1995), Zur Entstehungsgeschichte des Projekts im Rahmen einer »subjektorientierten« Forschungsperspektive, in: Projektgruppe »Alltägliche Lebensführung«, Red. Kudera, W./S. Dietmaier, S. (Hg.), *Alltägliche Lebensführung – Arrangements zwischen Traditionalität und Modernisierung*, Opladen: Leske + Budrich, S. 1-12

Böhle, F./B. Milkau (1987), *Sinnliche Erfahrung und Gefühl*, Manuskript, München

Böhle, F. (1992), Grenzen und Widersprüche der Verwissenschaftlichung von Produktionswissen, Zur industriesoziologischen Verortung von Erfahrungswissen, in: Malsch, Th./U. Mill (Hg.), ArByte, Modernisierung der Industriesoziologie, Berlin: Verlag Edition Sigma, S. 87-132

Diebold, J. (1956), *Die automatische Fabrik*, Frankfurt/Main: Nest Verlag

Dierkes, M. (1989), *Technikakzeptanz, Technikfolgen und Technikgenese, Zur Weiterentwicklung konzeptioneller Grundlagen der sozialwissenschaftlichen Technikforschung*, Manuskript, Wissenschaftszentrum Berlin für Sozialforschung, Gummersbach

Elias, N. (1978), *Über den Prozeß der Zivilisation, Soziogenetische und psychogenetische Untersuchungen*, Bd. 2, Frankfurt/Main: Suhrkamp

Felderer, B. (1996), *Wunschmaschine, Welterfindung, Eine Geschichte der Technikvisionen seit dem 18. Jahrhundert*, Wien/New York: Springer

Fox Keller, E. (1986), *Liebe, Macht und Erkenntnis, Die innere Welt der Subjekte und Objekte*, München/Wien: Hauser

Freyer, H. (1970), *Gedanken zur Industriegesellschaft*, Mainz: Hase & Koehler

Giedion, S. (1987), *Die Herrschaft der Mechanisierung*, Frankfurt/Main: Athenäum

Habermas, J. (1981), *Theorie des kommunikativen Handelns*, Bd. 1, Frankfurt/Main: Suhrkamp

Hirsch-Kreinsen, H./B. Lutz (1987), Soziale Einflußgrößen fertigungstechnischer Entwicklung. In: *ZWF*, Heft 9, 82. Jg., 1987, S. 538-543

Hirsch-Kreinsen, H./R. Schultz-Wild/Ch. Köhler/M. von Behr (1990), *Einstieg in die rechnerintegrierte Produktion, Alternative Entwicklungspfade der Industriearbeit im Maschinenbau*, Frankfurt/Main: Campus

Joerges, B. (1989), Soziologie und Maschinerie. Vorschläge zu einer »realistischen« Techniksoziologie, in: Weingart, K. (Hg.), *Technik als sozialer Prozeß*, Frankfurt/Main: Suhrkamp, S. 44-89

Kade, J./K. A. Geissler (1980), *Erfahrung und Erziehung zur Subjektivität*. Forschungsbericht 80.05, Hochschule der Bundeswehr München, Neubiberg

Kern, H./M. Schumann (1994), Neue Produktionskonzepte haben Chancen, in: *Soziale Welt*, H. 1, 2, S. 146-157

Kierkegard, S. (1959), *Philosophische Brosamen und unwissenschaftliche Nachschrift*, Köln/Ollen: Jakob Hegener Verlag

Knie, A./S. Helmers (1991), Organisationen und Institutionen in der Technikentwicklung, Organisationskultur, Leitbilder und »Stand der Technik«, in: *Soziale Welt*, H. 4, S. 427-444

Konersmann, R. (1991), *Lebendige Spiegel, Die Metapher des Subjekts*, Frankfurt/Main: Fischer

Langer, S. (1965), *Philosophie auf neuem Weg*, Frankfurt/Main: Fischer

Lorenzer, A. (1981), *Das Konzil der Buchhalter*, Frankfurt/Main: Europäische Verlagsanstalt

Lutz, B./G. Schmidt (1969), Industriesoziologie, in: König, R. (Hg.), *Beruf, Industrie, Sozialer Wandel in unterentwickelten Ländern*, Bd. 8, Stuttgart: dtv

Lutz, B. (1987), Das Ende des Technikdeterminismus und die Folgen – soziologische Technikforschung vor neuen Aufgaben und neuen Problemen, in: Lutz, B. (Hg.), *Technik und sozialer Wandel*, Frankfurt/Main: Campus S. 34-52

Merleau-Ponty, M. (1976), *Die Struktur des Verhaltens*, Berlin/New York: de Gruyter

Meyer-Drawe, K. (1990), *Illusionen von Autonomie*, München: P. Kirchheim Verlag

Mumford, L. (1980), Autoritäre und demokratische Technik, in: *Technologie und Politik 15. Das Magazin zur Wachstumskrise demokratischer und autoritärer Technik. Beiträge zu einer anderen Technikgeschichte*, S. 12-22

Rammert, W. (1993), *Technik aus soziologischer Sicht*, Darmstadt: Westdeutscher Verlag

Schachtner, Ch. (1993), *Geistmaschine, Faszination und Provokation am Computer*, Frankfurt/Main: Suhrkamp

Walker, Ch. R. (1957), *Toward the Automatic Factory*, New Haven

Weber, M. (1956), *Wirtschaft und Gesellschaft*, Tübingen: Mohr

Fritz Böhle
Hartmut Schulze
Subjektivierendes Arbeitshandeln
Zur Überwindung einer gespaltenen Subjektivität

Arbeit als zweck-rationales Handeln – das gespaltene Subjekt

Als Arbeit werden in modernen Gesellschaften sehr unterschiedliche Tätigkeiten bezeichnet. Gesprochen wird nicht nur von körperlicher, sondern auch von geistiger Arbeit, nicht nur von Produktions-, sondern auch von Dienstleistungsarbeit, nicht nur von Erwerbs-, sondern auch von Hausarbeit ebenso wie von Beziehungs-, Erziehungs- oder auch Trauerarbeit (Müller 1992, S. 100f.). Was ist das gemeinsame Merkmal solcher Tätigkeiten bzw. was wird ihnen durch die Bezeichnung ›Arbeit‹ zugeschrieben? Ist es die mit Arbeit verbundene Mühe und Plage oder ist es die Gestaltung, Veränderung und Produktivität oder ist es eine bestimmte ›Art‹ und ›Methode‹, mit der ›gearbeitet‹ wird? Zumindest für industriell organisierte – d. h. betriebsförmig, arbeitsteilig und mittels technischer Systeme organisierte – Arbeit ist vor allem letzteres zutreffend. Arbeit wird hier gleichgesetzt mit einem zielorientierten, zweck-rationalen Handeln. Dies dient sowohl als analytisches Konzept zur Beschreibung (Analyse) der Arbeitstätigkeit und ihrer Abgrenzung zu anderer Tätigkeit (z. B. Freizeit, Konsum) wie auch als normatives ›Leitbild‹, an dem sich die Gestaltung von Arbeitstätigkeiten orientiert und nach dem ›richtiges‹ Arbeitshandeln beurteilt wird. Vieles spricht dafür, daß zweckrationales Handeln – über den Bereich der industriellen Arbeit hinaus – als ein generelles Merkmal von als Arbeit bezeichneten Tätigkeiten gilt. Betont wird hiermit das Zielgerichtete und Systematische. Wir beschränken uns im folgenden jedoch auf industriell organisierte Arbeit und hier wiederum auf die Bearbeitung und Herstellung von Gegenständen. Diese Einschränkung mag auf den ersten Blick als nicht (mehr) zeitgemäß erscheinen, da sie eine Vielzahl anderer Arbeitsbereiche – auch innerhalb der industriell organisierten Arbeit (wie z. B. Konstruktions-, Entwicklungsarbeiten, Verwaltungstätigkeit) – ausgrenzt. Doch hat diese Eingrenzung forschungsstrategische Bedeutung: Wir wählen bewußt einen Bereich aus, in dem die Geltung zweck-rationalen Handelns nahezu unbestritten ist und der hierfür als geradezu prototypisch gilt. Wenn sich in der industriellen Fertigung zeigt – so unsere These –, daß Arbeit sich nicht vollständig als zweck-rationales Handeln abbilden läßt, dann wird damit dessen Geltung auch in anderen Arbeitsbereichen nicht mehr nur – wie bisher – als eine Frage der allmählichen Angleichung oder der besonderen Widerständigkeit der Arbeitsgegenstände (z. B. bei Dienstleistungen) diskutiert werden können. Es stellt sich vielmehr die Frage, inwiefern das bisher vorherrschende Verständnis von Arbeit als ein zweck-rationales Handeln grundsätzlich zu revidieren und zu erweitern ist.

Für eine solche Betrachtung ist es notwendig, sich zu vergegenwärtigen, welche Implikationen die Kennzeichnung von Arbeit als zweck-rationales Handeln beinhaltet. Wodurch charakterisiert sich ein zweck-rationales Handeln und wodurch unterscheidet es sich von anderen Formen des Handelns? Im besonderen interessiert dabei, welche Eigenschaften dem Handelnden als Subjekt zuerkannt werden.

Merkmale zweck-rationalen Handelns

Vor allem vier Merkmale des zweck-rationalen Handelns scheinen uns wichtig:

(1) Mit der Bezeichnung ›rational‹ wird ein intellektuell, verstandesmäßig geleitetes Erkennen, Urteilen, Entscheiden betont. Der Handelnde wird hier als ein denkendes Subjekt gefaßt, wobei die Fähigkeit zum logischen, abstrakten Denken als elaborierteste Form intellektueller Operationen und Intelligenz gilt.

(2) Mit der Bezeichnung ›Zweck‹ wird die Ausrichtung auf sachlich-nützliche Ziele hervorgehoben. Die Kombination ›zweck-rational‹ besagt, daß die Ziele auf eine ›rationale‹ Weise erreicht werden sollen. Eine solche rationale Vorgehensweise beinhaltet die Trennung der (Handlungs-)Planung und (Handlungs-)Ausführung bzw. deren sequentielle Abfolge. Grundsätze wie ›erst denken, dann handeln‹ oder ›je besser die Planung, desto effizienter die Ausführung‹ sind hier handlungsleitend.

(3) Der sinnlichen Wahrnehmung und dem Körper kommt bei einem solchen Handeln nur ein untergeordneter Stellenwert zu. Sie zählen überwiegend zur Ausführung einer Handlung, die der Planung nicht nur nachgeordnet, sondern auch untergeordnet ist. Der eigentlich ›menschliche‹ Anteil beim Handeln ist der ›geistige‹ Anteil. Die sinnliche Wahrnehmung ist zwar einerseits eine unverzichtbare Grundlage für das (verstandesmäßige) Erkennen und Beurteilen, andererseits gelten ihre kognitiven Leistungen aber nur begrenzt als zuverlässig. Sie hat sich daher darauf zu richten, möglichst exakte und objektive, eindeutige und meßbare Gegebenheiten zu registrieren und das subjektive Empfinden auszuschalten.

(4) Schließlich ist für ein zweck-rationales Handeln eine Beziehung zur Umwelt (i.w.S.) charakteristisch, die sich als affektneutral, sachlich und distanziert bezeichnen läßt; Gegenstände wie auch Personen werden als Bedingung und Mittel zur Erreichung von Zielen betrachtet. Sie werden daher unter dem Aspekt fördernder oder hemmender Einflüsse, ihrer Nützlichkeit oder Verwendbarkeit gesehen. Der Umgang mit ihnen kann als instrumentell, strategisch oder auch manipulierend bezeichnet werden. Daher wird anstelle von zweck-rationalem oder planmäßigem Handeln auch oft der Begriff instrumentelles Handeln verwendet.

Der Arbeitende als ›gespaltenes‹ Subjekt

Im Rahmen zweck-rationalen Handelns wird der Arbeitende als ein autonomes Subjekt verstanden, das eigenverantwortlich handeln kann und muß. Damit werden Arbeitskräfte nicht nur als ›Objekte‹ von Technik und Betriebsorganisation, sondern gerade auch als ›Subjekte‹ gesehen. Unter Bezug auf das Konzept zweckrationalen Handelns ist es daher möglich, negative Folgen industriell organisierter Arbeit, insbesondere bei tayloristischer Arbeitsorganisation, aufzudecken. Als ›inhuman‹ erscheinen der Zwang zur Unterordnung unter vorgegebene Arbeitsziele und -vollzüge und die Degradierung der Arbeitenden auf lediglich ausführende Tätigkeiten. Bezogen auf das Arbeitssystem insgesamt wird jedoch auch im Rahmen der tayloristischen Arbeitsorganisation dem arbeitenden, planenden Subjekt durchaus eine hohe Bedeutung zugemessen. Dies geschieht allerdings in arbeitsteiliger Form bzw. entlang der Trennung zwischen geistig-planender und körperlich-ausführender Arbeit. Insgesamt gesehen entspricht eine solche Arbeits- und Betriebsorganisation also durchaus den Prinzipien zweck-rationalen Handelns, nur daß dessen positive wie negative Bestandteile personell aufgeteilt und hierarchisch organisiert werden.

Vor diesem Hintergrund wird deutlich, daß auch neue Formen der Arbeitsorganisation sich nicht außerhalb des Leitbilds zweck-rationalen Handelns bewegen, sondern – zumindest programmatisch – auf dessen umfassende Einlösung für – im Prinzip – alle Arbeitstätigkeiten abzielen.

In der Arbeitswelt zeichnen sich seit Anfang der 80er Jahre weitreichende Umbrüche in der Arbeitsorganisation ab. Schlagworte wie ›posttayloristische Rationalisierung‹, ›neue Produktionskonzepte‹, ›Gruppenarbeit‹, ›Abbau von Hierarchien‹ oder ›Lean Production‹ sind hierfür charakteristisch. Ein gemeinsames Merkmal dieser Entwicklungen ist die Abkehr von tayloristischen Prinzipien der Arbeitsorganisation (Schumann u. a. 1994). Sie richten sich auf eine Ausweitung von Arbeitsinhalten und Stärkung der Eigenverantwortung. Dabei dürfen jedoch die tatsächlich stattfindenden Umbrüche in der Arbeitsorganisation in ihrer Verbreitung nicht überschätzt werden (ISF-München u. a. 1993). Des weiteren tritt auch hier der Arbeitende primär nur als ›gespaltenes‹ Subjekt in Erscheinung. Auch wenn von ›menschenwürdiger Arbeit‹ und der Berücksichtigung der Arbeitenden als ›autonome, selbstverantwortliche Subjekte‹ gesprochen wird, so bleiben dennoch wesentliche Teile, die den Menschen als Subjekt ausmachen, aus der Arbeitstätigkeit ausgegrenzt. Subjektivität, soweit diese Empfinden, Erleben, Fühlen u. a. umfaßt, ist als Bestandteil des Arbeitshandelns nicht vorgesehen. Das heißt genauer: Solche Subjekt-Eigenschaften werden zwar durchaus gesehen, aber nur als Voraussetzungen und als Rahmenbedingungen für das Arbeitshandeln – etwa nach dem Grundsatz: Wer sich wohlfühlt bei der Arbeit und motiviert ist, leistet mehr. Damit wird aber die hier angesprochene Spaltung des Subjekts nicht aufgehoben. Denn ungeachtet aller Bemühungen, die Arbeitenden als ›Subjekte‹ – z. B. durch Förderung der Unternehmenskultur – anzusprechen, gelten für die sachgemäße Planung und Durchführung der Arbeitstätigkeit selbst und speziell für den Umgang mit technischen Arbeitsmitteln die Prinzipien zweck-rationalen Handelns als maßgeblich. Je komplexer die technischen Systeme, desto mehr wird gerade bei qualifizierten und verantwortungsvollen Tätigkeiten ein technisch-wissenschaftlich geleitetes Arbeitshandeln und -verhalten gefordert (Böhle 1994, S. 187f.).

In der hier benannten Spaltung des Subjekts dokumentiert sich eine grundlegende, in sog. modernen Gesellschaften vollzogene Spaltung des Menschen in rationale und sog. nicht-rationale Anteile. Dabei wird ersteren die Eigenschaft zuerkannt, die Welt ›so wie sie ist‹ zu erkennen und ihr entsprechend sachgemäß und effizient zu handeln. Die ›nicht-rationalen‹ Anteile wie Gefühle, subjektives Empfinden, Erleben usw. sind demnach nur subjektiv bedeutsam. Das heißt, sie spielen sich primär ›im‹ Subjekt ab, werden durch äußere Gegebenheiten zwar angestoßen und angeregt, haben hier aber keine reale Entsprechung. Die Empfindung eines Gegenstands als angenehm oder unangenehm ist dementsprechend eine subjektive Wahrnehmung und Empfindung, die nichts über die subjektunabhängigen objektiven Eigenschaften des Gegenstands aussagt (im Unterschied zur Beschreibung eines Gegenstandes durch seine meßbare Größe, das Gewicht, die geometrische Form u. ä.). Zweck-rationales Handeln kann daher auch als ›objektivierendes‹ Handeln bezeichnet werden. Damit wird unterstrichen, daß nur solche Aspekte der Umwelt wie auch des Handelnden selbst bedeutsam sind, die sich objektiv bestimmen lassen, d. h. nach Kriterien, die als allgemein gültig und subjektunabhängig gelten und nachvollziehbar sind. Logische, verstandesmäßige Operationen einerseits und quantifizierbare meßbare Eigenschaften von Objekten andererseits gelten hierfür als angemessen und als Entsprechungen zwischen menschlichen und materiell-naturhaften Gegebenheiten.

Grenzen zweck-rationalen Handelns

Abweichungen vom Typ zweck-rationalen Handelns sind im Arbeitsbereich vielfältig dokumentiert. Typisch hierfür sind z. B. ein ›Gefühl‹ für Material und Maschinen, das blitzartige intuitive Erfassen von Störungen und ihre Behebung oder die Orientierung am Geräusch von Maschinen und Bearbeitungsprozessen. Ein gemeinsames Kennzeichen solcher Phänomene ist, daß sie gemessen an den Kriterien eines zweck-rationalen Handelns sachlich als unzulänglich oder (zumindest) als suboptimal gelten. Soweit sie in der Praxis akzeptiert werden, geschieht dies als Zugeständnis an unzureichende Rahmenbedingungen (wie z. B. Zeitdruck, fehlende Informationen) oder an menschliches Versagen. In der arbeitspsychologischen und soziologischen Forschung wurde dies bisher kaum problematisiert (Witt 1994).

Neuere Untersuchungen zeigen jedoch, daß solche Erklärungen unzulänglich sind. Vielmehr ist in der Praxis eine rationale, systematische und objektivierbare Durchdringung und Beherrschung gerade auch materieller Gegebenheiten und Abläufe, wie sie für ein zweck-rationales Handeln erforderlich sind, nur begrenzt möglich. Die Gründe hierfür liegen im Zusammenwirken einer Vielzahl von Parametern, die im konkreten Fall nicht vollständig erfaßt und vorherbestimmt werden können. Materialien, Maschinen, Anlagen haben Eigenschaften, aus denen sich nicht exakt vorhersehbare und ex ante bestimmbare Einflüsse auf die Produktions- und Arbeitsabläufe ergeben. Ihre Berechenbarkeit und Beherrschbarkeit gelingt nur, wenn sie konstant gehalten, gegenüber externen Einflüssen neutralisiert und in ihrer Komplexität reduziert werden. Dies ist jedoch bestenfalls unter Laborbedingungen und nicht in der betrieblichen Praxis möglich. Gerade bei fortschreitender Verwissenschaftlichung und Technisierung zeigen sich somit (grundlegende) Diskrepanzen zwischen (natur-)wissenschaftlichen Abstraktionen und Modellen einerseits und realen Abläufen andererseits. Da sich das Arbeitshandeln in der Praxis aber nicht nur an dem orientieren kann, was präzise und objektiv erfaßbar ist, sind neben einem zweck-rationalen, objektivierenden Handeln andere ›Methoden‹ des Umgangs mit praktischen Gegebenheiten notwendig. Gefordert sind Wahrnehmungs- und Handlungsweisen, die sich nicht auf Berechenbarkeit und Eindeutigkeit richten und hiervon abhängig sind.

Arbeit als subjektivierendes Handeln

Ein anderes Verständnis von Subjektivität

Das Konzept subjektivierenden Handelns wendet sich gegen die durch das Konzept eines zweck-rationalen bzw. objektivierenden Handelns vorgezeichnete Spaltung des Subjekts. Beim subjektivierenden Handeln geht es nicht nur darum, daß der Arbeitende als Subjekt bzw. sog. subjektive Faktoren wie Gefühl, Empfinden, Erleben berücksichtigt werden. Entscheidend ist vielmehr, daß der Subjektivität ein fundamental anderer Stellenwert beigemessen wird. Das Konzept subjektivierenden Handelns richtet sich in erster Linie gegen die Annahme, daß die Wahrnehmung und Erkenntnis der Welt ›so wie sie ist‹ und die für die Lebensbewältigung notwendigen und nützlichen Aktivitäten nur auf dem Wege eines ›rational‹ geleiteten Handelns möglich bzw. ›Abweichungen‹ hiervon weniger effizient und sachlich unzulänglich sind. Behauptet wird, daß ein rational geleitetes, objektivierendes Handeln mit Selektionsprozessen und Ausgrenzungen verbunden ist, die zwar zu ›objektiv‹ überprüfbaren und nachvollziehbaren Erkenntnissen und Entscheidungen führen, zugleich aber für praktisches Handeln wichtige Gegebenheiten ausblenden. Die Unterscheidung zwischen rational überprüf- sowie nachvollziehbaren und in diesem Sinne ›objektivierbaren‹ Gegebenheiten einerseits und nicht rational erfaßbaren sowie nicht objektivierbaren Gegebenheiten andererseits, wird somit nicht aufgehoben; jedoch wird dem subjektivierenden Handeln in gleicher Weise wie dem objektivierenden eine kognitive und strategische Kompetenz zuerkannt. Der Unterschied zur bisher vorherrschenden Sicht von Subjektivität und Objektivität liegt somit nicht (mehr) in der Gegenüberstellung zwischen objektiv ›Richtigem‹ einerseits und dessen subjektiver Deutung andererseits, sondern in dem Bezugsrahmen, innerhalb dessen Grenzen etwas als gültig gilt. Ein zweck-rationales, objektivierendes Handeln bezieht sich auf eine ›Wirklichkeit‹, deren Gestalt, Eigenschaften und Abläufe durch räumlich, zeitlich und sozial universelle und eindeutig definierbare Kriterien und Regeln erfaßbar sind. Im Kontext eines subjektivierenden Handelns werden demgegenüber Eigenschaften von Gegebenheiten relevant, die nur unter Bezug auf einen bestimmten Handlungskontext Geltung haben, die gleichwohl aber keine bloß subjektiven Deutungen sind. Die Wahrnehmung und Empfindung eines Gegenstandes als angenehm oder unangenehm ist demnach kein bloßes subjektives Empfinden, sondern durchaus eine Aussage über bestimmte Eigenschaften, wie z. B. die Form, Gestalt sowie Wirkung u. a. eines Objekts. Doch lassen sich solche Eigenschaften nicht abgelöst und unabhängig von einem wahrnehmenden und empfindenden Subjekt bestimmen. Man kann daher die hier relevanten Eigenschaften auch als subjektbezogen bzw. relational und kontextgebunden bezeichnen. Mit objektivierendem und subjektivierendem Handeln werden – so gesehen – idealtypisch unterschiedliche Methoden beschrieben, in denen die kognitive und praktische Auseinandersetzung mit Wirklichkeit erfolgt (bzw. erfolgen kann). Damit soll ein Bezugsrahmen umrissen werden, der es ermöglicht, empirisch feststellbare ›Abweichungen‹ vom Prinzip des zweck-rationalen Handelns eigenständigen Deutungen und Interpretationen zugänglich zu machen, welche nicht durch Prämissen zweck-rationalen Handelns vorgezeichnet und eingegrenzt sind. Das Konzept subjektivierenden Handelns richtet sich somit darauf, nicht nur Abweichungen vom Typus zweck-rationalen Handelns ins Blickfeld zu rücken, sondern diese kategorial und empirisch als Erscheinungsform einer eigenständigen und abgrenzbaren Handlungsform bzw. -methode zu bestimmen. Arbeit wäre demnach nicht a priori durch eine spezifische Methode des Handelns – die zweck-rationale – zu bestimmen. Was bleibt, ist die Ausrichtung auf ein Ergebnis, das über den eigentlichen Vollzug des Handelns hinausgeht. Offen ist nach dieser Bestimmung jedoch die Methode, mit der ein bestimmtes (Arbeits-)Ergebnis erzielt wird. Oder anders ausgedrückt: Arbeit kann sowohl in Form eines objektivierenden als auch eines subjektivierenden Handelns vollzogen werden.

Allgemeine Merkmale subjektivierenden Handelns

Mittlerweile liegen mehrere Untersuchungen vor, in denen das Konzept subjektivierenden (Arbeits-)Handelns sowohl theoretisch-konzeptionell als auch empirisch fundiert wird (Böhle, Milkau 1988; Böhle/Rose 1992; Bolte 1993; Carus/Schulze 1995). Demnach lassen sich wesentliche Merkmale eines subjektivierenden Handelns im Unterschied zu einem zweck-rationalen Handeln wie folgt bestimmen:

(1) Die *sinnliche Wahrnehmung* spielt bei einem subjektivierenden Handeln keine untergeordnete Rolle und sie richtet sich nicht nur auf eindeutig und exakt definierbare (meßbare) Informationen, sondern vor allem auf vielschichtige qualitative Gegebenheiten. Die Wahrnehmung komplexer Geräusche im Unterschied zu der eindeutiger Signale (z. B. Piepton), von Farbveränderungen und Schattierungen, Gerüchen u.ä. ist hierfür charakteristisch. Dabei ist die sinnliche Wahrnehmung nicht abgelöst vom subjektiven Empfinden. Vielmehr ist das Gefühl ein wichtiges Medium für die Beurteilung des sinnlich Wahrgenommenen. Ferner richtet sich die Wahrnehmung nicht nur auf das, was aktuell physisch gegeben ist, sondern auch auf Verknüpfungen zwischen dem, was konkret wahrgenommen wird mit (sinnlichen) Vorstellungen über aktuelle, nicht wahrnehmbare Gegebenheiten (Imagination). Die sinnliche Wahrnehmung ist hier also nicht nur auf eine verstandesmäßig geleitete und kontrollierte sowie habitualisierte und psychisch automatisierte physiologische Leistung (Sensomotorik) reduziert. Vielmehr ist hier eine differenzierte und komplexe sinnliche (Wahrnehmungs-)Fähigkeit gefordert, die sich auch als ›Intelligenz der Sinne‹ bezeichnen läßt.
(2) Eine solche sinnliche Wahrnehmung ist verbunden mit *wahrnehmungs- und verhaltensnahen Formen menschlichen Denkens*. Eigenschaften konkreter Gegebenheiten und Ereignisse wie aber auch nicht unmittelbar sinnlich wahrnehmbare abstrakte Sachverhalte werden nicht nur begrifflich, sondern auch als Bild wie als Bewegungsablauf und akustische Vorgänge im Gedächtnis behalten. Mentale Prozesse vollziehen sich dabei nicht nach formallogischen Regeln, sondern durch assoziative Verknüpfungen. Diese sind nicht beliebig oder rein subjektiv, sondern erhalten ihre Systematik aus ihrer Gegenstands- und Erfahrungsbezogenheit. Auf diese Weise wird z. B. durch ein bestimmtes Ereignis eine weitreichende Assoziationskette ausgelöst. Gefühl und subjektives Involvement sind hierbei nicht ausgeschlossen, sondern wichtige Bestandteile. Das sog. ›anschauliche Denken‹ ist hier keine dem logisch-formalen Denken vor- bzw. untergeordnete Denkweise, sondern eine eigenständige mentale Leistung, für die die Entwicklung einer Vorstellungskraft (Imaginationsfähigkeit) in visuellen wie auch akustischen, haptischen und weiteren Bereichen erforderlich ist.
(3) Die sinnliche Wahrnehmung und mentale Prozesse sind dabei

eingebunden in *Vorgehensweisen*, bei denen weder einseitig (aktiv) agiert noch (passiv) reagiert wird, sondern sie sind geprägt durch eine Gleichzeitigkeit von Aktion und Reaktion, Wirkung und Rückwirkung. Dementsprechend sind die ›Planung‹ und ›Ausführung‹ von Handlungsvollzügen nicht getrennt, sondern miteinander verschränkt. Charakteristisch sind somit Vorgehensweisen, die sich als dialogisch-interaktiv oder explorativ bezeichnen lassen. Dies schließt nicht aus, daß ein solches Handeln ›zielorientiert‹ ist. Im Unterschied zu einem zweck-rationalen Handeln wird jedoch die Zielerreichung nicht vorweg geplant, sondern im und durch das praktische Handeln selbst entwickelt; auch werden Ziele im Verlauf des praktischen Handelns konkretisiert und ggf. modifiziert. Die Ziele sind hier also eher allgemeine bzw. diffuse Vorstellungen über ein bestimmtes Ergebnis (Ziel), das durch das Handeln erreicht werden soll.

(4) Schließlich besteht ein weiterer wichtiger Unterschied zum zweck-rationalen Handeln in der *Beziehung* zur Umwelt. Charakteristisch sind hier subjektive Nähe und sympathetische Verbundenheit. Anstelle einer affektneutralen Distanz zwischen Subjekt und Objekt wird von einer erlebten Einheit und von Gemeinsamkeiten ausgegangen. Nicht nur im Umgang mit Personen, auch im Umgang mit Gegenständen und materiellen Prozessen bezieht sich der Handelnde auf Ähnlichkeiten und Gemeinsamkeiten. Dies ist die Grundlage für die Entwicklung von Empathie, die sich in einem identifikatorischen Nachvollzug von Bewegungsabläufen und Gestalten ausdrückt. Wahrnehmen und Erkennen vollzieht sich hier also nicht über die distanzierte Analyse, sondern über den Weg der Transformation ›äußerer‹ Gegebenheiten in körperlich-sinnliches und gefühlsmäßiges Erleben. Eine solche Beziehung zur Umwelt beruht darauf, daß nicht nur Personen, sondern auch materielle ebenso wie ideelle Gegebenheiten wie ›Subjekte‹ wahrgenommen und behandelt werden. Dies beinhaltet zweierlei: Zum einen werden ihre Eigenschaften und ihr Verhalten grundsätzlich nicht als durch festliegende Regel- und Gesetzmäßigkeiten determiniert und somit auch nicht als voll berechenbar und prognostizierbar, sondern eher als sich selbst steuernd und in diesem Sinne ›lebendig‹ wahrgenommen. Zum anderen zielt der Umgang hiermit nicht auf Beherrschung, Manipulation und instrumentelle Nutzung ab, sondern auf die Kooperation und Beteiligung bzw. Mitwirkung ›äußerer‹ Gegebenheiten

bei der Erreichung von Zielen und deren Definition. Dies setzt eine ›Offenheit‹ voraus, Handlungsbedingungen – Personen wie Gegenstände – in ihrer Eigenständigkeit wahrzunehmen und sich im Handeln auch darauf zu beziehen, was diese ›wollen‹ bzw. was in ihnen angelegt ist. Es kommt hier also darauf an, ihre ›Nützlichkeit‹ und ›Verwendbarkeit‹ nicht primär aus der Perspektive vorgegebener Ziele zu betrachten, sondern umgekehrt, ausgehend von den in ihnen angelegten Potentialen ›Verwendungsmöglichkeiten‹ zu eruieren und Ziele zu definieren.

Das hiermit umrissene Konzept subjektivierenden Handelns knüpft an unterschiedliche wissenschaftliche Traditionen an, wie phänomenologisch und gestalttheoretisch orientierte Forschungen zur sinnlichen Wahrnehmung (Merleau-Ponty 1966; Arnheim 1988; Schmitz 1978), Arbeiten zu holistischem Denken und unterschiedlichen Gedächtnissystemen (Dreyfus/Dreyfus 1988; Schachtner 1995; Engelkamp 1991; Hinton/Anderson 1983) und den Grundlagen intuitiver und gefühlsbasierter Erkenntnis (Goldberg 1985; Damasio 1995). Weitere Anstöße resultieren aus der speziell in neuerer Zeit wieder aktuell gewordenen Auseinandersetzung mit den Grenzen naturwissenschaftlicher Methoden und Erkenntnis (z. B. Prigogine/Stengers 1990). Solche Ansätze werden mit dem Konzept subjektivierenden Handelns in zweifacher Weise aufgegriffen und weitergeführt: Zum einen werden sie eingebunden in einen handlungstheoretischen Ansatz. Die sinnliche Wahrnehmung sowie mentale Prozesse werden nicht isoliert gesehen, sondern in ihrer Verschränkung zu den Gegebenheiten, auf die sie sich richten und dem praktischen Umgang hiermit. (Die Abspaltung kognitiver Prozesse vom praktischen Handeln ist – so gesehen – keine anthropologische Gegebenheit, sondern resultiert aus der Vorstellung eines rational organisierten Handelns.) Zum anderen beruht das Konzept subjektivierenden Handelns nicht allein auf wissenschaftlich-theoretischen Überlegungen und Untersuchungen unter Laborbedingungen, sondern auf empirischen Untersuchungen in der realen Arbeitswelt. Diese Untersuchungen zeigen, daß selbst im Bereich gegenständlich-materieller Produktion, der nach herkömmlichem Verständnis zur Domäne zweck-rationalen Handelns zählt, wie auch bei fortschreitender Verwissenschaftlichung und Technisierung das konkrete Arbeitshandeln sich nicht nur auf ein zweck-rationales, objektivierendes Handeln beschränkt, sondern auch ein subjektivierendes Handeln zur Bewältigung der Arbeitsanforderungen unverzichtbar ist.

Das ›richtige‹ Gefühl im Umgang mit Technik – zur Theorie und Empirie subjektivierenden Arbeitshandelns

Im folgenden demonstrieren wir die Bedeutung des Konzepts des subjektivierenden Arbeitshandelns anhand empirischer Befunde zur Rolle von ›Gefühl‹ beim Umgang von Fachkräften mit computergesteuerten Werkzeugmaschinen (CNC-WZM).
Mit Hilfe solcher Werkzeugmaschinen werden aus Metallteilen Werkstücke einer vorbestimmten Form und Genauigkeit gefertigt. Dabei erfolgt die Steuerung der einzelnen Werkzeugbewegungen durch eine Abfolge von Softwarekodes im sog. NC-Programm. Beim Einsatz von CNC-WZM in der Produktion wurde zunächst vermutet, daß Facharbeiter an solchen Maschinen nicht mehr notwendig sein würden (Fortführung der Taylorisierung von Arbeit). Demgegenüber zeigte sich jedoch in der Praxis ein wachsendes Interesse der Betriebe, qualifizierte Arbeitskräfte einzusetzen, ihnen mehr Verantwortung, z. B. über die Werkzeugverwaltung zu übertragen und Formen von Gruppenarbeit einzuführen (s.o.). Das Leitbild bei der Gestaltung von Arbeitsorganisation und Technik ist jedoch weiterhin das eines zweck-rational handelnden Subjekts: Dem Funktionsprinzip klassischer CNC-WZM liegt die Vorstellung zugrunde, daß die Teilefertigung in ihrem Verlauf komplett im voraus bestimmbar ist und Abweichungen davon nur marginal auftreten. Infolgedessen determiniert das technische Funktionsprinzip menschliches Arbeitshandeln derart, daß insbesondere das Planen und Definieren der Bearbeitung mittels NC-Kode unterstützt wird, während ein sinnliches Wahrnehmen der Spanabnahme wie auch Eingriffsmöglichkeiten infolge der Verkapselung der Maschine und ihres elektronischen Antriebs stark eingeschränkt sind (Böhle/Rose 1990). Somit erfahren hier genau die Fähigkeiten eine Unterstützung, die unter dem zweck-rationalen Arbeitshandeln subsumiert wurden: systematische Planung, Herstellung objektivierbarer Zusammenhänge zwischen Planung und Ausführung, Schaffung von Distanz zum Arbeitsgegenstand usw. Die Form des zweck-rationalen

Handelns allein reicht jedoch in der Praxis nicht aus: NC-Programme laufen beim ersten Einsatz in der Regel nicht störungsfrei, es treten gravierende Abweichungen des realen vom geplanten Bearbeitungsprozeß auf. Auf der Grundlage von logischen Wenn-Dann-Regeln und Problemlöseprozeduren gelingt es nicht, solche Abweichungen zu kompensieren und aufzufangen. Für die Fertigung resultieren schwerwiegende Probleme: es kommt zu Maschinenstillständen, zu Zeitverzögerungen, zu Werkzeugbrüchen und zu Einbußen in der Qualität.
Ursachen liegen u. a. in schleichenden, nicht voraussehbaren Veränderungen des Zerspanungsprozesses. Z. B. nutzen sich Werkzeuge allmählich und nicht gleichmäßig ab, Oberflächen und Stoffzusammensetzungen von Werkstücken unterscheiden sich graduell, und Werkstoffe und Maschinen erwärmen sich sukzessive infolge der Bearbeitung. Die Analyse, wie Fachkräfte solche unplanbar auftretenden Abweichungen des Bearbeitungsverlaufs bewältigen, ergab, daß hier gerade den ›abgespaltenen‹ Subjektivitätsanteilen eine bedeutende Rolle zukommt. Die Bewältigung ›kritischer‹ Arbeitssituationen beruht wesentlich auf der sinnlichen Wahrnehmung von Prozeßindikatoren, auf ihrer assoziativen, intuitiven und zeitkritischen Bewertung sowie auf dialogisch-explorativ vorgenommenen Eingriffen auf der Grundlage eines emotionalen Bezugs zu Prozeß und Maschine (Schulze, Carus 1995).
Mit ›Gefühl‹ wird im folgenden ein Subjektivitätsanteil vertieft beschrieben, dem einerseits im Konzept des subjektivierenden Arbeitshandelns ein zentraler Stellenwert zukommt und der andererseits in bisherigen Veröffentlichungen (noch) nicht in dieser Weise präzisiert und dargestellt wurde.

Gefühl als ›Syndrom‹

Mit der kognitiven oder ›erkennenden‹ Bedeutung wird ein besonderer Aspekt von Gefühl herausgestellt. Als ein Ergebnis der empirischen Untersuchungen zeigte sich, daß es sich beim Erleben von Gefühlen oder Empfindungen im Arbeitshandeln um ein Konglomerat verschiedener Gefühle handelt, die in ihren Bedeutungen und Qualitäten gleichzeitig ins Bewußtsein treten. Ganz im Sinne von Heller handelt es sich um das Erleben eines ›Gefühlssyndroms‹ (Heller 1980, S. 85). Dies sei mit der folgenden Schilderung eines Facharbeiters illustriert: *Man freut sich halt; wenn es optimal läuft, dann hört es sich schön an; meistens passiert es dann kurz vor Schluß, daß es so unangenehm schabt und dann weißt Du, jetzt mußt Du aussteigen oder der Fräser geht kaputt. Ich glaube, da ist auch ein bißchen Eigenbestätigung dabei. Also wenn ich höre, es läuft gut, das bestätigt mich selber. Wenn ich merke, es läuft nicht gut, ist das negativ für mich, ich merke, ich habe irgendwas falsch gemacht.*

Trotz der sequentiellen Abfolge im Zuge der verbalen Schilderung ist die Gleichzeitigkeit verschiedener Gefühlsaspekte im Erleben nachvollziehbar. Es sind verschiedene Gefühlsaspekte angesprochen, die sich den Kategorien des subjektivierenden Arbeitshandelns zuordnen lassen. Mit den als ›angenehm‹ bzw. ›unangenehm‹ empfundenen Geräuschen sind z. B. sowohl Prozesse der *sinnlichen Wahrnehmung* wie auch *der Informationsverarbeitung* angesprochen. Die Valenz der Gefühle repräsentiert das Ergebnis einer – intuitiven und assoziativen – Bewertung des aktuellen Bearbeitungsprozess.

Diese Mischung verschiedener Gefühlsaspekte findet sich ganz typisch in Schilderungen des Erlebens von Fachkräften während ihres Arbeitshandelns. Trotz der Gleichzeitigkeit und Ganzheitlichkeit des Erlebens wird im folgenden eine analytische Trennung und Zuordnung von Gefühlsaspekten entsprechend der Kategorien des subjektivierenden Arbeitshandelns vorgenommen, um Strukturen und Gemeinsamkeiten der geschilderten Gefühlsaspekte aufzuzeigen.

Zum Stellenwert von Gefühl bei der ›sinnlichen Wahrnehmung‹

Die Facharbeiter beschreiben durchweg eine Form der Wahrnehmung, die nicht anders als ›einfühlend‹, ›erspürend‹ und nachvollziehend charakterisiert werden kann. Das subjektiv-emotionale Empfinden stellt eine wichtige Form des Erkenntnisgewinns über den Bearbeitungszustand dar. Typisch hierfür ist z. B. die Schilderung eines Hörerlebnisses: *Wenn der Fräser optimal schneidet, dann ist das ein rundes, sattes Geräusch. Unangenehm ist, wenn der Fräser sich so durchwürgt, das ist ein unangenehmes Geräusch.*

Das spürt man, das tut einem weh, wenn man weiß, es geht gleich irgendwas kaputt.

Solche gefühlsgetönten Wahrnehmungselemente beziehen sich nicht nur auf das Hören, auch bei visueller und taktil-kinästhetischer Wahrnehmung finden sie sich. Immer dann, wenn die Fachkräfte Anteil an dem Gelingen der Fertigung nahmen und die Bearbeitung der sinnlichen Wahrnehmung zugänglich war, beurteilten sie die Qualität der Bearbeitung anhand solcher Empfindungen. Häufig haben die Beschreibungen einen deutlichen Körperbezug, *›am eigenen Leib‹* wird gespürt und teilt sich mit, wie die Bearbeitung verläuft. So berichten Facharbeiter, daß sich bestimmte Geräusche *›ungesund‹* anhören, oder sie schildern sogar Schmerz-Empfindungen, *›wenn sich jetzt über so ein schönes Stück Metall der Schlichtfräser so rüberquält‹*. Ebenso werden offensichtlich positive Empfindungen erlebt, wenn vom *›wohligen Prasseln der Späne gegen die Scheibe‹* gesprochen wird.

In den empirischen Untersuchungen wurde u. a. nachgewiesen, daß durch eine solche Form der Wahrnehmung erfahrene Facharbeiter Schnittwerte im Vergleich zu den von Werkzeugherstellern ermittelten Werten optimaler einstellen können (Martin 1995). In den Untersuchungen wurde somit mit der Erkenntnisgenese ein bedeutsamer Aspekt der sinnlichen Wahrnehmung nachgewiesen. Hier kommt dem Gefühl eine bedeutungstrukturierende Funktion zu.

Zum Stellenwert von Gefühl bei ›mentalen Prozessen‹

Im engen Zusammenhang mit einer gefühlsmäßigen Wahrnehmung erfolgt Denken, Bewerten, Entscheiden weitgehend intuitiv und assoziativ. Auch dabei spielen Gefühle eine wichtige Rolle. Erlebte Arbeitssituationen werden in ihrer Gesamtheit, d. h. inklusive der Arbeitsbedingungen und inklusive der erlebten Gefühle erinnert. In den Schilderungen der Facharbeiter zeigen sich gedächtnisstrukturierende Funktionen von Gefühl, z. B. wenn sie berichten, daß sich Bearbeitungen – die als besonders positiv oder negativ erlebt wurden, – mit allen Gefühlen quasi *›einbrennen‹*, wie z. B. ein *›Crash‹*. Wenn sich eine aktuelle Bearbeitung in eine ähnliche Richtung bewegt, kommen Gefühle auf, die mit früher erlebten zusammenhängen. Mit diesen Gefühlen assoziativ verknüpft treten die für die aktuelle Situation subjektiv relevanten Aspekte des damaligen Erlebnisses ›vor Augen‹: *Vorhin, als es da so ungesund gekracht hat, da hatte ich dieses Bild vor Augen, daß ich den Fräser sehe, wie er sich freischneidet, aber die Späne drin sind.*

Ausgehend von der Wahrnehmung eines ›ungesunden Krachens‹ hatte hier der Facharbeiter eine ganz bestimmte Vorstellung von etwas, was er aktuell nicht sehen konnte und bei dem verwendeten Werkstoff auch vorher noch nicht gesehen hatte. Bei dem neu entstandenen Bild handelte es sich um eine situationsadäquate Abwandlung und Neukonstruktion eines Gedächtnisinhaltes. Der Zugriff auf diesen Gedächtnisinhalt erfolgte assoziativ und die Umwandlung beiläufig, ohne bewußtes Zutun und in diesem Sinne intuitiv.

Zum Stellenwert von Gefühl beim ›Umgang mit der Maschine‹

Die beschriebene gefühlsmäßige Wahrnehmung und die assoziative Form des Denkens beziehen ihre Bedeutung aus der Pespektive der kontextbezogen auf die Bearbeitungsänderungen abgestimmten und abgestuften Vorgehensweise. Das heißt, es handelt sich nicht um für sich stehende ›Erkenntnisse‹, die kontextfrei aus sich heraus und für sich gültig sind. Vielmehr beziehen sie ihre Gültigkeit und ihre Relevanz durch auf sie bezogene oder durch sie ausgelöste Handlungen und deren Resultate. Beim Umgang mit Maschine und Bearbeitungsprozeß haben Erkenntnisse eine unmittelbar handlungspraktische Relevanz, sie sind nicht abtrennbar vom Handeln. Ihre Bedeutung ergibt sich im konkreten Handlungskontext und gleichzeitig entstehen Erkenntnisse dieser Art erst in Verbindung mit dem Handeln. So ist zum einen das Wahrnehmen von Bearbeitungsgeräuschen unmittelbar verbunden mit Handlungsaufforderungen (eingreifen/regulieren oder weiterlaufen lassen), zum anderen entsteht die gefühlsmäßige Wahrnehmung nur in der aktiven Auseinandersetzung mit Maschine und Material. Typisch ist hier z. B. das schrittweise Herantasten bei der Ermittlung angemessener Schnittwerte. Erfahrene Facharbeiter berichten übereinstimmend, daß sie sich während eines solchen herantastenden Vorgehens an einem Gefühl der ›Stimmigkeit‹ orientieren. Wenn eine Bearbeitung vom erwarteten Verlauf abweicht, korrespondiert im Erleben ein Gefühl *›etwas läuft schief‹*. Damit verbunden wird regulierend in den Bearbeitungsprozeß eingegriffen, wobei der Handlungsvollzug selbst wiederum gefühlsmäßig gesteuert wird. Die Fachkräfte versuchen die Bearbeitung wieder in den *›grünen Bereich‹* zurückzuführen, sich an ein stimmiges Gefühl heranzutasten. Nachfolgend eine typische Schilderung eines solchen Vorgehens: *Ich orientiere mich bei Vorschub und Drehzahl rein am Gefühl. Ich habe ein unangenehmes Geräusch gehört und bin mit dem Vorschub runtergegangen ... dann hat sich das Geräusch verbessert.* Deutlich wird hier die Orientierung an Gefühlen der Stimmigkeit beim Handlungsvollzug.

Die enge Verschränkung zwischen sinnlicher Wahrnehmung, assoziativ-intuitivem Denken und einer situationsangepaßten Vorgehensweise illustriert exemplarisch die Schilderung: *Das geht manchmal ganz schnell, ich höre etwas, habe das Gefühl, das läuft schlecht – man erinnert sich irgendwie, wie es das letzte Mal war, als es daneben lief und dann dreht man sofort runter und fräst mit langsamerem Vorschub noch ne Weile weiter oder steigt ganz aus, je nachdem was gerade ist.*

Bemerkenswert ist, daß trotz der intuitiven Verfügung über einen Erfahrungsinhalt nicht die in der damaligen Situation ausgeführte Handlung zum Tragen kommt, sondern auf den konkreten Kontext hin differenziert wird. Dies zeigt nachdrücklich, daß es sich beim Anwenden von Erfahrung nicht um ein ›automatisiertes‹ Ausführen von Handlungsvollzügen nach Art eines ›Software-Programms‹ handelt. Vielmehr werden Erfahrungen auf neue Situationen übertragen, aber zugleich modifiziert und neu konstruiert. Hierdurch entsteht bei ihrer Anwendung auch neue Erfahrung.

Zum Stellenwert von Gefühl bei der ›Beziehung zu Material und Maschine‹

Ein Aspekt, den alle Facharbeiter für bedeutsam erachteten, war der des ›*Vertrauens*‹ zur Maschine. Ohne Vertrauen könne man mit einer solchen Maschine nicht erfolgreich arbeiten. Vertrauen bezieht sich zunächst auf den des Schutzes der eigenen Person vor herumfliegenden Spänen und Metallteilen. Viele Facharbeiter äußerten in den Interviews eine vorsichtige und vom Respekt vor den in der Maschine waltenden Bearbeitungskräften geprägte Beziehung zur Maschine, nach dem Motto: *Es kann eigentlich nichts passieren, aber trotzdem hat man schnell feuchte Hände und so ein leichtes Herzflattern, weil man doch Angst kriegt, daß etwas auf einen zukommt*. Gleichzeitig messen die Fachkräfte der empfundenen ›*Nähe*‹ bzw. der eingegangenen Verbindung zur Maschine und zu dem im Inneren ablaufenden Prozeß eine besonders wichtige Bedeutung zu. Diese Nähe ist durch die Verkapselung gegenüber den konventionellen Maschinen stark eingeschränkt, sie stellt eine Barriere für den sinnlichen und motorischen Zugang zum Bearbeitungsprozeß dar. Die eingeschränkte Wahrnehmbarkeit des Bearbeitungsprozesses korrespondiert im Erleben mit Ohnmachts- und Hilflosigkeitsgefühlen, wie sie z. B. in der typischen Äußerung ›*Du fühlst Dich, als würdest Du im Nebel fahren*‹ zum Ausdruck kommen. Eine psychische Anforderung besteht daher darin, mit der mangelnden Kontrollierbarkeit der Maschine bei gleichzeitig hoher Identifikation mit dem Gelingen der Bearbeitung fertig zu werden. Es muß eine emotionale Balance gefunden werden zwischen einer eher fatalistischen Gleichgültigkeit nach dem Motto: *wenn etwas passiert, kann ich es sowieso nicht verhindern* und einer gleichbleibend hohen Aufmerksamkeit nach dem Motto: *du mußt immer auf dem Sprung sein*. An diesem Problem wird ein grundsätzliches Dilemma der vorherrschenden Technikentwicklung sichtbar: Zur Bewältigung der Produktionsaufgaben ist ein subjektivierendes und gefühlsmäßiges Arbeitshandeln notwendig, wird aber bei der herkömmlichen Technik nicht angemessen berücksichtigt und eher behindert.

In Zusammenarbeit mit technischen Instituten wurde die Möglichkeit geschaffen, Körperschallgeräusche im Inneren der Maschine abzugreifen und über Kopfhörer/Aktivbox auszugeben (Klimmer et al. 1994). In der Folge berichteten die Facharbeiter über eine als deutlich größer empfundene Nähe zum Bearbeitungsprozeß und über erhöhte Kontrollmöglichkeiten infolge der verbesserten akustischen Wahrnehmbarkeit relevanter Bearbeitungsgeräusche: *Das Körperschallgeräusch ist ähnlich wie das Luftgeräusch. Das hört sich an, als wenn man mit dem Ohr direkt neben dem Fräser wäre, und man traut sich einfach, den Vorschub höher zu fahren, ich höre ja sofort, wenn es zu hoch ist.* Durch den Körperschallsensor wurde somit eine Möglichkeit geschaffen, die Barriere in Form der Verkapselung aufzubrechen und eine neue Form des Zugangs für Facharbeiter zu ermöglichen. Erst dieser Zugang und die dadurch erlebte ›Nähe‹ zur Bearbeitung schafft die Grundlagen für die Ausbildung und den Einsatz kognitiver und handlungssteuernder Funktionen von Gefühl beim Arbeitshandeln.

Perspektiven

Folgt man den zuvor referierten Überlegungen und empirischen Befunden, so heißt dies nicht, daß zur Analyse von Arbeitshandeln das Konzept zweck-rationalen Handelns aufzugeben wäre. Entscheidend ist vielmehr dessen Relativierung und Erweiterung sowohl als analytisches Instrument als auch als normatives Leitbild für die Gestaltung menschengerechter Arbeit. Anderweitige Untersuchungen, die ebenfalls die ›rationalistische‹ Perspektive bei der Analyse von Arbeit erweitern (Volpert 1991; 1992; Schachtner 1993; Fischer u. a. 1995 sowie der Beitrag von Grüter in diesem Band) zeigen, daß hiermit ein neues, breites Forschungsfeld eröffnet ist (Rose 1995). Mit einem solchen erweiterten Verständnis des Arbeitshandelns ergeben sich auch neue Anstöße für die Gestaltung von Arbeitsorganisation, Technik und beruflicher Qualifizierung (Martin 1995, sowie der Beitrag von Bruns in diesem Band).

Literatur

Arnheim, R. (1988), *Anschauliches Denken*, Köln

Böhle, F./B. Milkau (1988), *Vom Handrad zum Bildschirm. Eine Untersuchung zur sinnlichen Erfahrung im Arbeitsprozeß*, Frankfurt/New York

Böhle, F./H. Rose (1990), ›Erfahrungsgeleitete Arbeit bei Werkstattprogrammierung‹, in: Rose, H. (Hg.), *Programmieren in der Werkstatt*, München: Campus

Böhle, F./H. Rose (1992), *Technik und Erfahrung*, Frankfurt/New York

Böhle, F. (1994), ›Negation und Nutzung subjektivierenden Arbeitshandelns bei neuen Formen qualifizierter Produktionsarbeit‹, in: N. Bekkenbach/W. Treek (Hg.), *Umbrüche gesellschaftlicher Arbeit*, Soziale Welt, Sonderband 9, Göttingen

Bolte, A. (1993), *Planen durch Erfahrung*, Kassel

Carus, U./H. Schulze (1995), ›Leistungen und konstitutive Komponenten erfahrungsgeleiteter Arbeit‹, in: H. Martin (Hg.), *CeA. Computergestützte erfahrungsgeleitete Arbeit*, Berlin/Heidelberg/New York etc.

Damasio, A. R. (1995), *Descartes Irrtum. Fühlen, Denken und das menschliche Gehirn*, München: Paul List Verlag

Dreyfus, H. L./St. E. Dreyfus (1988), *Künstliche Intelligenz*. Reinbek

Fischer, M./R. Jungeblut/E. Römmermann (1995), *Jede Maschine hat ihre eigenen Marotten*, Bremen

Fleig, J./R. Schneider (1995), *Erfahrung und Technik in der Produktion*, Berlin/Heidelberg/New York

Goldberg, P. (1985), *The Intuitive Edge*, Wellingborough

Heller, A. (1980), *Theorie der Gefühle*, Hamburg: VSA-Verlag

Hinton, G. E./J. A. Anderson (Hg.) (1983), *Parallel Models of Associative Memory*, Hillsdale

ISF-München, Ifs-Frankfurt, INIFES-Stadtbergen, SOFI-Göttingen (Hg.) (1993), *Jahrbuch Sozialwissenschaftliche Technikberichterstattung. Schwerpunkt Produktionsarbeit*

Klimmer, M./R. Ruppel/H. Schulze, ›Höhere Produktivität bei der Zerspanung‹, *VDI-Z* 136 (1994) 9, S. 33-39

Martin, H. (Hg.) (1995), *CeA. Computergestützte erfahrungsgeleitete Arbeit*, Berlin/Heidelberg/New York

Merleau-Ponty, M., (1966), *Phänomenologie der Wahrnehmung*, Berlin

Müller, S. (1992), *Phänomenologie und philosophische Theorie der Arbeit*, Bd. 1, München

Engelkamp, J. (1991), *Das menschliche Gedächtnis*, Göttingen

Prigogine, J./J. Stengers (1990), *Dialog mit der Natur*. München

Rose, H. (Hg.), *Nutzerorientierung im Innovationsmanagement*, Frankfurt/New York

Schachtner, Chr. (1993), *Geistmaschine*, Frankfurt

Schachtner, Chr., ›Im Gespäch: Hubert L. Dreyus‹, *Journal für Psychologie* (1995) 2, S. 66.73
Schmitz, H. (1978) ›Die Wahrnehmung‹, in: *System der Philosophie*, Band III, 5. Teil, Bonn
Schumann, M./V. Baethge-Kinsky/M. Kuhlmann/C. Kurz/V. Neumann (1994), *Trendreport Rationalisierung*, Berlin
Schulze, H./U. Carus (1995), ›Systematik und Topologie kritischer Arbeitssituationen‹, in: H. Martin (Hg.), *CeA. Computergestützte erfahrungsgeleitete Arbeit*, Berlin/Heidelberg/New York
Volpert, W. (1991), ›Das psychologische Konzept der flexiblen Grundmuster in Wahrnehmung und Motorik‹, in: W. Rohmert (Hg.), *Beiträge zum 2. Kolloquium Praktische Musikphysiologie*, Band 27, Köln
Volpert, W. (1992), *Wie wir handeln, was wir können*, Heidelberg
Witt, H. (Hg.) (1994), *Berufliche Erfahrung und Technikentwicklung*, Universität Hamburg: Psychologisches Institut I

Brigitte Scherer
Vom Müssen zum Wollen
Arbeiten mit dem Personalcomputer

Vorbemerkung

Im Rahmen des Forschungsprojektes »Wirklichkeitserfahrung im Umgang mit dem Computer«[1] fragten wir Mitarbeiterinnen und Mitarbeiter der öffentlichen Verwaltung, wie sie es erleben und verarbeiten, wenn in ihrem bisher wenig von der Technik geprägten Arbeitsalltag ein modernes technisches Gerät wie der Personalcomputer Einzug hält und ihre Arbeit umstrukturiert. In meinem Beitrag beziehe ich mich auf Ergebnisse aus diesem Projekt. Vor allem geht es mir um den Vorgang der psychischen Umarbeitung, der dem Prozeß der subjektiven Aneignung, der Integration und Assimilierung des Personalcomputers in das Verwaltungshandeln zugrundeliegt. Der Begriff der Umarbeitung drängte sich uns bei den Interpretationen der Interviews und Gruppendiskussionen[2] förmlich auf. Bei dem vorliegenden Beitrag handelt es sich um eine sozialpsychologische Betrachtung, deren Ausgangspunkt das subjektive Erleben der betroffenen Verwaltungsmitarbeiter und -mitarbeiterinnen ist.

1 Das Projekt »Wirklichkeitserfahrung im Umgang mit dem Computer – der PC-Einsatz in der computergestützten Sachbearbeitung von kommunalen Verwaltungen« begann im Herbst 1990 und wurde im Frühjahr 1994 abgeschlossen. Das Projektteam bestand aus Thomas Leithäuser (Projektleiter), Elfriede Löchel, Brigitte Scherer und Erhard Tietel. Die Ergebnisse sind nachzulesen in: Leithäuser u. a. 1995.

2 Wir führten themenzentrierte Gruppendiskussionen und problemorientierte Interviews mit Schreibkräften, Sachbearbeiterinnen und Sachbearbeitern, Referentinnen und Referenten, Abteilungsleiterinnen und Abteilungsleitern der Bremischen Öffentlichen Verwaltung durch. Die Frage, die wir den Interviewpartnerinnen und -partnern stellten, lautete: Welche Bedeutung hat der Computer für Sie an Ihrem Arbeitsplatz und welche Erfahrungen machen Sie mit dem PC? Das so erhobene Material haben wir tiefenhermeneutisch interpretiert. Außerdem haben wir auf szenische Interpretationen zurückgegriffen. Zur Erhebungs- und Auswertungsmethode siehe Leithäuser u. a. 1995, S. 261-269 und Leithäuser, Volmerg 1988.

Mittlerweile ist der Computer in öffentlichen Verwaltungen kein Unbekannter mehr. Er hat sich seinen Platz erobert und ist nicht mehr wegzudenken. Die Einführung dieses neuen technischen Arbeitsgerätes verursachte allerdings einige Turbulenzen. Im nachhinein erstaunt es fast, wie schnell der PC zum unentbehrlichen Arbeitsinstrument geworden ist. Menschen verfügen über die erstaunliche Fähigkeit, sich mit großer Geschwindigkeit neuen Verhältnissen anzupassen und diese sich anzupassen. Im folgenden wird dieses Sich-Anpassen als psychischer Umarbeitungsprozeß gefaßt. Der Begriff der Umarbeitung ist hierbei an Freuds Charakterisierung des Vorgangs der psychischen Abwehr, der Verdrängung, aber auch der Bewältigung angelehnt.
In der psychologischen Forschung wird das Verhältnis Mensch-Computer meist nur aus dem Blickwinkel der Akzeptanz untersucht: Wie wird die neue Technik akzeptiert und was kann für die Erhöhung der Akzeptanz getan werden? Unter dieser Perspektive scheinen überbordende Phantasien und Ängste nur als ein Hindernis für die Aneignung. Gefühle, Vorstellungen und Phantasien bleiben dem Umgang mit der Technik aber nicht äußerlich. Geht man davon aus, daß Gefühle und Vorstellungen notwendigerweise von technischen Artefakten hervorgerufen werden und sich nicht einfach durch rationale Erklärungen beseitigen lassen, so ist man gefordert, genauer zu betrachten, was mit ihnen geschieht. Die psychische Umarbeitung von Gefühlen, Phantasien und Vorstellungen ist u. E. eine wesentliche Voraussetzung für Aneignungs- und Lernprozesse.
Zunächst skizziere ich im Kapitel »Vom Anfänger zum Routinierten« typische Themen und Konflikte im Prozeß der Aneignung. Bevor ein Anfänger zu einem routinierten PC-Benutzer wird, durchläuft er Phasen der Dramatisierung und Entdramatisierung, die regelmäßig von psychischen Umarbeitungen begleitet werden. In der Einführungsphase allerdings, der Situation der allerersten Begegnung, wenn die ersten Bedienungsfertigkeiten erlernt werden, sind die Verwaltungsmitarbeiter und -mitarbeiterinnen in die Lage versetzt, nicht nur ein neues Arbeitsgerät in gewohnte Arbeitsstrukturen einzupassen und die Arbeitsumgebung dem neuen Gerät anzupassen, sie sind auch gefordert, sich die Motivation zur Aneignung anzueignen. Einige typische psychische Umarbeitungen, die hierbei stattfinden, werden im Kapitel »Der Computer – das Ding, an dem man nicht vorbeikommt« exempla-

risch dargestellt. Ich habe die Analyse einer Sequenz einer Gruppendiskussion ausgewählt, weil durch sie die anfänglichen Dramatisierungen und Infragestellungen, durch die die psychische Umarbeitung motiviert ist, verdeutlicht werden können. Das detaillierte Eingehen auf einen Ausschnitt einer Gruppendiskussion ermöglicht daneben, die gruppendynamischen Aspekte herauszuarbeiten. In ihnen drücken sich charakteristische Umgangsweisen mit problematisch gewordenen Situationen aus. Die Infragestellungen und Erschütterungen, die gerade zu Beginn der Aneignung besonders deutlich hervortreten, werden zwar moderater, verschwinden aber nicht gänzlich. Der Computer, in seiner Eigenschaft als evokatorisches Objekt[3], ist dazu angetan, immer wieder neu an die Frage der Subjekthaftigkeit zu rühren. Mit Hilfe von psychischen Umarbeitungen ringen die PC-Benutzer stets aufs neue darum, sich als handelnde Subjekte gegenüber dem Objekt Computer zu situieren. Im letzten Kapitel »Evokationen drängen zur Umarbeitung« wird das Verhältnis von Evokation und Umarbeitung diskutiert.

Vom Anfänger zum Routinierten

In zahlreichen Gruppendiskussionen und Einzelinterviews berichten Schreibkräfte, Sekretärinnen, Sachbearbeiterinnen und Sachberarbeiter, Abteilungsleiterinnen und Abteilungsleiter von ihren Erfahrungen mit dem neuen Arbeitsgerät PC. Sie sprechen auch über Erwartungen, über Wünsche und Ängste, über Vorstellungen und Phantasien, die der Personalcomputer bei ihnen evoziert. Während die einen noch ganz am Anfang stehen, gerade erst einen Grundkurs oder Einführungskurs absolviert haben, können andere schon auf einige Erfahrungen zurückblicken. Sie erledigen bereits Arbeitsaufgaben mit Hilfe des Computers, sind aber dennoch noch nicht ganz heimisch geworden im Umgang mit der neuen Technik. Sie ringen um die *vollkommene Beherrschung*[4],

3 Das Konzept der Evokation ist grundlegend für unsere empirische Studie. Siehe hierzu Leithäuser u. a. 1995, S. 13-22, und Löchel, Tietel 1990. Im Abschnitt »Evokationen drängen zur Umarbeitung« in diesem Beitrag werden einige Aspekte dieses Konzeptes näher erläutert.

4 Alle auch im folgenden kursiv gedruckten Wörter und Sätze sind wörtliche Zitate aus Gruppendiskussionen und Interviews.

wie es an manchen Stellen heißt. Für andere wiederum ist der Umgang mit dem PC bereits Routine, er ist alltäglich und selbstverständlich geworden.

In jeder der drei von uns untersuchten Phasen, die wir Einführungs-, Gewöhnungs- und Routinisierungsphase nennen, stehen je eigene Themen im Vordergrund. Besonders dramatisch schildern die Verwaltungsmitarbeiterinnen und -mitarbeiter die Zeit und den Zustand der Einführung. Erfahrungen des Mißlingens, Gefühle der Ohnmacht, Unsicherheiten, weil Arbeitsorganisation und -ablauf sich verändern, Probleme mit dem berufsbezogenen Selbstwert, die sich oftmals daraus ergeben, Ängste und Phantasien aufgrund der Undurchschaubarkeit des PCs werden in den Gesprächen geäußert.

Bei den weiter Fortgeschrittenen geht es in der Hauptsache um das Thema Beherrschung. Sie vergleichen das Davorgewesene, die doch teilweise sehr mißliche Lage, in der der PC oftmals mehr sie zu beherrschen schien als sie ihn, mit dem nun Erreichten, den mittlerweile angeeigneten Bedienungsfertigkeiten und -kenntnissen. In diesem Stadium haben die PC-Benutzer eine realistischere Einschätzung darüber gewonnen, was sie bereits können und was ihnen noch bevorsteht. Die häufig verwendete Formulierung *noch nicht* charakterisiert diese Phase: Die Ebene der Mühsal ist *noch nicht* durchschritten. Die erhofften und erwarteten Arbeitserleichterungen haben sich *noch nicht* eingestellt.

Sind nun die anfänglichen Dramatisierungen und die Mühen der allmählichen Aneignung bei routinierten PC-Benutzern verschwunden? Welche Themen wählen sie? Obwohl es auf den ersten Blick so scheint, als sei der PC zum unspektakulären Arbeitsmittel geworden, zeigt doch der zweite genauere Blick, daß die anfänglichen Dramatisierungen keineswegs gänzlich verschwunden sind, sondern sich verlagert haben. Die Dramatisierung hat die Bühne gewechselt. Es ist nicht mehr die Technik, über die geklagt wird und die – wie zu Anfang häufig – auch zum Darstellungsmittel sozialer Konflikte gerinnt, vielmehr sind es nun Statusfragen, Fragen der Arbeitsorganisation, die, zuerst durch den PC in Bewegung gebracht, ungelöst geblieben sind und nun besprochen werden wollen. Und zuweilen machen auch routinierte PC-Benutzer noch rätselhafte Erfahrungen. Der vertraut gewordene PC hat plötzlich und unerklärbar ganz unerwartete Funktionsstörungen, die manchmal genauso wieder verschwinden, wie sie aufgetaucht waren, oder eine Erklärung findet sich erst nach langem Suchen. Diese Rätselhaftigkeiten irritieren nach wie vor. Auch wenn sie keineswegs so dramatisch erlebt werden wie zu Anfang, erzeugen sie Verunsicherungen, die umgearbeitet oder ins soziale Feld verschoben werden.

Die Evokationen, die der PC hervorzurufen vermag, stellen sich nicht im luftleeren Raum ein. Sie sind eingebunden in persönliche, soziale und arbeitsorganisatorische Konfliktkonstellationen. Der Zeitpunkt unserer Erhebung war nicht nur äußerst günstig, um die Dramatisierungen und Verunsicherungen der Einführungsphase zu erheben. Er ermöglichte uns ebenfalls zu erforschen, wie sich die subjektiven Bedeutungen des Computers im Zuge der Aneignung vom Stadium des Anfängers über die allmähliche Gewöhnung bis hin zur Routinisierung verändern. Es zeigt sich, daß die dramatisch geschilderten Erlebnisse der ersten Begegnung mit dem PC im Laufe der Aneignung zwar moderater werden, der Umgang mit dem Computer sich routinisiert, aber dennoch die den anfänglichen Dramatisierungen zugrundeliegenden Vorstellungen, Phantasien und Gefühle nicht einfach gänzlich verschwinden, sondern umgearbeitet oder weggearbeitet werden. Die Dramatisierungen der Anfangszeit werden in Entdramatisierungen überführt. Dabei ist die Möglichkeit, die Erfahrungen wiederholt zu erzählen, von großer Bedeutung. Das Erzählen und mit der Wiederholung sich verändernde Erzählen verleiht den Erfahrungen nachträglich Sinn. Ihnen wird eine zeitliche Ordnung verliehen, sie werden begründet und begründbar. Die Vergangenheit wird geordnet und die Zukunft einschätzbarer.

Neben den Umarbeitungen, die diesen Prozeß der Aneignung begleiten, ihn zuallererst ermöglichen, finden psychische Umarbeitungen ständig – auch innerhalb der einzelnen Aneignungsstadien – statt. Sie finden sich in jeder Gruppendiskussion, auch hier wird dramatisiert und entdramatisiert.

Umarbeitungen lassen sich aufspüren, indem man verfolgt, wie wichtige oder problematisch gewordene Fragen und Themen behandelt und besprochen werden. Neben den Texten legt auch die Gruppendynamik, zuweilen begleitet von größeren und kleineren Inszenierungen, Zeugnis ab von Umarbeitungsprozessen.

Ob man will oder nicht, der PC steht vor der Tür.

Betrachten wir nun am Beispiel der Anfangsphase einige der zu leistenden psychischen Umarbeitungen genauer. Die Anfangssituation ist dadurch gekennzeichnet, daß die Menschen sich vor eine Aufgabe gestellt sehen, die sie sich nicht unbedingt selbst ausgesucht haben.

Der Beschluß, den Personalcomputer »flächendeckend« in die Bremische Öffentliche Verwaltung einzuführen, ist nach langen Verhandlungen mit dem Personalrat gefaßt worden. Nicht alle, die davon betroffen sind, begrüßen dies. Im Gegenteil – viele haben Bedenken, fürchten trotz der in der Betriebsvereinbarung festgelegten ergonomischen und arbeitszeitlichen Vereinbarungen und Beschränkungen Gesundheitsschäden. Die Arbeitsorganisation wird sich verändern: das Konzept zur Einführung von Mischarbeitsplätzen ist im gleichen Zuge vereinbart worden. Schreibkräfte sollen nicht nur schreiben, sondern auch Tätigkeiten aus dem Bereich der Sachbearbeitung hinzubekommen. Sachbearbeiter und Sachbearbeiterinnen sollen zum Teil Schreibarbeiten selbst am PC erledigen.

Was wird aus der gewohnten Arbeitsroutine? Wie wird sich die Arbeit verändern? Wird man sich die notwendigen Bedienungsfertigkeiten auch schnell genug aneignen können? Ist der eigene Status oder gar der Arbeitsplatz gefährdet? Ist man nicht eigentlich schon zu alt oder zu dumm, um zu lernen, mit dieser neuen Technik umzugehen? Was passiert, wenn sich herausstellt, daß die Schreibkraft flotter und besser mit dem Computer umgehen kann als der Sachbearbeiter? Wird die Arbeit kontrollierbarer? Gehen Spielräume verloren? Wird man womöglich den ganzen Tag nur noch vor dem Bildschirm sitzen? Leiden die sozialen Kontakte? Verarmen kreative Fähigkeiten? Solche und andere Fragen beschäftigen die Mitarbeiterinnen und Mitarbeiter in der öffenlichen Verwaltung zu Beginn der Einführung.

Natürlich gibt es auch welche, die den PC heiß und innig ersehnen, die vielleicht schon Kenntnisse und Erfahrungen haben und es kaum erwarten können, endlich mit Hilfe der neuen Technik die tägliche Arbeit zu bewältigen. Einige sind der *vorsintflutlichen Arbeitsweise* schon lange überdrüssig und erhoffen sich Arbeits-

erleichterung und -beschleunigung. Scham vor Kollegen und Kolleginnen aus der »freien Wirtschaft«, die man kaum in der PC-losen Amtsstube zu empfangen wagt, weicht der Hoffnung, nun endlich mithalten zu können und nicht länger wegen altmodischen Arbeitsweisen belächelt zu werden.
Doch viele sehen sich in eine Situation versetzt, die sie lieber vermeiden würden. Würde der PC nicht zugleich soviele Veränderungen mit sich bringen, soviele noch unbeantwortete Fragen aufwerfen, wäre er als Arbeitsgerät hie und da durchaus willkommen, so aber ...

Wenn man muß, wird man auch irgendwann wollen

Einer der Kernsätze, der immer wieder in verschiedenen Gruppendiskussionen fällt und der die Ausgangssituation des Aneignungsprozesses anschaulich macht, lautet: *Man kommt nicht drum herum.* Andere Aussagen, die die Situation der Unfreiwilligkeit charakterisieren, lauten:

– *Man sieht, daß man ohne Computer in der Arbeitswelt nicht zurecht kommt.*
– *... die Einsicht, daß man da trotzdem nicht vorbeikommt ...*
– *... weil ich das von meinem Vorgesetzten aus machen muß.*
– *Aber da sind schon auch soziale Sachzwänge da.*
– *Ich kann von meiner Schreibmaschine keine Diskette zaubern, also bin ich gezwungen, wenn ich noch ein bißchen dran bleiben will, gezwungen, mit diesem Computer zu arbeiten.*
– *Es wird einem so der Eindruck vermittelt: die Technik ist da, jetzt muß der Mensch mit.*
– *Ich denke schon, man muß mit der Zeit gehen und man kann nicht nur zurückbleiben.*

Sätze, aus dem Kontext herausgelöst und in dieser Weise aneinandergereiht, bekräftigen den Eindruck der Unfreiwilligkeit in einer Weise, wie er im Zusammenhang einer Gesprächssituation nicht lange Bestand hat. Schnell wird dort ein »Aber« hinzugefügt, dem ein »Wollen« folgen kann. Wenn nicht der Sprecher oder die Sprecherin selbst es sind, die dem hinzufügen: *aber ich will es auch,* interveniert mit ziemlicher Sicherheit ein anderer Gesprächsteilnehmer. Die Unterworfenheit unter äußere Bedingungen in einer solchen Deutlichkeit hervortreten zu lassen, kann nur Unbehagen und das dringende Gefühl auslösen, die Situation so schnell wie möglich verändern zu wollen. Es ist ein grundsätzliches menschliches Bedürfnis, sich aus der Position der Ohnmacht, des Ausgeliefertseins in eine der Eigenmächtigkeit zu versetzen und sei es auch nur, indem man die Situation anders beschreibt, sie umdefiniert. Zur Entwicklung des Kindes gehört unausweichlich, daß es im Prozeß der Loslösung und Individuation aktiv auf sich nimmt, was es anfangs passiv erdulden mußte (vgl. Loewald 1978). So knüpft diese psychische Umarbeitung an frühe Erfahrungen oder Bewältigungsmuster an. Genauso rührt aber auch jede Erfahrung von Ohnmacht und Unausweichlichkeit an frühe Erlebnisse des passiv Ausgeliefertseins und ist in der Lage, die entsprechenden Ängste und unlustvollen Gefühle, die damals mit solchen Situationen verbunden waren, anklingen zu lassen. Der Drang zur Umarbeitung solcher Erfahrungen, die zugleich der Bewältigung dient, ist entsprechend groß. Das zeigt sich zuweilen gerade dadurch, daß sich bereits beim Sprechen, in dem die Zwangslage geschildert wird und hierdurch zur Anerkennung gelangt, oftmals unwillkürlich ein Widerpart einmischt. Bei der Sachbearbeiterin Frau H. klingt das beispielsweise so:

Bisher hatte ich auch einen Arbeitsplatz ohne PC und hatte die Einstellung: solange ich es nicht muß, will ich es noch nicht. Es wird an meinem jetzigen Arbeitsplatz so sein, daß irgendwann der PC auf mich zukommt. Und insofern ist es nur eine Frage der Zeit.

Die Aussage; *solange ich es nicht muß, will ich es nicht*, wäre stärker an die Zwangslage gebunden. Doch das kleine Wort *noch*, das hier in merkwürdiger Weise insistiert, verweist bereits auf die Möglichkeit eines eigenen Wollens. Das Wollen ist zwar (*noch*) dem Müssen unterworfen, aber wenn Frau H. dann *irgendwann* muß, wird sie auch wollen. Beides – Müssen und Wollen – ist *nur eine Frage der Zeit*. Die Tür zur Motivationsaneignung hat sich bereits einen Spalt breit geöffnet. Hier ist in einem Satz die Unfreiwilligkeit ausgedrückt und zugleich schon der Beginn der Umarbeitung in ein eigenes Wollen angedeutet.

Die Verwaltungsmitarbeiter und -mitarbeiterinnen befinden sich in einer Situation, in der sie den Personalcomputer als neues Arbeitsgerät in ihre gewohnte Arbeitsumgebung und die alltägliche Routine einpassen müssen. Aber nicht nur das Gerät muß der bisherigen Arbeitsumgebung eingepaßt werden, auch die Arbeitsumgebung muß dem Gerät angepaßt werden. Aneignung des neuen technischen Gerätes heißt, neben dem Erlernen der Bedienungsfertigkeiten auch die Umstrukturierung der Arbeit und den Wandel interpersoneller Beziehungen am Arbeitsplatz zu intergrieren. Zuallererst aber müssen sie sich die Motivation zur Aneignung aneignen. Sie sind vor die Aufgabe gestellt, die Situation des Müssens in eine des Wollens zu verwandeln. Das erst ermöglicht es, sich als Subjekt des Prozesses zu fühlen

Machen Unfreiwilligkeit oder frustrierende Erfahrungen aggressiv?

Ich greife nun eine Passage aus einer unserer Gruppendiskussionen heraus, in der die Frage der Motivation thematisiert, verhandelt und umgearbeitet wird. Gleich zu Beginn dieser Diskussion ergibt sich ein Wortwechsel zwischen Herrn B. und Frau L. Zunächst berichtet Herr B. von seinen Erfahrungen:
Man ist immer begeistert, wenn irgendetwas klappt, so kleine Bausteine. Aber wenn was Neues dazu kommt, dann kommt man auch schnell an einen Punkt, wo es dann nicht funktioniert. (S. 2)
Frau L., die sich vor allem durch die Erfahrung, das etwas *nicht funktioniert*, angesprochen fühlt, schließt sich ihm mit den Worten an:
Wo man das Gerät am liebsten kaputtschlagen möchte. (S. 2)
Herr B. schildert, daß sich bei Erfolgserlebnissen, *wenn etwas klappt*, Begeisterung einstellt. Eine Begeisterung, die eben da an Grenzen stößt, wo neue Anforderungen einen immer wieder in die frustrierende Lage bringen, daß *es dann nicht funktioniert.* Ob es nur das gelingende Umgehen mit dem Software-Programm ist, das bei neu zu erlernenden Schritten ausbleiben kann oder ob auch das Ausbleiben der Begeisterung selbst gemeint ist, bleibt offen. Jedenfalls sind Erfolg und Begeisterung eine gute Grundlage für die erfolgreiche Aneignung der neuen Technik. An Herrn B.s Aussage fällt allerdings auf, daß einem so starken Gefühl, wie es die Begeisterung ist, nur ein schlichtes emotionsloses Nichtfunktionieren entgegengehalten wird. Anders Frau L.; die Aggression, die Frustrationserlebnisse auslösen können, wird von ihr

ausgesprochen. Sie *möchte* nach solchen Erlebnissen *das Gerät am liebsten kaputtschlagen.*[5]

Nun reagiert Herr B., als er fortfährt, zunächst scheinbar gar nicht auf Frau L., sondern wendet sich an die Diskussionsleiter: *Es ist grundsätzlich ja so, diejenigen, die wir alle hier sitzen, es ist ja bei uns unterschiedlich – nicht? Das Interesse, kommt das nun von uns aus oder kriegt man sozusagen das von irgend jemanden verordnet, das Interesse – nicht.* (S. 3)

Unvermittelt hat Herr B. uns – den Diskussionsleitern – etwas mitzuteilen. Das *Interesse,* die Motivation bei den in der Runde Anwesenden ist verschieden. Es gibt welche, die von sich aus Interesse am Arbeiten mit dem PC haben, die sich die Fertigkeiten aneignen wollen und es gibt welche, die nur aufgrund eines äußeren Zwanges *hier sitzen.*[6] Was drängt ihn, darauf hinzuweisen? Für ihn scheint es erklärungsbedürftig, daß jemand mit so heftigen aggressiven Gefühlen auf das punktuelle Nichtfunktionieren des PCs reagieren kann. Das kann nur daran liegen – so die unausgesprochene aber naheliegende Schlußfolgerung –, daß Frau L. nicht aus freien Stücken an diesem EDV-Kurs teilnimmt. Und in der Tat schildert Frau L. im Laufe der Diskussion ihre Lage als eine der Not. Frau L. ist Sekretärin und hat von ihrem Vorgesetzten geraten bekommen, den EDV-Einführungskurs zu besuchen, da auch an ihrem Arbeitsplatz der PC unausweichlich vor der Tür steht. Sie schildert, daß sie sich gezwungen sieht. Sie bekennt auch, daß sie sich *schwer tut* und *lieber bei ihrer Schreibmaschine bleiben würde.*

Herr B. teilt uns implizit seine Alltagstheorie mit, die so lautet: Nur wer gezwungen ist, zeigt solche aggressiven Reaktionen. Diese Art Schlußfolgerung kann bereits als ein Bewältigungsversuch verstanden werden. Es könnte sich um den Versuch handeln, mit der Beherrschung der eigenen aggressiven Regungen angesichts frustrierender Erfahrungen auch die Lernsituation unter Kontrolle zu bekommen. Indem sich Herr B. eindeutig von Frau

5 Auch Christel Schachtner (1993) berichtet von heftigen Aggressionen, die das Nichtfunktionieren des Computers bei Informatiker/innen »in der Regel« auszulösen vermag (S. 49 ff.).

6 Diese Formulierung bezieht sich auch auf den Umstand, daß die Teilnehmer/innen der Gruppendiskussion zum Zeitpunkt des Gespräches gerade einen EDV-Einführungskurs des Aus- und Fortbildungszentrums des Bremischen Öffentlichen Dienstes besuchen.

L. abzugrenzen sucht, kann er für sich die Position desjenigen wahren, der sich aus eigenem Interesse heraus souverän dem PC nähert. In dieser kleinen Eingangsepisode passiert gruppendynamisch etwas ganz Typisches. Indem Positionen verteilt und eingenommen werden, können Ambivalenzen, Widersprüche oder Ängste abgewehrt und umgearbeitet werden.

Die »fremde« Technik birgt Gefahren.

Betrachten wir aber zunächst die auf diesen Wortwechsel folgenden Aussagen von einigen anderen Teilnehmern und Teilnehmerinnen. Sie scheinen sich aufgefordert zu fühlen, nun Stellung zu beziehen, um über ihr *Interesse* Auskunft zu geben. Frau N. ist die erste:

Ich würde schon sagen, daß das Interesse auch daran da ist, bei mir jedenfalls. Ich habe selbst gefragt, ob es möglich ist, an diesem Computerkurs teilzunehmen. Mir wurde gesagt: Ja, machen Sie das. – Und also, für mich war der Computer eigentlich fremd, etwas, womit ich eigentlich nie etwas zu tun haben wollte, aber man sieht, daß man ohne Computer im Amt auf Dauer eben nicht zurechtkommt und man hat schon Interesse daran. (S. 3)

Herr R. erzählt, daß er vor dem Kurs kaum eine Vorstellung davon hatte, was ein PC ist. Für ihn war es ein *Bildschirm, Fernseher und eine Schreibmaschine,* aber er wußte nicht, *was man damit machen kann.* Nun sei er *begeistert* und doch auch beunruhigt über die Möglichkeit beispielsweise, *ein ganzes System zum Abstürzen bringen zu können.* Diese Gefahr hätte seinen Tatendrang etwas *abgebremst.*

Frau M. sagt, sie sei mit *gemischten Gefühlen rangegangen.* Einerseits hatte sie *Bedenken*, ob und wie sie *das schafft*, andererseits, sei sie *da rangegangen, weil* sie *es wollte.* Sie fährt fort:

Ich will einfach mit der Zeit gehen, In-sein. Ich sehe, überall sind solche Geräte, und ich habe keine Ahnung. Im Gegensatz zu früher, ich habe Technik verabscheut, weil sie mir fremd war, wie alles, was mir fremd ist, habe ich sie abgelehnt. Ja und jetzt bin ich drangegangen, weil ich es wollte. Ich will es einfach lernen. (S. 4)

Herr E., der zwar nicht direkt über seine Motivation spricht, klagt über die ihm zugemutete Lernsituation:

Für die meisten von uns trifft eigentlich zu, daß wir jetzt mit dem

Computer Wissen vermittelt bekommen, was irgendwo draufgesetzt wird. Es ist nichts mehr Gewachsenes, das wird irgendwo oben draufgesetzt. ... Aber ich meine, unsere Schwierigkeiten mit dem Computer, die gehen ja noch. Wenn man das auf unsere neuen Mitbürger in der ehemaligen DDR überträgt, die jetzt auch plötzlich mit dem Ding in Berührung kommen. Für die dürfte das noch schwieriger sein. (S. 5)

Frau L. ist in der Runde die einzige, die so unbarmherzig kundtut, daß sie sich in einer Zwangslage befindet. Die anderen schildern überwiegend eine ambivalente Haltung.

Betrachten wir sie nun genauer: Frau N., die ihr eigenes Interesse bekundet, selbst nachgefragt hat, ob sie am EDV-Kurs teilnehmen kann, fügt nach kurzem Stocken hinzu, daß ihr die Technik doch fremd gewesen sei, sie sie abgelehnt habe. Die Einsicht, ohne PC *auf Dauer nicht zurechtzukommen,* bewirkt erst, daß ihr Interesse entsteht. Die Art und Weise, in der Frau N. dies schildert, ruft die Vorstellung hervor, sie müsse nicht nur uns, sondern auch sich selbst erst noch davon überzeugen. In ihren Formulierungen *Ich würde schon sagen, daß das Interesse auch daran da ist* und *man hat schon Interesse daran* ist die Zögerlichkeit deutlich spürbar. Wenn vielleicht auch schon ein bißchen losgelöster als bei Frau H., ist doch auch bei ihr das Wollen noch mit dem Müssen verbunden. Der Weg allerdings zur Umarbeitung des Müssens in ein Wollen ist bereits beschritten. Sie ist initiativ geworden, während Frau H. noch abwartet.

Herr R. berichtet im Unterschied zu Frau N. und Frau M. nicht über Fremdheitsgefühle, obwohl er vorher so gut wie nichts über die technischen Möglichkeiten und Funktionsweisen des PCs wußte. Den beiden Frauen dient das Adjektiv fremd dazu, ihre vormalige Ablehnung zu begründen. Bei Herrn R. ist von Ablehnung oder gar Abscheu nichts zu hören.

Nun paßt es gut ins traditionelle Bild oder Klischee, daß Frauen mehr Distanz (oder auch Ablehnung) gegenüber Technik zeigen. Ich will hier keineswegs eine Interpretation nahelegen, die geschlechtstypische Umgangsweisen in dieser Weise zu identifizieren sucht und die nicht nur das Alltagsbewußtsein häufig vornimmt.[7] Allerdings handelt es sich um eine soziale Situation, in

7 Zur Frage der Geschlechterdifferenz und ihrer Bedeutung im Umgang

der solche Zuschreibungen oder Selbstinterpretationen wirksam sind. Während es für Frauen ins geschlechtstypische Rollenbild paßt, Ablehnung und Abscheu gegenüber bestimmten[8] technischen Geräten an den Tag zu legen und diese somit sozial gestattet sind, würde es für Männer bedeuten, sich als unmännlich oder verweiblicht zu zeigen, aus ihrer Geschlechtsrolle herauszufallen. Geschlechtsspezifische Klischees können dazu dienen, in Situationen der Verunsicherung Sicherheit zu schaffen. Es handelt sich bereits um eine Interpretation der Wirklichkeitserfahrung, wenn festgestellt wird, wie Männer und Frauen sind oder sich verhalten. In dem vorliegenden Beispiel wählen Frauen und Männer in gewisser Weise jeweils sozial anerkannte geschlechtstypische Positionen für ihre Begründungen aus.
Herr R. nun ist sowohl begeistert als auch beunruhigt. Mögliche *Abstürze,* die bei vorschnellem Tatendrang drohen, hemmen ihn. Sind es aber wirklich nur die Abstürze der Technik, die bedrohlich wirken? Es ist sicherlich kein zu weitreichender Interpretationsschritt[9], wenn man Herrn R.s Äußerung über die Gefahr des drohenden Systemabsturzes auf ihn selbst überträgt. In gewisser Weise teilt er uns mit, daß auch er *abstürzen* könnte, wenn die Technik nicht so funktioniert, wie er es sich vorstellt, wenn sich Schwierigkeiten im Erlernen der Bedienungsfertigkeiten ergeben. Diese Befürchtung ist nicht nur angetan, seinen Tatendrang im Umgang mit dem PC zu hemmen, sie muß im Aneignungsprozeß psychisch verarbeitet oder umgearbeitet werden.
Bei Frau M. ist die Lage ähnlich wie bei Frau N. Sie *verabscheute* die ihr fremde Technik, bis sie sah, daß sich *überall solche Geräte* befinden. Da sie nicht zum alten Eisen gehören, sondern *mit der Zeit gehen und In-sein* will, *will sie es einfach lernen*. Für Frau N. ist es nicht einfach nur die Unausweichlichkeit, die sich am Arbeitsplatz durch die Einführung des PCs ergibt, ihre Begründung verweist auch auf eine narzißtische und gesellschaftliche Dimension, die hier miteinander verschränkt sind. Nicht nur die Verän-

mit dem Computer siehe Leithäuser u. a. 1995, Löchel 1994 a u. b, Scherer 1995.

8 Technische Geräte wie Staubsauger oder Waschmaschinen gehören wohl nicht dazu.

9 Etliche Aussagen und Passagen auch in anderen Gruppendiskussionen unterstützen diese Interpretation, die an dieser Stelle vielleicht etwas gewagt erscheinen mag.

derungen am Arbeitsplatz, auch die gesellschaftliche Bedeutung des Computers, die unter anderem darin besteht, daß er überall zu finden ist und man sich wie ein menschliches Auslaufmodell fühlt, wenn man keine Ahnung von der neuen Technik hat, trägt zur Motivationsaneignung bei. Während bei Frau N. mit der Zögerlichkeit auch die Ambivalenz zum Ausdruck kommt, scheint diese bei Frau M. bereits überwunden. Die Formulierung: *jetzt bin ich drangegangen, weil ich es wollte,* läßt kaum Raum für Zweifel an ihrer Motivation, obwohl sie zu Beginn auf die *gemischten Gefühle* verweist, die sie empfunden hatte.
Herr E., dem das neu zu lernende Wissen so erscheint, als würde es ihm und den anderen *draufgesetzt*, der damit eine Zumutung benennt, (er)findet einen Trost: Es gibt andere, die womöglich noch mehr *Schwierigkeiten mit dem Ding* haben. Am Beispiel der ehemaligen DDR-Bürger kann er sich nicht nur trösten, sondern auch verdeutlichen, welche Lern-Zumutung für ihn diese Situation darstellt. Nicht nur das *Wissen* wird *draufgesetzt,* auch der PC wird einem ungefragt vor die Nase gesetzt, genauso wie die *ehemaligen DDR Mitbürger jetzt plötzlich mit dem Ding in Berührung kommen*. Die Situation wird erträglicher, wenn man sich vorstellt, daß andere es noch schwerer haben. Bei anderen etwas festzustellen, wahrzunehmen, was einem selbst unerträglich ist, entspricht dem psychoanalytischen Vorgang der Projektion. Die Projektion dient der Abwehr unerträglicher Gefühle und Vorstellungen. Herr E. bedient sich dieses Abwehrvorganges nun nicht in der Weise, daß er auf seiner Seite die Schwierigkeiten gar nicht mehr wahrnehmen würde, aber er schafft sich eine Entlastung, macht die Zumutungen erträglicher. Durch diese Art der Umarbeitung kann sich der kleine Spielraum eröffnen, der die Aneignungsschritte dann ermöglicht.

Wie das »verordnete« Interesse zum eigenen werden kann.

In dieser Sequenz sind verschiedene typische Versionen der Verarbeitung oder Umarbeitung der Unfreiwilligkeit enthalten. Die Unfreiwilligkeit kann aber auch – wie wir es bei Frau L. gesehen haben – einfach auf sich genommen werden, man kann ihr unterworfen bleiben. Gelingt es allerdings nicht, diese Haltung zu verlassen (umzuarbeiten), so daß man sich selbst als handelndes Sub-

jekt erfährt und nicht als Opfer äußerer Umstände, wird das Erlernen der notwendigen Bedienungsfertigkeiten wahrscheinlich sehr erschwert.
Eine Möglichkeit, das Müssen in Wollen zu verwandeln, besteht darin, das Müssen zur Bedingung für ein eigenes Wollen zu erklären; wenn man muß, will man schließlich auch. Frau H. und Frau N. sind zwei typische Protagonistinnen dieser Haltung. Suggestive Beteuerungen, die Motivation werde oder habe sich ja bereits eingestellt, können durchaus ein Ausgangspunkt für die Aneignung der Motivation sein. Spürbar bleibt dennoch eine Kluft, der äußere Zwang ist (noch) nicht vollständig als Wollen verinnerlicht.
Zwar ist die Haltung von Frau M. ähnlich: Auch sie begründet ihr Interesse mit äußeren Bedingungen, doch unterscheidet sie sich in einem wesentlichen Punkt. Bei ihr kommt eine narzißtische Dimension hinzu. Sie will dazugehören, mit zu denjenigen zählen, die auf der Höhe der Zeit sind. Eine solche Einstellung birgt eine eigene Antriebskraft. Die äußeren Bedingungen werden kaum noch oder gar nicht als Zwang erfahren. Sie fallen mit der eigenen Motivation in eins. Hier könnte man im Sinne Parins (1977) von einem unbewußt und automatisch ablaufenden Anpassungsmechanismus sprechen, der dann allerdings keine Distanz mehr zu den von außen gestellten Anforderungen zuläßt.
Eine weitere Möglichkeit wird von Herrn R. repräsentiert. Er thematisiert Begeisterung und Befürchtung. Beides bleibt in seiner Schilderung eng verbunden mit der Technik, mit dem gelingenden bzw. mißlingenden Funktionieren. An diesem Beispiel wird ein typischer Umarbeitungsvorgang, den wir vor allem bei Anfängern angetroffen haben, deutlich. Intra- und interpersonelle Konflikte, die durch die PC-Einführung ausgelöst werden, werden an der Technik abgehandelt. Wahrnehmungen und Gefühle, wie zum Beispiel die Angst, man könne versagen, können so bedrohlich sein, daß sie auf die Technik verschoben werden.
Schließlich ist auch die Projektion, durch die unerträgliche Gefühle bei anderen untergebracht werden, ein typischer Abwehrvorgang. Wenn er – wie wir es bei Herrn E. gesehen haben – nur partiell vorgenommen wird, wird die Situation erträglicher, schließt aber die Wahrnehmung der eigenen Schwierigkeiten nicht völlig aus. Da die schwierige Situation auch als eigene anerkannt wird, kann dies zur Voraussetzung für die Aneignung werden.

Bei der Betrachtung der gruppendynamischen Abläufe fällt zunächst auf, daß nachdem die Aggression benannt ist, sich die anderen Teilnehmer und Teilnehmerinnen an uns wenden. Dabei scheint es, als würden wir zu einer beurteilenden Instanz gemacht. Zum Teil fühle ich mich, als wäre ich zur (über)prüfenden Lehrerin geworden, der gegenüber die Schüler und Schülerinnen Rechenschaft über ihre Fortschritte ablegen. Es kann davon ausgegangen werden, daß in einer solchen Forschungssituation, in der Wissenschaftler von der Universität kommen und nach Erfahrungen und Gefühlen fragen, Übertragungsprozesse stattfinden. Was könnte sich in dieser Eingangsepisode der Gruppendiskussion abgespielt haben? Waren wir in der unbewußten Vorstellung der Gruppe zu Prüfern geworden? Die Art und Weise der Bekundungen, der Umstand, daß wir zu den Adressaten gemacht werden, denen nacheinander die jeweilige Lage erklärt wird, legt dies nahe. Überträgt man das auf die Situation der PC-Einführung, so bedeutet das, daß die Teilnehmerinnen und Teilnehmer die Aneignungszumutungen auch als (berufsbezogene) Prüfung erleben. Frau L., die gewissermaßen in eine Sonderposition gerät, von der sich die anderen abgrenzen, verkörpert das mögliche Scheitern. Die Aggression, die durchaus eine adäquate Antwort auf solche Erfahrungen oder Befürchtungen darstellt, wird zum störenden Gefühl, das nach Möglichkeit ausgegrenzt werden soll. Da die einzelnen sich in einer Situation befinden, in der verschiedene Unsicherheiten und Ängste virulent sind, sind die Stabilisierungsversuche und die Motivationsaneignung noch ungefestigt. Daß Frau L. so unumwunden, kundtut, daß es doch Zwang sei, kann für die gerade sich erst herausbildende Motivation bedrohlich werden. Man muß sich von ihr und den von ihr geäußerten Gefühlen absetzen.

Evokationen drängen zur Umarbeitung

Unser Ausgangspunkt waren die subjektiven Erfahrungen, die Gefühle und Vorstellungen, die Phantasien, die das technische Artefakt PC bei den einzelnen evoziert. Von Sherry Turkle (1984) angeregt, die den Topos des Computers als evokatorischen Ob-

jekts eingeführt hat, haben wir den Begriff der Evokation aufgenommen und differenziert.[10] Turkle erfaßt mit diesem Topos verschiedene Perspektiven. So ist der Computer neben dem bekanntgewordenen »Projektionsmedium« auch »Ausdrucksmittel«, »Metapher«, »mythische« und »psychologische« Maschine und schließlich auch »reflexives Medium«. Meist wird in der Rezeption des Turkleschen Buches ausschließlich die Sichtweise des Computers als eines projektiven Mediums aufgenommen. Für das Verstehen der subjektiven Bedeutungen des PCs und deren psychische Umarbeitung ist es allerdings wesentlich, Evokation von Projektion zu unterscheiden: Bei dem psychischen Abwehrvorgang der Projektion sind die Eigenheiten des Objektes, das zum Träger des projizierten Inhalts wird, tendenziell gleichgültig.
Für den Vorgang der Evokation ist das Objekt keineswegs gleichgültig: »Das bestimmte Artefakt und seine symbolische Form legen nicht alle Evokationen (gleich) nahe. Anders als die unstrukturierten Tintenkleckse des Rorschach-Tests, um ein Beispiel für ein projektives Verfahren zu nennen, hat das technische Artefakt eine bestimmte Struktur mit physischen und operativen Eigenschaften; dennoch kann es, genau wie der Tintenklecks, zum Träger, zum Medium des Ausdrucks unbewußter Vorgänge werden. Die materiellen und symbolischen Eigenschaften des technischen Dings treten in Wechselwirkung mit den psychischen Dispositionen der Subjekte, indem sie manche dieser Dispositionen evozieren, andere nicht« (Leithäuser u. a. 1995, S. 15).
Auch wenn Sherry Turkle den Evokationsbegriff nicht in dieser Weise spezifiziert, verweist sie bereits darauf, daß die Wirkung des Computers »untrennbar verbunden (ist) mit seinen physischen Realitäten. Eine solche Realität ist für sie die Undurchschaubarkeit« (1984, S. 21). Nach Turkle ist die Undurchschaubarkeit Anlaß dafür, über den Computer in »psychologischen Begriffen« zu sprechen und zu denken (ebd.). Auch in unserer Untersuchung zeigen sich als evokative Spezifika die Undurchschaubarkeit und Überkomplexität des Computers, die den Raum für mannigfaltige Phantasien bezüglich des »Innenlebens« (Tietel 1995 b) und für magische Denkweisen (Löchel 1995) eröffnen. Daneben haben wir fünf weitere evokative Spezifika herauskristallisiert, die jeweils mit bestimmten Dimensionen der Wirklichkeitserfahrung

10 Siehe hierzu Leithäuser u. a. 1995, S. 13-22, und Löchel, Tietel 1990.

korrespondieren.[11] Ich will an dieser Stelle weder die von uns spezifizierten Evokationen noch die dazugehörigen Dimensionen der Wirklichkeitserfahrung näher beschreiben. Wichtig scheint mir allerdings, hervozuheben, daß die »physischen Realitäten« und ebenso die operativen Eigenschaften nicht beliebig sind. Sie werden bedeutsam, gewinnen an Sinn. Und genauer – sind es bereits die als bedeutsam wahrgenommenen operativen und physischen Eigenheiten, von denen in den Gesprächen berichtet wird. Die »Eigenheiten« des Computers können nicht losgelöst von ihren kulturellen und gesellschaftlichen Bedeutungen wahrgenommen werden. In den evozierten Vorstellungen sind physische und operative Eigenschaften verschmolzen mit kulturell wirksamen Bedeutungen. Einerseits ist Bedeutung schon immer gegeben und andererseits wird sie von den Subjekten im Umgang mit der Technik stets (neu) erzeugt. Physische Eigenheiten verlieren vor diesem Horizont ihre bloße Objekthaftigkeit. Die Subjekte sind verwickelt. Und diese Verwickeltheit teilt sich in den Evokationen mit, wohnt ihnen inne. Hierdurch zeigt sich der Computer als kulturelles Objekt, gewinnt er seine »symbolische Form«[12]. Nicht nur die »materiellen und symbolischen Eigenheiten des technischen Dings« evozieren Gefühle, Phantasien und Vorstellungen. Auch der Kontext, die soziale Situation, in die sich der PC einmischt und die in Bewegung gerät, haben an ihnen Anteil. Die Bedeutungen, die in den Evokationen zum Ausdruck kommen und sich im Sprechen neu (um)bilden, sind Verdichtungen.
Der psychoanalytische Begriff der Verdichtung erlaubt es, nicht nur die manifesten Bedeutungen einzubeziehen, sondern auch die latenten, unbewußten und vorbewußten. Freud (1900) hat anhand

11 Die weiteren Spezifika sind: Multifunktionalität, die mit der möglichen Verbindung und Überschneidung von Arbeit und Spiel korrespondiert; die Universalität des Computers verbunden mit der Tastaturbenutzung korrespondiert mit Macht- und Ohnmachterleben; die informationstechnischen Zumutungen korrespondieren mit dem Bestreben nach Beherrschung; die Substitution intelligenter Tätigkeit korrespondiert mit der Verunsicherung des Selbstwertes und die Interaktivität der Software korrespondiert mit Personifizierungen (vgl. hierzu Leithäuser u. a. 1995, S. 271-290).

12 Der Begriff der »symbolischen Form« geht auf den Philosophen Ernst Cassirer zurück. Cassirer (1985) hat neben Sprache, Mythos, Religion und Kunst auch Technik als symbolische Form gefaßt.

der Traumarbeit gezeigt, wie durch den Mechanismus der Verdichtung in einer einzigen Vorstellung mehrere Bedeutungen aufgehoben sein können. Darin liegt die Vielschichtigkeit und Überdeterminiertheit der Evokationen.

Neben der Verdichtung ist die Verschiebung der zweite wesentliche Mechanismus der Traumarbeit. Auch er ist in den Evokationen wirksam. Die den Vorstellungen innewohnenden emotionalen Intensitäten und Bedeutungen werden entlang einer Assoziationskette von einer Vorstellung, einem Bild auf ein anderes oder auch ein drittes verschoben. Beispielsweise zeigt sich in unserer Untersuchung, daß soziale, interpersonelle aber auch intrapersonelle Konflikte und Gefühle, die besonders in der Einführungsphase bei Anfängern virulent sind, häufig an der Technik festgemacht und als computerspezifisches Problem thematisiert werden. So hat Herr R. in der Befürchtung, einen Systemabsturz verursachen zu können, seine Angst womöglich selbst »abzustürzen«, untergebracht. Die Hemmung seines Tatendrangs, die er damit begründet, wird vor diesem Hintergrund noch verständlicher.

An diesem Beispiel zeigt sich auch, daß Verdichtung und Verschiebung gemeinsam ihr Werk verrichten. Verdichtungen und Verschiebungen, die in den computerspezifischen Evokationen untergebracht sind, sind zugleich die Mechanismen, die in den psychischen Umarbeitungen wirksam werden.

Diese Art des Verständnisses der Evokationen erlaubt es auch, die dem instrumentellen Denken zuzurechnende strikte Trennung von Subjekt und Objekt neu und anders zu denken. Wenn, wie Avital Ronell schreibt, »die Technologie, bei der der Gebrauch der Maschinerie nur ein Mittel im Einklang mit dem Zweck ist, ... den Menschen als Subjekt und die Welt als dessen Objekt hervorgebracht (hat)« (1990, S. 204), so zeigt sich in den Evokationen, daß im Umgang mit dieser Technologie, die Subjekthaftigkeit des Menschen in gleichem Maße wie die Objekthaftigkeit des Computers immer wieder in Frage steht.[13] Im Umgang mit dem Com-

13 Auch der Kontroll- und Beherrschungswunsch der Subjekte gegenüber erschütternden Naturereignissen (vielleicht auch der inneren Natur), der mit der Technik verbunden ist und sich zuweilen durch technische Unwägbarkeiten gegen sie kehrt, Erschütterungen gerade erst erzeugt, könnte an dieser Stelle als ein Moment der Verwicklung hinzugefügt werden. Siehe hierzu den Beitrag von Thomas Leithäuser in diesem Band.

puter verwickeln sich Menschen derart – oder besser: sind sie vielmehr schon immer so verwickelt –, daß die Eindeutigkeit in der Unterscheidung zwischen Subjekt und Objekt verlorengeht und stets neu errungen werden muß. Die Verwicklungen, die den Evokationen innewohnen und durch sie zum Ausdruck kommen, sind es, die zur Umarbeitung drängen. Man will sich mit ihrer Hilfe wieder in die Position des eigenmächtig handelnden Subjekts versetzen, sich zum Subjekt und den Computer zum Objekt werden lassen. Der Computer soll bloßes *Hilfsmittel* sein, doch das gerät zuweilen außer Rand und Band. Im Grunde verweist Ronell auf die technische Vergegenständlichung nicht nur der Welt, sondern auch der Subjekte, denen die Irrationalität ausgetrieben ist, die in ihrer Subjekthaftigkeit einer maschinellen Berechenbarkeit folgen sollen.

Die Stärke des Evokationskonzeptes zeigt sich gerade darin, daß es die Verschränktheit von Subjekt- und Objekthaftigkeit erkennbar macht, die sich schließlich gerade in den evozierten überdeterminierten Phantasien und Vorstellungen äußert. Und sie zeigt sich ebenfalls darin, daß sie den Drang zur Umarbeitung hervortreten läßt: Zufrieden sind die Subjekte erst, wenn sie mit Hilfe der Umarbeitung die alte Ordnung wiederhergestellt haben, auch wenn sie nicht von Dauer und trügerisch ist. Aber gerade deshalb müssen die Umarbeitungen wiederholt werden.

Durch Freud ist die Erkenntnis, daß dem Mensch ein wesentlicher Teil seiner selbst unbewußt ist, mehr und mehr zum Allgemeingut geworden. Oft bleibt sie jedoch bloße rationale Einsicht, denn die Erfahrung, die im vollständigen Begreifen dessen liegt, daß wir nicht nur oder womöglich nur zu einem geringen Teil »Herr im eigenen Hause« sind, ist nicht nur kränkend, sondern zuallererst erschütternd. Subjekthaftigkeit zeichnet sich gerade durch das Vorhandensein von Unbewußtem, durch die Abwehrtätigkeit des Ich aus, wodurch Unbewußtes (re)produziert wird. Erfahrungen, die geeignet sind unbewußte oder vorbewußte Vorstellungen virulent werden zu lassen, stellen die über die Abwehr konstituierte Subjekthaftigkeit in Frage, worauf versucht wird, sie neu zu erringen. Es wird umgearbeitet. Hierin zeigt sich der Abwehrcharakter der Umarbeitung, der zugleich in der Wiederholung – und das ist wesentlich – auch Bewältigung bedeutet. Wie bereits eingangs beschrieben, kommt dem wiederholten und sich wiederholendem Erzählen hierbei eine wesentliche Funktion zu. Die Erzählung konstituiert Sinn, durch sie wird die Erfahrung in eine zeitliche Abfolge eingebettet, sie wird begründet und begründbar. Mit den Wiederholungen wird zugleich mit dem Sinn die Struktur umgearbeitet.

Mit Sartre ließe sich zum Abschluß der Aneignungs- bzw. Lernprozeß so charakterisieren: »...daß der Mensch immer etwas aus dem machen kann, was man aus ihm macht« (1988, S. 165).

Literatur

Beuscher, B. (Hg.) (1994), *Schnittstelle Mensch. Erfahrungen zwischen Anthropologie und Technologie*, Heidelberg: Asanger

Cassirer, E. (1985), *Symbol, Technik, Sprache. Aufsätze aus den Jahren 1927-1933*, Hg. von Orth, E. W./Krois, J. M., Hamburg

Freud, S. (1900), *Die Traumdeutung*, Studienausgabe Bd. II, Frankfurt/M.: S. Fischer

Freud, S. (1914), »Erinnern, Wiederholen und Durcharbeiten«, in: ders., *Studienausgabe. Ergänzungsband*, Frankfurt/M. 1982: S. Fischer, S. 206-215

Leithäuser, T. / E. Löchel / K. Schütt / E. Senghaas-Knobloch / E. Tietel / B. Volmerg (1990), *Lust und Unbehagen an der Technik*, Frankfurt/M.: Nexus

Leithäuser, T./E. Löchel/B. Scherer/E. Tietel (1995), *Der alltägliche Zauber einer digitalen Technik. Wirklichkeitserfahrung im Umgang mit dem Computer*, Berlin: edition sigma

Leithäuser, T./B. Volmerg (1988), *Psychoanalyse in der Sozialforschung. Eine Einführung*, Opladen: Westdeutscher Verlag

Löchel, E. (1994 a), »Schnittstellen, die in Frage stellen. Computer und Geschlecht«, in: Beuscher, Bernd (Hg.) (1994), a.a.O., S. 153-176

Löchel, E. (1994 b), »Frau und Technik. Ein Fall von Aggressionshemmung«, in: *Psychosozial*, H. 55, Jg. 17, Gießen

Löchel, E. (1995), »Um einen Tastendruck verfehlt. Macht- und Ohnmachterleben im Umgang mit dem PC«, in: Leithäuser u. a. 1995, a.a.O., S. 133-162

Löchel, E./E. Tietel (1990), »Der Computer als evokatorisches Objekt«, in: *Psychosozial*, H. 43, Jg. 13, Gießen, S. 92-102

Loewald, H. W. (1978), »Das Dahinschwinden des Ödipuskomplexes«, in: ders., *Psychoanalyse, Aufsätze aus den Jahren 1951-1979*, Stuttgart: Klett-Cotta, S. 377-400

Parin, P. (1977), »Das Ich und die Anpassungsmechanismen«, in: ders., *Der Widerspruch im Subjekt*, Frankfurt/M.: Syndikat, 1983, S. 78-111

Ronell, A. (1990), »Eurozeit«, in: Tholen, G.Ch./Scholl, M.O. (Hg.), *Zeit-Zeichen. Aufschübe und Interferenzen zwischen Endzeit und Echtzeit*, Weinheim: VCH Verlagsgesellschaft, S. 201-210

Sartre, J.-P. (1988), *Sartre über Sartre. Autobiographische Schriften*, Reinbek bei Hamburg: Rowohlt

Schachtner, Ch. (1993), *Geistmaschine. Faszination und Provokation am Computer*, Frankfurt/M.: Suhrkamp

Scherer, B. (1995), »Selbstwert, Arbeit und Computer«, in: Leithäuser u.a. 1995, a.a.O., S. 47-72

Tietel, E. (1995 a), *Das Zwischending. Die Anthropomorphisierung und Personifizierung des Computers*, Regensburg: S. Roderer

Tietel, E. (1995 b), »Das Innenleben des Personal Computers. Anatomie einer imaginären Maschine«, in: Leithäuser u. a. 1995, a.a.O., S. 163-187

Turkle, S. (1984), *Die Wunschmaschine. Der Computer als zweites Ich*, Reinbek bei Hamburg: Rowohlt 1986

Thomas Leithäuser
Ordnendes Denken
Vom medialen Gebrauch des Personalcomputers

»Das Kind darf spielen, der Mensch muß arbeiten.«

In der Vorstellungswelt des Alltags gelten Spielen, Lernen und Arbeiten als voneinander zu trennende Tätigkeiten. Sie werden meist verschiedenen Lebensphasen zugeordnet: das Spielen der Kindheit, das Lernen der Jugend und das Arbeiten dem Erwachsenensein – jedes also zu seiner Zeit. Kinderarbeit ist in unseren Breiten, in den hoch arbeitsteiligen, industrialisierten Gesellschaften verboten; sie wird als anstößig empfunden. In der Schule ist das Spiel in die Pause verbannt, und wer sich während der Arbeit bei einem Spielchen erwischen läßt, wird gefeuert. Spielen macht Spaß, schafft Befriedigungen und ist ansonsten nutzlos, wenn wir von den pädagogischen Aspekten einmal absehen. Lernen ist die Aneignung von Fähigkeiten und Kompetenzen und Arbeiten der optimale Verbrauch von Nerven- und Muskelkraft zum Zwecke der Herstellung konsumierbarer Produkte – heute mit Hilfe einer hochkomplexen Technik: einem Mensch-Maschine-Umwelt-System (Leithäuser 1994, S. 69). Spielen darf man, es wird einem erlaubt oder man erlaubt es sich; lernen und arbeiten muß man, sie werden erzwungen oder man zwingt sich dazu.

Die Trennung von Spielen, Lernen und Arbeiten führt zu einer geordneten Welt. Da gibt es, deutlich voneinander unterscheidbar, Spielzeug, Lernmittel und Werkzeug, die sich in der Regel schlecht miteinander vertauschen lassen und jeweils ihren Ort haben: das Spielzimmer, Schreibtisch, Schulbank, Schulranzen, die Werkstatt, der Betrieb. Eine solche Ordnung der Dinge waren wir bisher gewohnt, doch sie beginnt zu erodieren. Gleichwohl beherrscht sie weiterhin noch unsere Vorstellungen von Spielen, Lernen und Arbeiten.

Anlaß der Erosion in der Welt eingewöhnter Ordnungen ist der Personalcomputer, dieses raumverstellende, arglos scheinende Gerät, das Spiel-, Lern- und Arbeitsräume zunehmend anfüllt und das zum Spielen, Lernen und Arbeiten gleichermaßen zu gebrauchen ist. Mit ein und derselben Maschine kann gerechnet, geschrieben, gelernt und gespielt werden. Damit erweitert sich unser Handlungsspielraum, die Raumdifferenzierung wird virtuell zurückgenommen, die Orte von Spielen, Lernen und Arbeiten verdichten sich zum Platz vor dem Computer. Wirkliche Raumerfahrung verwandelt sich in imaginäre. Man geht mehr auf dem Bildschirm spazieren und weniger in der Landschaft. So läßt sich von Multifunktionalität und Medialität des Personalcomputers sprechen, Eigenschaften, die durch technische Weiterentwicklungen und die zunehmende Vernetzung mit anderen Medien noch an Bedeutung gewinnen und unser eingewöhntes Alltagsleben weiterhin verändern werden. Die imaginären Welten werden technisch durchsetzbar und damit dominant.

Das ist die Provokation des Personalcomputers. Er ist per se ein »evokatorisches Objekt« (Leithäuser/Löchel/Scherer/Tietel 1995, S. 14)[1], der zu Affekten, Phantasien, Wertungen und Philosophieren immer wieder neu herausfordert. Es entstehen Verunsicherungen, aber auch neue Angebote, die unseren Bedürfnissen nach Sicherheit Beruhigung und Befriedigung versprechen. Der Personalcomputer scheint dem Wunsche nach möglichst fehlerfreier, kontinuierlicher Durchführung rational konstruierter logischer Prozesse entgegenzukommen. Können endlich die Unvorhersehbarkeiten des menschlich allzu menschlichen ausgeschlossen, die »Unvollkommenheiten des Intellekts« gemeistert werden? Wir wollen sehen, inwieweit der Computer die Wunscherfüllung, die »Geistmaschine« eines gesicherten Verstandesgebrauches sein kann. Läßt sich Denken so objektivieren, maschinell so sicherstellen, daß das »Transzendentale Ich«, wie es Kant im »Ich denke«, das »alle meine Vorstellungen begleiten können« »muß« philosophisch unterstellt, zu einer vernachlässigbaren Akzidenz wird?

Das »Ich denke«

Mit der »Kritik der reinen Vernunft« hat Kant das Denken als Verstandestätigkeit, aus seinen metaphysischen Abhängigkeiten und seinen Verwicklungen in die empirische Mannigfaltigkeit zu befreien gesucht. Nur so schien ihm Sicherheit und Zuverlässig-

1 Vgl. hierzu auch den Beitrag von Brigitte Scherer in diesem Band.

keit in der Verstandestätigkeit verbürgbar zu sein. Es bedarf nach Kant der Vorgängigkeit, der Apriorität eines allgemeinen, eben »transzendentalen Ichs«, das die Identität in der Mannigfaltigkeit stiftet, das der Mannigfaltigkeit die Gesetzmäßigkeit ihres Zusammenhangs vorschreibt:

»Nur dadurch, daß ich das Mannigfaltige derselben (der Vorstellungen) in einem Bewußtsein begreifen kann, nenne ich dieselben insgesamt meine Vorstellungen; denn sonst würde ich ein so vielfarbiges verschiedenes Selbst haben, als ich Vorstellungen habe, deren ich mir bewußt bin. Synthetische Einheit des Mannigfaltigen der Anschauungen, als a priori gegeben, ist also der Grund der Identität der Apperzeption selbst, die a priori allem meinem bestimmten Denken vorhergeht. Die Verbindung liegt aber nicht in den Gegenständen und kann von ihnen nicht etwa durch Wahrnehmung entlehnt und in den Verstand dadurch allererst aufgenommen werden, sondern ist allein eine Verrichtung des Verstandes, der selbst nichts weiter ist, als das Vermögen, a priori zu verbinden und das Mannigfaltige gegebener Vorstellungen unter die Einheit der Apperzeption zu bringen, welcher Grundsatz der oberste in der ganzen menschlichen Erkenntnis ist« (Kant (1787) 1956, S. 144b).

Kant versucht die Bedingungen der Möglichkeit der Erkenntnis zu sichern, indem er ihre Unabhängigkeit vom »Himmel«, von äußerer und innerer Natur (des Menschen) als diesen metaphysischen und empirischen Einflußgrößen vorgängige Erkenntnisbedingungen abzugrenzen sucht. Es geht ihm um den sicheren Grund der Erkenntnis, der nicht im Himmel (hierher gehören die Glaubensangelegenheiten) noch in der Natur mit ihren Kontingenzereignissen, noch im empirischen Menschen zu finden ist. Den obersten Grundsatz im menschlichen Erkennen herauszuarbeiten, bleibt Aufgabe der Philosophie und ist weder an die Metaphysik noch an die empirischen Einzelwissenschaften delegierbar. Hans Blumenberg hat wohl richtig gemutmaßt, daß dieses akribische kritische Insistieren Kants, das zur »Kritik der reinen Vernunft« führte, auch durch das Erdbeben von Lissabon von 1755 motiviert wurde, das seinerzeit wie heute der GAU von Tschernobyl Gemüter und Denken der Menschen über den unsicheren »Wohnplatz« Erde erschütterte (Blumenberg 1987, S. 113; Leithäuser 1989, S. 62).

Dem empirischen, seinen Vorstellungen ausgelieferten Ich (Selbst) hat Kant die Kraft, die Verbindung der Gegenstände, der Konstitution der Einheit des Mannigfaltigen in der Anschauung nicht zugetraut. Es bleibt auf das apriorische Vermögen, die transzendentale Einheit der Apperzeption als oberster Grundsatz im menschlichen Erkennen verwiesen. Ohne diesen käme es zu keiner Erkenntnis; es bliebe bei »einer Rhapsodie der Wahrnehmungen« (Kant 1956, S. 211), bei einem »vielfarbig verschiedenen« von der jeweiligen Vorstellung beeindruckten »Selbst«.

Für Arthur Schopenhauer ist die Konstitution eines transzendentalen Ichs als oberster Grundsatz menschlicher Erkenntnis unzureichend. Mit dem Rekurs auf diesen Grundsatz der apriorisch verbürgten Einheitsstiftung lassen sich die »Unvollkommenheiten des Intellekts« nicht beheben: »Auf dieser Unvollkommenheit des Intellekts beruht das Rhapsodische und oft Fragmentarische unseres Gedankenlaufs ..., und aus diesem entsteht die unvermeidliche Zerstreuung des Denkens. Theils nämlich dringen äußere Sinneseindrücke störend und unterbrechend auf dasselbe ein, ihm jeden Augenblick das Fremdartigste aufzwingend, theils zieht am Bande der Association ein Gedanke den anderen herbei und wird nun selbst von ihm verdrängt: theils endlich ist auch der Intellekt nicht einmal fähig, sich sehr lange und anhaltend auf einen Gedanken zu heften: sondern wie das Auge, wenn es lange auf einen Gegenstand hinstarrt, ihn bald nicht mehr deutlich sieht, in dem die Umrisse in einander fließen, sich verwirren und endlich Alles dunkel wird; so wird auch durch lange fortgesetztes Grübeln über eine Sache, allmälig das Denken verworren, stumpft sich ab und endigt in völliger Dumpfheit« (Schopenhauer (1844) 1977, S. 160).

In solcher Dumpfheit aber läßt sich die unsere Vorstellungen in unserem Bewußtsein verbindende Einheit nicht finden. Zu diesem Ergebnis gelangt man, wenn man die Analyse der Verstandesverrichtung: a priori Verbindungen herzustellen, als Abstraktionsprozeß liest. Das Gegenstück zur Rhapsodie von Wahrnehmungen und zur Zerstreuung des Denkens ist eine Dumpfheit, zu der es durch beharrliches Grübeln über eine Sache kommen kann. Danach wäre das »transzendentale Ich« nicht die Rettung aus den rhapsodischen Vorstellungen. Es kann eine vorgängige Einheit im Bewußtsein nicht durchsetzen. Das Ich bleibt sich ein Geheimnis:

»Kants Satz: »Das ich denke, muß alle unsere Vorstellungen begleiten«, ist unzureichend: denn das Ich ist eine unbekannte Größe, d. h., sich selber ein Geheimnis – das, was dem Bewußtsein Einheit und Zusammenhang gibt, in dem es durchgehend durch dessen sämtliche Vorstellungen, seine Unterlage, sein bleibender Träger ist, kann nicht selbst durch das Bewußtsein bedingt, mithin keine Vorstellung sein: vielmehr muß das Prius des Bewußtseins und die Wurzel des Baumes sein, davon jenes die Frucht ist. Dieses, sage ich, ist der Wille: er allein ist unwandelbar und schlechthin identisch, und hat zu seinen Zwecken, das Bewußtsein hervorgebracht« (Schopenhauer 1977, S. 162).

Ist dieser »Wille« eine weniger unbekannte Größe, ist er sich weniger geheimnisvoll als das »transzendentale Ich«? Wie können wir von seiner Unwandelbarkeit und Identität Zuverlässigeres wissen als vom »transzendentalen Ich«? Letzteres ist eine philosophische Konstruktion, denkt man streng mit Kant – eine zwingende Annahme, ohne die nicht gedacht werden kann. Ist der »Wille« eine stringentere und plausiblere Kategorie? Sichert sie gegen rhapsodische Einbrüche im Denken, gegen die Zerstreuung und Verdumpfung des Denkens? Schopenhauer expliziert die Unvollkommenheiten des Intellekts, die Kant allein dem empirischen Ich angeheftet hat. Stellt man das Sicherheitsmotiv als wichtigen Beweger philosophischer Gedankenentwicklung heraus, so ist nicht zu sehen, wo die Schopenhauersche Kategorie des Willens die Unvollkommenheiten des Intellekts ausbügeln könnte, denn er ist es ja, der diesen in seinen Unvollkommenheiten zu »seinen (des Willens) Zwecken« hervorbringt. Schopenhauer öffnet mit seiner Explikation des Willens sehr viel eher den Weg zu einer philosophischen Konstruktion des Unbewußten, die im Kontext philosophischer Reflexion die Leerstelle der ausgetriebenen Metaphysik besetzt. Was nicht von oben kommen konnte, soll nunmehr von unten kommen können.

Dieser Weg, der aber auch zu einer eigenen empirischen Schneise, zur Psychoanalyse geführt hat, ist denn auch für das Sicherheitsdenken zu unvorhersehbar und schwankend geblieben, so daß es mit seinem positivistischen Strang gewaltige technologische Entwicklungen anschob, die dem Wunsch nach sicherem, ordentlicherem und befriedigenderem Leben eher nachkommen zu können schienen, als philosophische Erkenntnis und psychoanalytische Therapie und Forschung es zu leisten vermögen. Wenn man schon aufrechnen wollte: was ist die Einsicht in das »allgemeine

Unglück« der Menschengattung im Vergleich zur individuellen Bewegungsfreiheit mit einem Auto, sei sie auch faktisch noch so eingeschränkt? Wärmt auf Dauer die Zentralheizung nicht mehr als eine, wenn auch gelungene, Liebesbeziehung? Das Sicherheitsmotiv setzt auf die Schnellstraße der technischen Entwicklung. Ist nicht mit der Fortentwicklung der Informations- und Kommunikationstechnologie zur »Künstlichen Intelligenz« die Lösung gefunden, mit der man die von Schopenhauer so treffend kritisierten »Unvollkommenheiten des Intellekts« ausbügeln kann? Schon der heute als gewöhnlich zu bezeichnende Personalcomputer kann mit den (nur technisch störbaren) logischen Abläufen, Rechenleistungen und Speicherleistungen (Denken = Rechnen, Gedächtnis = Speicher) mehr Sicherheit für den stringenten Ablauf von Denkprozessen verbürgen, als die Rekurse auf das Kant'sche »transzendale Ich« oder den Schopenhauer'schen »Willen« es vermögen. Bei einem rechnergestützten Denken ist es gar nicht mehr so verwunderlich, wie Schopenhauer noch glaubte, sich wundern zu müssen: »daß wir durch das so höchst heterogene Gemisch von Vorstellungs- und Denkfragmente jeder Art, welche sich beständig in unserem Kopf durchkreuzen, nicht völlig verworren werden, sondern uns stets noch wieder darin zurechtfinden und Alles aneinanderzupassen vermögen. Offenbar muß doch ein einfacher Faden da seyn, auf dem sich Alles aneinanderreiht« (Schopenhauer 1977, S. 162).

Bedürfen wir für diesen Faden des »transzendentalen Ichs« oder des »Willens«? Sind wir mit Techniken der »Künstlichen Intelligenz« nicht viel vorteilhafter ausgestattet als uns an Ausstattung die anstrengenden Philosophien bieten können? Müssen wir uns fürderhin um das so viel konzentrierende Anstrengung erfordernde philosophische Denken bemühen, wenn uns Technik größere Sicherheit für unser gedankliches Prozedere gewährleistet und uns von der Verausgabung von Nervenkraft entlastet? Die Anstrengung des Begriffs wird dann zum Spiel. Denken ist nicht länger anstrengendes Arbeiten, sondern Spielen. Das Gedankenspiel träte dann an die Stelle der Denkarbeit.

Muß solche Entwicklung, die der Fortschritt in der Informations- und Kommunikationstechnik erbringen kann, erschrecken, der kulturphilosophische Himmel sich verdüstern? Schauen wir erst einmal auf die Vorteile, die eine Erfindung wie der Personalcomputer in dem Denkzusammenhang, in dem wir bisher diskutieren, hat.

Die pragmatischen Psychologen und Philosophen William James, George Herbert Mead und John Dewey haben das »Ich denke« in zwei Bestandteile aufgetrennt, in ein reflektierendes, aktives, spontanes Ich (»I«) und ein reflektiertes, immer schon objektiviertes (»Me«). Das »I« ist ein actus purus der Reflexion; macht man diesen zum Gegenstand der Untersuchung, ist man wie auch immer schon bei seiner Objektivierung, also beim »Me«. Auch die Kant'schen und Schopenhauer'schen Reflexionen zum »Ich denke«, wie differenziert und sensibel sie sich dem Problem auch nähern, können sich dieser Tendenz des Denkens zur Objektivierung, bei allen metareflexiven Einschüben, nicht entziehen. Auch die notwendig zu machende Unterstellung des »transzendentalen Ichs« läßt sich von Objektivierungen nicht völlig reinigen. Wenn man sich auch nichts dazu vorstellen darf, stellt man sich doch etwas dazu vor. Ohne Bezug auf eine Objektivation des »Me« läßt sich das spontane Ich, das »I«, gar nicht denken.

Setzen wir den Personalcomputer versuchsweise in die Position des »Me«, sehen wir in ihm einmal eine technisch subtil durchgeführte Objektivation von Rechenkünsten und Denkmustern unseres Verstandes. Das soll nun nicht schon heißen, daß er die Position des »Me« völlig ausfüllen könnte. Er ist eine Objektivation im »Me«, die für das gesamte Ich, für seine Konstitution und seine Verrichtungen ein Stück weit Sicherheit beitragen könnte, und unter den Gesichtspunkt des Sicherheitsbedürfnisses hatten wir ja zu Beginn unsere Überlegungen zum »Ich denke« gestellt. Der Personalcomputer ist zwar gegenüber technischen Fehlern und Mängeln anfällig, aber er kennt nicht »das Rhapsodische und oft Fragmentarische unseres Gedankenablaufes« (Rechenablaufes). Er folgt streng den Vorgaben des jeweiligen Programms, nach dem er zu arbeiten hat, vorausgesetzt, es wird nicht durch sogenannte »Viren« gestört oder gar zerstört. Er ist, in seinem eigenen Prozedere betrachtet, nicht abhängig von der unvermeidlichen

Zerstreuung unseres Denkens und dem Band unseres Assoziierens, die immer wieder Überraschungen in unseren Gedankenablauf einfädeln. In den Folgerichtigkeiten seiner Rechenabläufe ist er durch solche allzu menschlichen Anfälligkeiten nicht störbar, und er kennt nicht die menschliche Vergeßlichkeit, es sei denn, das Programm ist technisch gestört oder zerstört. In der Regel ist dieses und die mit ihm erzeugten Texte und Zeichen auf zusätzlichen Disketten und auf der Festplatte abgesichert. Hier haben wir den Sicherheitsaspekt dieses informations- und kommunikationstechnischen Systems, der unserem Ich und unserem Gedächtnis abgeht. Das meiste, so glaubt Schopenhauer, was wir an Gedanken fallenlassen, ist verloren und vom Gedächtnis nicht so ohne weiteres – jedenfalls nicht im Sinne eines »allzeit bereit« wieder aufgreifbar, d. h. erinnerbar. Das ist anders mit den gespeicherten Informationen und Prozessen im PC. So gesehen wären wir doch gut beraten, wenn wir den PC als eine Objektivation im »Me« setzen und akzeptieren. Aber könnte das im Personalcomputer Aufgespeicherte ein Gedächtnis ersetzen? Das ginge, wenn das Gedächtnis im Sinne eines Behältnisses angemessen vorgestellt werden könnte, so wie wir es mit dem PC häufig in unserem Alltagsbewußtsein tun. »Nun aber ist« – wenn wir uns von Schopenhauer belehren lassen – »das Gedächtniß ... kein Behältnis, sondern eine bloße Übungsfähigkeit im Hervorbringen beliebiger Vorstellungen, die daher stets durch Wiederholung in Übung erhalten werden müssen; da sie sonst sich allmälig verlieren. Demzufolge ist das Wissen auch des gelehrtesten Kopfes doch nur virtualiter vorhanden, als eine im Hervorbringen gewisser Vorstellungen erlangte Übung« (Schopenhauer 1977, S. 163). Was ist, wenn der »gelehrte Kopf« vergessen hat, was er in seinem Computer gespeichert hat, und damit nicht weiß, was er wissen könnte? Nun, man könnte zunächst sagen, das Gedächtnis als Übungsfähigkeit hätte sich auf die Benutzung seines Personalcomputers zu konzentrieren. Das drängt aber wiederum die problematische Metapher des Gedächtnisses als eines »Behältnissses« auf, und wichtige Aufgaben des Gedächtnisses für die Ich-Konstitution treten aus der Beachtung. So läßt sich die Aufteilung des Ichs in »I« und »Me« auf das Gedächtnis hin orientiert, in ein erinnerndes und ein erinnertes Ich weiter differenzieren. Es zeigt sich dann, daß das Gedächtnis eine wichtige Aufgabe bei dem Aufbau und der Erhaltung der Ich-Identität hat. Das Ich vermag sich an eigene ver-

gangene Zustände zu erinnern und eben diese als erinnerte miteinander zu verknüpfen und das Identische herauszuarbeiten. So wird eine Vorstellung einer Ich-Identität hervorgebracht, zu deren Erhaltung erinnernde Wiederholung und Übung, eben die Schopenhauer'sche »Übungsfähigkeit« des Gedächtnisses nötig ist.
Solche »Übungsfähigkeit« läßt sich aber nicht durch noch so komplexe Speicherkapazitäten eines Computers wettmachen, was heißt, daß der PC nur geringfügig in die Funktion des »Me« aufgenommen werden könnte, gewissermaßen als eine technische Krücke des Denkens und Erinnerns. Als solche bleibt der PC gleichwohl eine Herausforderung nicht nur für den »gelehrten Kopf«. Er kann dann als eine Art Katalysator für die »Übungsfähigkeit im Hervorbringen beliebiger Vorstellungen« wirken. Andererseits vermag der PC zu einer gewissen Trägheit und Faulheit des Geistes verführen, deren Einübung rechnergestützt festschreiben. Der »gelehrte Kopf« findet sich unversehens als ein bürokratischer wieder.
Dann geht es in erster Linie um die »Ordnung der Dinge«. Wir waren davon ausgegangen, dem generellen Sicherheitsbedürfnis bei den philosophischen Konstruktionen des »transzendentalen Ichs« und des »Willens« einen gewichtigen Platz einzuräumen. Es gibt so etwas wie einen existentiellen Wunsch bei den Menschen, sich vor Unvorhersehbarkeiten, Unwägbarkeiten und Unordnungen, dem Chaos äußerer und innerer Wirklichkeiten schützen zu wollen. Das soll durch Ordnungschaffen gelingen können und der Computer – was sind Computerprogramme anderes als Ordnungen vielfältigster Art – als Manifestation einer technischen Objektivation im »Me« und zugleich als äußeres Hilfsmittel ist dazu – so scheint es – ein hervorragendes Gerät – eine »Geistmaschine«, wie Christel Schachtner den Computer nennt. Ein Fazit ihrer empirischen Studie über die Faszination und Provokation des Computers halten wir auch als unsriges fest: »Die Computerlogik als ordnendes Modell unterstützt das Subjekt bei der Sichtbarmachung und Schaffung von Ordnung, sie liefert das Kriterium, das hilft, zu entwirren, und eine Sprache, um zu benennen. Sie verbindet innen und außen, ist, was ein Grenzobjekt sein muß, Mittler zur Welt, wenn sie auch nicht die ganze Welt einzufangen vermag. Daß sie das ordnende Subjekt zu manchen Aspekten der Welt in Distanz hält, begründet dessen überlegene Position, die allerdings ins Wanken gerät, wenn sich die ausgegrenzte Realität

Gehör zu verschaffen vermag. So begleiten die erfüllten Ordnungsbedürfnisse auch Zweifel, ja Ängste, denn die Maschen des ausgeworfenen Netzes sind groß – wer weiß – ja heimlich verbündet mit dem Chaos« (Schachtner 1993, S. 125).

»Fort« und »Da«

Was ist die »ausgegrenzte Realität«, die die computergestützte Hervorbringung von Ordnungen mit hervorbringt? Schopenhauer macht mit Kant auf das »Rhapsodische und oft Fragmentarische unseres Gedankenablaufs« aufmerksam, aus dem »die unvermeidliche Zerstreuung unseres Denkens« entsteht. Er macht dafür die Störungen teils durch äußere Sinneseindrücke, teils die Verdrängung des Gedankens durch einen durch Assoziation herbeigezogenen anderen verantwortlich. Könnte nicht auch solche Zerstreuung des Denkens unerwartete rechnergestützte Verstärkung erfahren? Auch der Computer, diese subtile Informationstechnik, ist ja vor Fehlern nicht sicher, die sich mit äußeren Sinneseindrücken und störenden Assoziationen verbinden können: hier stürzt ein Programm ab, dort verschwindet ein Teilsatz, ein anderer ungebetener taucht auf und läßt sich so leicht nicht vom Bildschirm vertreiben, ganze Texte scheinen plötzlich verändert, kurz, die Technik treibt ihren Spuk, der der Gedankenzerstreuung menschlicher Wesen in nichts nachsteht. An die Stelle der herbeigesehnten Ordnung tritt Unordnung, die sich die Gedankenzerstreuung und Vergeßlichkeit der Computernutzer in gesteigertem Maße ebenfalls zunutze machen – der Computer als Katalysator für Unordnung.

Solche rechnergestützte Hervorbringung von Unordnung ist nicht allein neurotischen, den Arbeitsalltag vertrackt machenden Nutzerdispositionen geschuldet. Es gibt auch eine Komplexität der Computerprogramme, die sie schier unbeherrschbar macht. Joseph Weizenbaum verweist darauf, daß solche großen Computerprogramme Tag für Tag in der Administration und den Universitäten zum Einsatz kommen: »Diese gigantischen Computersysteme sind in der Regel von Programmierteams zusammengestoppelt worden (man kann wohl kaum sagen: konstruiert), deren Arbeit sich oft über einen Zeitraum von mehreren Jahren erstreckt. Wenn das System dann endlich gebrauchsfertig ist, haben die meisten der ursprünglichen Programmierer gekündigt oder ihr Interesse anderen Projekten zugewandt, so daß, wenn diese gigantischen Systeme schließlich benutzt werden, ihr innerer Ablauf von einem einzelnen oder einem kleinen Team nicht mehr verstanden werden kann« (Weizenbaum 1977, S. 306). Solche Art der Konstruktion von Technik und ihr Einsatz, auf die gerade ein existentielles Sicherheitsbedürfnis und Sicherheitsinteresse vertrauen müssen, führen jene Unvorhersehbarkeiten und Unwägbarkeiten in die Technik wieder ein, gegen die sie zur Kontrolle und Schutz vor solchen Naturprozessen gedacht waren, die zu Ereignissen führen, wie das Erdbeben von Lissabon eines war. Tschernobyl ist ein anderes Beispiel für diese Dialektik.

Auch mit den Entwicklungen der Informations- und Kommunikationstechnologie gelingt keine Befriedigung für das tiefsitzende Sicherheits- und Schutzbedürfnis. Besteht doch gerade mit ihnen die Gefahr der Eskalation äußerer und innerer Unwägbarkeiten. Der Computer als technologisches »Ich denke« kann nicht leisten, was er als verselbständigte Denktechnik verspricht. Sie ist nicht abkoppelbar von den streunenden Impulsen und Gedanken ihrer Entwickler und Nutzer. Das Spiel ist offen. Eine vollständige Delegation kontinuierlichen, logischen, zuverlässigen Verfahrens (Handelns und Denkens) an ein technisches System ist nicht möglich. Kontrolle und Verantwortung bleiben bei den Menschen. Sicher hat Günther Anders recht, wenn er schreibt: »Es wäre ja durchaus nicht unmöglich, daß wir, die wir diese Produkte herstellen, drauf und dran sind, eine Welt zu etablieren, mit der Schritt zu halten wir unfähig sind und die zu »fassen« die Fassungskraft, die Kapazität sowohl unserer Phantasie wie unserer Emotionen wie unserer Verantwortung absolut überforderte. Wer weiß, vielleicht haben wir eine solche Welt bereits etabliert« (Anders (1956) 1961, S. 18). Gleichwohl bleibt diese Technikwelt an die menschliche Fassungskraft mit ihren Beschränktheiten und Mängeln gebunden. Der prinzipielle menschliche Makel mag im Vergleich zum gelungenen Produkt: Technikwelt die »prometheische Scham« hervorrufen. Verantwortung ginge von der Einsicht und Reflexion dieses anthropologischen Makels, der Beschränktheit der Fassungskraft aus. Sie ist das Gegenstück zum »Gotteskomplex«, zur allzu menschlichen Allmachtsphantasie, zur narzißtischen Position des homo faber, der immer wieder in das ambivalente Gewirr von Allmachts- und Ohnmachtsphantasien stürzt, aus dem er sich mit genialen technischen Entwürfen zu retten versucht (Leithäuser/Schütt 1990, S. 60). Der Computer ist das ideale Gerät für die technischen Intentionen wie die neurotischen Zwänge des homo faber. Da kann er, Mann und Kind zugleich, spielen.

Freud berichtet von einem Kind, das eine mit Bindfaden umwickelte Holzspule zu einem besonderen Spiel nutzte: »Es warf die am Faden gehaltene Spule mit großem Geschick über den Rand seines verhängten Bettchens, so daß sie darin verschwand, sagte dazu sein bedeutungsvolles o-o-o-o und zog dann die Spule am Faden wieder aus dem Bett heraus, begrüßte aber deren Erscheinen jetzt mit einem freudigen «Da». Das war also das komplette Spiel, verschwinden und wiederkommen, wovon man zumeist nur den ersten Akt zu sehen bekam, und dieser wurde allein unermüdlich als Spiel wiederholt, obwohl die größere Lust unzweifelhaft dem zweiten Akt anhing« (Freud (1940) 1972, S. 11).

In diesem Spiel inszeniert das Kind noch in der vorsprachlichen Phase seiner Sprachentwicklung das Verschwinden und Wiederherbeiholen der Mutter. Man kann dabei nicht davon ausgehen, daß die Garnrolle einfach die Mutter symbolisiert, denn sie wird in dieser Entwicklungsphase noch gar nicht als isolierter Gegenstand, als eine isolierbare andere Person erfahren. Es geht vielmehr um den sinnlich-symbolischen Ausdruck der ganzen Szene, in der dem Kind ein Schritt von der Passivität zur Aktivität, von der Dominanz der Mutter zu einem Selbstverfügen gelingt. Das Spiel mit der Garnrolle ist noch eine sinnlich-unmittelbare Symbolisierung und unterscheidet sich vom sprechenden Umgang mit abstrakt situationsenthobenen Symbolen der Sprache. Alfred Lorenzer beschreibt das Garnrollenspiel als eine sinnlich-unmittelbare Interaktion: »Das Garnrollenspiel wird auf derselben Bühne »in Szene gesetzt«, auf der sich auch das Interagieren mit der Mutter abspielt – eine sinnlich-unmittelbare Interaktion wird durch eine andere sinnlich-unmittelbare Interaktion ersetzt. Die handhabbare Garnrolle wird demnach auch als reale Mutter und nicht als Fiktion erlebt. Daß die Bedürfnisbefriedigung ihre Grenzen hat – schließlich kann die Garnrolle das Kind nicht füttern – mindert die Befriedigung, die aus dem Spiel gezogen wird, keineswegs und verweist das Garnrollenspiel auch nicht in die Region der real unbefriedigenden Tagträume« (Lorenzer 1981, S. 159).

Es mag manchem etwas weit hergeholt scheinen, wenn wir die

sinnlich-unmittelbare Interaktion des Garnrollenspiels als ein im Umgang mit dem Computer wirksames Spielmuster halten. Wenn wir aber den Computer nicht allein als gegenüber positioniertes unabhängiges Objekt (mit Werkzeugcharakter) betrachten, sondern gewissermaßen auch als ein in eine Szene eingesponnenes Artefakt verstehen, in der wir unmittelbar Schritte aus der Passivität zur Aktivität, aus dem Dominanzfeld der Umwelt zur eigenständigen Selbstverfügung agieren, dann ist das Fort- und Da-Spiel keineswegs allein in der vorsprachlichen Spielphase zu situieren. Zwar beginnt es in der Regel mit dem Computer in umgekehrter Reihenfolge: also als ein Da-Fort-Spiel, dem Herbeizitieren und dann zum Verschwindenbringen von Texten und Zeichen auf dem Bildschirm. Das mag den aktiven, den Selbstverfügung wollenden Anteil im Computerspiel des Nutzers verstärken: so möchte er in der Regel die »Befehle« geben und sich nicht vorgeben lassen. Es geht dann um ein scheinbares Aushandeln der Spielregeln mit dem Programm, über das der Nutzer verfügen kann, wenn er dessen Vorgaben möglichst kompetent folgt. Sinnvolle Erleichterungen des Programms durch Masken und Menüs werden von Nutzern auch als Bevormundung, als Enteignung von Chancen der Selbstverfügung erlebt. Vorgaben, die die Interaktion mit dem Programm für den Nutzer rational durchsichtig gestalten sollen, geraten so in den Dunstkreis von Anordnungen, die als psychisch regressiver Druck oder auch regressive Verführung gespürt werden können. Der Ernst der Arbeit entsublimiert sich im Umgang mit dem Computer. Spielerische Umgangsweisen, so das Da-Fort-Fort-Da-Spiel, können eine gewisse Dominanz in der Interaktion mit dem Computer gewinnen. Solche Entsublimierung impliziert zugleich eine neue Form der Sublimierung. Ordnendes Denken, das nicht nur Dinge, ihre Beziehungen untereinander, Strukturen ordnet, sondern in diesem sich konzentrierenden Vorgang die Rhapsodie der Wahrnehmungen, das bloße Assoziieren von Vorstellungen ernsthaft sich mühend in Schach halten muß, darf am Computer läßlicher vorgehen. Was sich auf dem Bildschirm (dem Projektionsschirm) fälschlich dazwischenmischt, kann jederzeit »fort«geschickt oder auch als unwillkürliche Überraschung aufgenommen werden. Die Objektivierung eines Gedankens, zugleich ihre spurlose Unsichtbarmachung auf dem Bildschirm – Da-Fort –, erleichtert eine schärfere Konturierung der Objektivierung und damit das spielerische Ausprobieren des ordnenden Denkens. Die Zerstreuungen des Denkens lassen sich leichter zurücknehmen und integrieren, allerdings auch der Kontrolle unterwerfen. Das motiviert, wie Sherry Turkle gezeigt hat, das Philosophieren über ihn und bindet die Faszination an ihn (1984, S. 379). In Abwandlung des eingangs in diesem Essay eingeführten Zitats eines Facharbeiters: »Das Kind darf spielen, der Mensch muß arbeiten«, darf es heißen: »In der Arbeit mit dem Computer darf auch der Mensch ein wenig spielen.« Was er sich erspielt, kann jederzeit gelöscht werden. Der Computer zieht also nicht nur die bisher getrennten Orte des Arbeitens, Lernens und Spielens im äußerlichen Sinne vor sich zusammen. Spielen wird vielmehr zu einer innerlichen Beziehung im Arbeiten und Lernen mit dem Computer. Das verstärkt seine anthropomorphe Charaktermaske, die die Nutzer schwerlich umhin können, ihm aufzusetzen.

Ohne Anthropomorphisierungen und Personifizierungen – damit auch der Aktualisierung frühkindlicher Spielerfahrung – kommt der Umgang mit dem Computer nicht aus. Erhard Tietel hat ihn denn auch als eine Art »Zwischending« analysiert, das sich hervorragend zum Element von alltäglichen psychodramatischen Inszenierungen funktionalisieren läßt. Zudem haben die Inszenierungen einen sozialen realitätshaltigen Kern als spezifischen Antrieb: »In der Vorstellung vom Computer als Rivale, als Konkurrent, als Gegenspieler deutet sich die Furcht bereits an, daß dieses Gerät nicht einfach nur ein interessanter Gegner im Spiel sein könnte, den man einschaltet, wenn man Lust hat, und den man wieder ausschalten kann, wenn man davon genug hat. Die bange Frage lautet, ob der Computer nicht auch in weiten Bereichen der Arbeit besser und leistungsfähiger ist und welche Konsequenzen das in der Zukunft haben wird« (Tietel 1995, S. 82)[2].

Andererseits konstituiert der PC als eine Kommunikationstechnologie auch im streng sozialpsychologischen Sinne Kommunikation. Das heißt, daß für die Arbeit mit ihm das von Paul Watzlawick formulierte Kommunikationsaxiom: Mit dem Computer »kann man nicht nicht kommunizieren« zutrifft. Er ruft hervor, er evoziert notwendig die Vorstellung von ihm als Konkurrent, Gegenspieler, Mitspieler, Gesprächspartner usw., Vorstellungen und Bilder von Positionen also, die wir sonst gewohnt sind, von

2 Vgl. auch den Beitrag von Erhard Tietel in diesem Band.

lebendigen Personen als Kommunikationspartner zu haben. Im Umgang mit dem Computer fühlt man sich angeredet bzw. angesprochen. Dieses »Angesprochensein« hat Elfriede Löchel zu einer konstitutiven Kategorie für die Analyse des Umgangs mit dem Computer entwickelt: Ihre »Annahme besagt nicht mehr und nicht weniger, als daß die Beziehungen zum technischen Objekt Computer entlang ähnlicher Vorlieben und Abneigungen, Ängste und Wünsche aufgenommen werden wie auch Beziehungen zu anderen Menschen oder anderen Dingen dieser Welt. Die verinnerlichten Beziehungsfiguren oder -muster ähneln sich trotz der unterschiedlichen Beschaffenheit der Objekte. Aber ganz beliebig ist die Beschaffenheit der Dinge wiederum nicht« – für Computer-Nutzerinnen und Computer-Nutzer gibt es »eine Intensität und Lebendigkeit der Beziehungen zu diesem Objekt, wie sie gegenüber einer Waschmaschine oder einem Rasenmäher, gegenüber der Hobelbank oder der Schreibmaschine, ja selbst gegenüber dem geliebten und häufig mit Namen versehenen Auto kaum vorstellbar ist« (Löchel 1995, S. 269).

Im Umgang mit dem Computer sind immer schon »Interaktionsformen« impliziert und ins Spiel gebracht, deren entwicklungspsychologische Vielfalt in der »Mutter-Kind-Dyade« Alfred Lorenzer herausgearbeitet hat, so die sinnlich-symbolische Interaktionsform des Fort-Da-Spiels», das sich in der Verkehrungsvariante des Da-Fort-Spiels in der Nutzer-Computer-Interaktion sublimiert.

Dem kommunikativen Artefakt Computer kommt zudem eine Kompetenz zu, die sein lebendiger Interaktionspartner stringent nicht realisieren kann. Dies ist die in der technischen Grammatik der Computerprogramme festlegbare strikte Unterscheidung von »präsentativen Symbolen«, der gleichzeitig bestehenden bildhaften Struktur von Vorstellungen, und «diskursiven Symbolen», dem diskursiven sprachlichen Nacheinander von Begriffen bzw. ihrer Bestandteile« (Langer (1942) 1957, S. 99). Die mögliche technische Auftrennung präsentativer und diskursiver Anteile unserer lebendigen Sprache mit Symbolen und die damit mögliche Festlegung auf rein präsentative oder rein diskursive Interaktionsformen mit dem Computer wird sowohl seine philosophischen Evokationen wie diejenigen für unser Alltagsbewußtsein auch zukünftig dramatisieren. Die Differenz der logisch begrifflichen Abläufe von jenen der Assoziation und Gedankenzerstreuung wird dann noch prägnanter erfahrbar sein als heute. Daher wird die Dialektik von Dramatisierung und Entdramatisierung des Artefakts Computers nicht, wie häufig gewünscht, zum Stillstand kommen. Die technikpolitischen Gesundbeter werden weiterhin nicht ohne Arbeit bleiben.

Literatur

Anders, G. (1956, 1961), *Die Antiquiertheit des Menschen*, München: C. H. Beck

Blumenberg, H. (1987), *Das Lachen der Thrakerin*, Frankfurt: Suhrkamp

Freud, S. (1940, 1972), Jenseits des Lustprinzips, in: ders., *Gesammelte Werke*, Bd. XIII, Frankfurt: Fischer

Kant, I. (1787, 1956), *Kritik der reinen Vernunft*, Hamburg: F. Meiner

Langer, S. K. (1942, 1957), *Philosophie auf neuem Wege. Das Symbol im Denken, im Ritus und in der Kunst*, Frankfurt: Fischer

Leithäuser, T. (1989), Beruhigung und Verblendung – kleine und große Fluchten aus der Ohnmacht, in: H.-J. Wirth (Hg.), *Nach Tschernobyl. Regiert wieder das Vergessen?*, Frankfurt: Fischer

Leithäuser, T./K. Schütt (1990), Homo Faber als Patient? Eine Studie zur Sozialpathologie des technischen Denkens, in: Th. Leithäuser/ E. Löchel / K. Schütt / E. Senghaas-Knobloch / E. Tietel / B. Volmerg (1990), *Lust und Unbehagen an der Technik*, Frankfurt: Nexus

Leithäuser, T. (1994), Ganzheit und Komplexität. Theoretische Perspektiven einer sozialpsychologischen Technikforschung, in: Beuscher, B.(Hg.), *Schnittstelle Mensch. Menschen und Computer. Erfahrung zwischen Technologie und Anthropologie*, Heidelberg: Asanger

Leithäuser, T./E. Löchel/B. Scherer/E. Tietel (1995), *Der alltägliche Zauber einer digitalen Technik*, Berlin: edition sigma

Löchel, E. (1995), *Technik zwischen Text und Szene. Psychodynamik und Geschlechterdifferenz in der Beziehung zum Computer*, Habilitationsschrift, Bremen (erscheint demnächst)

Lorenzer, A. (1981), *Das Konzil der Buchhalter. Die Zerstörung der Sinnlichkeit. Eine Religionskritik*, Frankfurt: Suhrkamp

Schachtner, Ch. (1993), *Geistmaschine. Faszination und Provokation am Computer*, Frankfurt: Suhrkamp

Schopenhauer, A. (1844, 1977), *Die Welt als Wille und Vorstellung* II, Zürich: Diogenes (1. Teilband)

Tietel, E. (1995), *Das Zwischending. Die Anthromorphisierung und Personifizierung des Computers*, Regensburg: S. Roderer

Turkle, S. (1984), *Die Wunschmaschine. Vom Entstehen der Computerkultur*, Reinbek bei Hamburg: Rowohlt
Weizenbaum, J. (1977), *Die Macht der Computer und die Ohnmacht der Vernunft*, Frankfurt: Suhrkamp

Erhard Tietel
Prächtige Schriftsätze, makellose Bescheide, vollendete Formulare

Der vorliegende Beitrag nimmt Bezug auf das unlängst erschienene Buch »Wirklichkeitserfahrung im Umgang mit dem Computer« von Thomas Leithäuser, Elfriede Löchel, Brigitte Scherer und mir (Leithäuser u. a. 1995). Unser gemeinsames Forschungsinteresse richtet sich dort auf die subjektiven Bedeutungen, mit denen Beschäftigte (vor allem Sachbearbeiterinnen und Sachbearbeiter) des Öffentlichen Dienstes in verschiedenen Stadien der PC-Aneignung (Anfangsphase, Gewöhnungsphase, Routinisierungsphase) den Personalcomputer belegen bzw. umgekehrt auf die subjektiven Bedeutungen, die durch den Personalcomputer »evoziert«, d. h. hervorgerufen werden.[1] Die Interpretation der vielfältigen, in Gruppendiskussionen erhobenen Evokationen führte uns zu folgenden Dimensionen, die wir für die Wirklichkeitserfahrung im Umgang mit dem PC als wesentlich erachten: ein neues Verhältnis von Arbeit und Spiel (Arbeit und Magie); Machterleben (die Dynamik von Macht und Ohnmacht in der Auseinandersetzung mit dem Gerät); verschiedene Aspekte der Beherrschung des PCs (aber auch der Selbstbeherrschung); Verunsicherungen des Selbstwertes; Phantasien, ausgehend von der Undurchschaubarkeit des technischen Dings; Personifizierung (Erlebnisweisen der Eigenständigkeit des PCs und Verwicklung in einen Wettkampf mit dem Gerät).[2] Diese Dimensionen der Wirklichkeitserfahrung bilden sich auf dem Hintergrund von Konflikterfahrungen. Wir zeigen, wie sich soziale Konfliktkonstellationen am PC festmachen können (der PC als Darstellungsmittel für soziale Konflikte fungiert), wie aber auch umgekehrt Probleme mit dem PC als soziale Konflikte bzw. als Arbeitskonflikte inszeniert bzw. thematisiert werden.

1 Erläuterungen zum Begriff der »Evokationen«, dem Schlüsselkonzept unserer empirischen Studie, leiten die genannte Studie ein (siehe Leithäuser u. a. 1995, S. 13 ff.; siehe auch Löchel/Tietel 1990).

2 Den Aspekt der Personifizierung des Computers habe ich in einer eigenen Monographie mit dem Titel »Das Zwischending« sowohl empirisch aufbereitet als auch theoretisch aufgearbeitet (siehe hierzu Tietel 1995).

Einen durchgängigen roten Faden bildet die Frage, wie die PC-Einführung die Arbeit selbst berührt. Von der unmittelbaren Arbeitsausführung über Arbeitsbedingungen, Arbeitsorganisation und Arbeitsbeziehungen bis hin zur räumlich-ästhetischen Gestaltung des Arbeitsumfeldes bleibt kaum ein Aspekt der Arbeitsgestaltung von den Auswirkungen des PCs verschont. Unser Forschungsinteresse richtet sich auch bezüglich der Dimension der Arbeit vor allem darauf, der Frage nachzuspüren, wie diese Veränderungen von den von uns befragten Sachbearbeiterinnen und Sachbearbeitern, Schreibkräften, Sekretärinnen und Leitungskräften erlebt und beschrieben werden.
Meist sind es in der Sache gegenläufige Tendenzen und auf der subjektiven Seite Ambivalenzen, die wir aufspürten, Spannungsbögen zwischen als positiv erlebten Veränderungen und neu entstehenden Vorbehalten. Treten einerseits die Möglichkeiten des Computers angesichts der Mühsal der bisherigen Verwaltungsarbeit leuchtend hervor, so wird dies auf der anderen Seite eingeholt von gestiegenen Erwartungen und Ansprüchen, die den Betreffenden eine Menge zusätzliche Arbeit aufbürden. Den Möglichkeiten der Arbeitsanreicherungen, der Tendenz, verstreute Arbeitsgänge wieder auf einem Schreibtisch zu bündeln und Arbeitsvollzüge ganzheitlicher als vorher auszuführen, steht die Drohung der Entqualifizierung und Degradierung entgegen, die Angst vieler Sachbearbeiter, bislang als untergeordnet angesehene Tätigkeiten – z. B. das Tippen – selbst erledigen zu müssen. Tendenzen zur Entbürokratisierung von Verwaltungsvorgängen werden relativiert durch die Ängste, daß mittels Computerisierung, vor allem im Zuge zunehmender Vernetzung, mehr und mehr Frei- und Spielräume für die Beschäftigten wegfallen, Grauzonen und Schlupflöcher aufgedeckt und beseitigt werden, ohne deren Existenz viele Arbeitsbereiche mehr schlecht als recht funktionieren würden (vgl. Thomas 1969; Volmerg/Senghaas-Knobloch/Leithäuser 1986). Äußerungen über die rasante Unverzichtbarkeit des PCs (*Ich kann mir gar nicht mehr vorstellen, wie wir das ohne PC geschafft haben.*)[3] sowie die schlagartige nachträgliche Umwertung der bisherigen Arbeit als »Vor-PC-Ära« – und damit fast

3 Alle *kursiven* Hervorhebungen sind wörtliche bzw. geringfügig paraphrasierte Zitate aus den von uns geführten Gruppendiskussionen. Hervorhebungen sind gesperrt gedruckt.

schon automatisch als *vorsintflutlich* – stehen solche gegenüber, die die gute alte Schreibmaschine zurücksehnen. Und schließlich die Zeit: vom sonst wochenlang dauernden Quartalsabschluß, der nun quasi auf Knopfdruck aus dem Drucker fließt, bis zu tagelangen Wiederherstellungsbemühungen nach Abstürzen geben sich der Computer als Beschleuniger und Zeitspender und der Computer als Umwegproduzent und als Zeitfresser von Äußerung zu Äußerung die Hand.

Im vorliegenden Text nun will ich einem Phänomen nachgehen, das in den Passagen der Gruppendiskussionen[4], die von den Veränderungen der Arbeit handeln, einen breiten Raum einnimmt, ein Phänomen zudem, das durch alle Aneignungsstufen des PCs hindurch virulent bleibt: die Tendenz zur Perfektionierung der Gestaltung der Arbeitsergebnisse bzw. der Gestaltung von allem, was mittels des Druckers den Computer verläßt. Daß dieses »font fuzzing«, wie es im Englischen heißt, keine periphere Angelegenheit darstellt, zeigen amerikanische Untersuchungen, die sich mit den hohen volkswirtschaftlichen Kosten des Herumspielens mit den visuellen Möglichkeiten moderner Software beschäftigen. So berichtet beispielsweise Roger Hunter unter dem Stichwort »The high cost of visual design«, daß ca. 2% des amerikanischen Sozialproduktes durch den unproduktiven Gebrauch von Computern verloren gehen. »Angeführt wird die Liste der anstoßerregenden Verhaltensweisen von Computerbenutzern vom sog. »font fuzzing«, dem endlosen und unnützen Herumspielen am äußeren Erscheinungsbild von Dokumenten. Besonders anfällig hierfür scheinen Textverarbeitungspropramme zu machen, die im Modus des WYSIWYG-Prinzips (what you see is what you get) arbeiten« (vgl. Hunter 1993, S. 184; übersetzt von mir).[5]

4 Zu den Teilnehmerinnen und Teilnehmern unserer Untersuchung sowie zu den von uns eingesetzten Forschungsmethoden, insbesondere zur Methode der Gruppendiskussion, haben wir an anderer Stelle ausführlich Stellung genommen (siehe Leithäuser u.a. 1995, S. 261 ff.; siehe auch Leithäuser/Volmerg 1988).

5 WYSIWYG heißt: »What you see, is what you get«. Konkret bedeutet dies, daß auf geeigneten Graphikbildschirmen mit entsprechenden Programmen – z.B. dem in der Bremer Verwaltung zur Zeit verbreiteten Microsoft-Produkt WINWORD – Texte oder Tabellen vor dem Ausdruck so dargestellt werden können, wie sie nach dem Ausdruck aussehen werden.

Diese modernen Textverarbeitungsprogramme stellen Coy (1987, S. 139) zufolge eine wirkliche Neuerung dar: »Für die maschinelle Textverarbeitung ist diese durch Verbesserung der technischen Geräte gekennzeichnet, also z. B. eine bessere Tastatur, andere Eingabemedien wie Lichtgriffel oder Maus, Laserdrucker und DIN A-4-Bildschirm mit graphischen Möglichkeiten zur Darstellung unterschiedlicher Schrifttypen, -größen und Stilarten sowie zur Integration von Graphiken, Zeichnungen und digitalisierten Fotos in den Text. Durch den Graphikbildschirm wird der zeilenorientierte Aufbau des Bildschirms ersetzt. Der Text des Bildschirms weicht der Graphik, die ein Dokument aus Text und Bildern oder einen Schreibtisch symbolisieren kann, auf dem Texte, Dateien, Programme, Dokumente und Ordner als beliebig plazierbare Bildsymbole (Ikone) dargestellt sein können. Perspektivisch können neue Formen des Umgangs mit dieser Technik entstehen, die sich von der bisherigen manuellen und maschinellen Texterstellung mit der Schreibmaschine unterscheiden.« Mit diesen technischen Neuerungen ist das evokative Spezifikum des Personalcomputers bereits angesprochen, auf das sich die Tendenz zur gestalterischen Perfektionierung jeglichen Outputs rückbeziehen läßt: auf dessen medialen Charakter (Nake 1993, Riehm u. a. 1992; Bolz u. a. 1994) und hier insbesondere auf die vielfältigen Möglichkeiten der visuellen, d. h. der textuellen und graphischen Gestaltung. Im Unterschied zu früheren Arbeitsgeräten und Darstellungsmedien, z. B. der Schreibmaschine, erlauben heutige Textverarbeitungs-, Tabellenkalkulations- und Grafikprogramme, unter Rückgriff auf eine große Zahl von Darstellungsalternativen, relativ mühelos die unmittelbare Gestaltung unterschiedlichster Dokumente auf dem Bildschirm, bevor schließlich und endlich der Ausdruck erfolgt. Doch was heißt hier schon noch »schließlich«? Und wie steht es mit der »Endlichkeit«, die jede noch so gute Sekretärin, Schreibkraft oder jedwede/r noch so tipp- und gestaltungsmächtige Sachbearbeiterin oder Sachbearbeiter angesichts der technischen Möglichkeiten der Vor-PC-Ära irgendwann doch akzeptierte? Jeder Ausdruck eines eigentlich fertiggestellten und abgeschlossenen Dokumentes aus dem Computer ist gleichwohl stets erst ein Probedruck. Der Text, die Graphik, die Tabelle oder um welche Art von Dokument es sich auch immer handeln mag, sind letztlich erst vorläufig fertig, denn sie können relativ mühelos nochmals verändert, immer wieder verändert und neu ausgedruckt werden.

Eine Konsequenz der angedeuteten visuellen Möglichkeiten heutiger Programme ist es, daß aus jedem Verwaltungsmitarbeiter ein potentieller Designer und aus jedem inhaltlich noch so drögen Amtsvordruck ein kleines ästhetisches Kunstwerk wird. Welche Bedeutungen diese hochgradig evokatorische technische Entwicklung im Arbeitsalltag von Verwaltungsmitarbeiterinnen und Verwaltungsmitarbeitern, vor allem für Schreibkräfte und Sekretärinnen bekommen kann, davon handelt der vorliegende Text.

Vom Tippen zum Gestalten

Sprechen Verwaltungsmitarbeiterinnen und -mitarbeiter über den Personalcomputer, so zeichnen sich die geäußerten Gedanken, Vorstellungen und Gefühle durch vielfältige Ambivalenzen aus. Erwartungen gehen Hand in Hand mit Befürchtungen, Wünsche werden kontrastiert von mannigfaltigen Ängsten. Im Erleben von Computeranfängern sitzen diese ambivalenten und widersprüchlichen Regungen meist dicht beieinander und können quasi wie auf »Knopfdruck« aktualisiert werden: gelingt es, die Datei auf dem Bildschirm in einen brauchbaren Ausdruck zu verwandeln, so evoziert das zuweilen ebenso euphorische Begeisterungsstürme wie im nächsten Moment eine nicht wiederzufindende Datei ein tiefes schwarzes Loch ins Wohlgefühl reißen kann. Ein Aspekt des neuen Arbeitsgerätes scheint dieser Ambivalenz jedoch weitgehend entzogen zu sein: die Fähigkeit, was auch immer wann auch immer ändern zu können sowie die Möglichkeiten der visuellen Gestaltung. Sehen wir uns hierzu einige Äußerungen an:

Frau U.: *So am Arbeitsplatz, wenn ich das jetzt so vergleiche mit vorher, wenn jetzt Sachen geschrieben werden von vier, fünf Seiten und ein Absatz muß raus, weil er falsch ist und dafür muß was anderes reingeschrieben werden. Früher sagte man: schreibst nur die eine Seite neu. Dann fängt man an, die eine Seite neu zu schreiben und kriegt einen Satz unten nicht mehr mit drauf. Das heißt die nächste Seite muß auf jeden Fall auch mitgeschrieben werden. Dann fang ich auf der nächsten Seite an zu drängeln und zu quetschen und überlege: die Leerzeile laß ich weg und so. Das ist ja beim PC alles dann hervorragend, nich.*

Frau C.: *Ich mein', das stimmt natürlich. Dies Korrigieren mit der*

Schreibmaschine früher, entweder man hat es mit Tipp-ex oder mit Weiß schön gepinselt und wieder neu, nich. Sieht alles unordentlich aus. Das ist natürlich also wirklich, was Du schon sagtest, das ist also schon 'ne tolle Sache. Es kommt sauber raus.

Wie doch mit den technischen Möglichkeiten die Ansprüche wachsen. Was hier so kurzum zur grauen Vorzeit – *früher*! – herabgewürdigt wird, wurde einst als riesiger Fortschritt in der Geschichte der Schreibarbeit gefeiert. Beispielsweise Tipp-Ex: Man übermalt den Fehler mit weißer Farbe, läßt die Farbe trocknen und schreibt auf die überpinselte Stelle. Oder man klebte von einer Rolle abschneidbare kleine Streifen weißen Papiers über die Stellen, die neu beschriftet werden sollten. Und dann erst – vor gerade mal gut 20 Jahren – die »scheinbar endgültige Lösung aller Tippfehlerprobleme«, eine »wahre Revolution in der Geschichte der Schreibarbeit«: die IBM-Kugelkopfmaschine mit Korrekturband. »Auf dieser Maschine drückt man eine bestimmte Taste, fährt zurück auf die Fehlerstelle, schlägt noch einmal den falschen Buchstaben an – und ein Klebeband hebt auf geheimnisvolle Weise den Buchstaben des Anstoßes von der Seite« (McWilliams 1984, S. 33). Ich selbst, der ich jahrelang in der Realschule und der kaufmännischen Berufsschule lernen mußte, unter strengstem Korrekturhilfen-Tabu Geschäftsbriefe formvollendet und fehlerfrei zu tippen, kann mich an diese Revolution der Schreibarbeit, an meine erste Kugelkopfmaschine, an meine – diesmal vor Freude! – zitternden Finger und strahlenden Augen, noch gut erinnern. McWilliams zufolge waren die Sekretärinnen »so begeistert, daß sie ernsthaft erwogen, den 1. Mai zum IBM-Tag zu machen« (ebenda). Und das soll nun plötzlich alles nichts gewesen sein? Derlei Äußerungen finden sich übrigens auch in der wissenschaftlichen Literatur: »Doch einen Tippfehler zu korrigieren, einen neuen Satz einzufügen oder einen Absatz umzustellen, erfordert schmuddeliges Radieren, Herumfummeln mit Korrekturflüssigkeit oder Schnipseln und Kleben« (Sekuler 1989, S. 96). Und auch hier taucht das Textverarbeitungsprogramm auf wie ein Phönix aus der Asche.

Es ist indes unbestreitbar: wer die Mühsal bisheriger Texterstellung kennengelernt hat, vermag die digitalen Neuerungen wohl zu schätzen. Und doch spricht sich in den obigen Äußerungen – nicht zuletzt in der geschilderten Vignette aus meiner eigenen Jugendzeit – etwas aus, was über die funktionalen und sinnvollen

Textgestaltungsmöglichkeiten hinausweist: die Briefe, Bescheide oder Schriftstücke dürfen nicht *unordentlich*, sie sollen möglichst mustergültig geschrieben sein. Es kommen also amtsspezifische Vorstellungen darüber ins Spiel, wie ein jeweiliges Schreiben auszusehen hat, und es mischt sich das Selbstbild einer idealen Schreibkraft und Sekretärin ein, die ihr übertragenen Schreibaufgaben fehlerfrei und makellos zu erledigen. Amtsnorm und Rollennorm verbinden sich und finden in den modernen Textverarbeitungsprogrammen ihren technischen Verbündeten zur Realisierung des angestrebten Ideals, das da wäre: der perfekt gestaltete Text. Ich komme darauf zurück.

Nehmen wir die folgenden Äußerungen dazu:

Frau D.: *Man kann sich auf dem Bildschirm angucken, was dann aus dem Drucker rauskommt. Das ist also ein wahnsinniger Vorteil gegenüber der Schreibmaschine, wo man tippen muß und dann macht man einen Fehler und dann kann man das wegwerfen. Bei wichtigen Briefen oder Schriftstücken ist das so; die kann man wieder wegwerfen, wenn da 'n Fehler drin ist. Beim Computer drückt man 'ne Taste, es gibt ein Programm, das korrigiert automatisch die Rechtschreibung und dann ist das ruckzuck fertig. Man kann das noch graphisch gestalten, so daß das toll aussieht. Das ist einfach Wahnsinn. Das ist faszinierend.*

Frau A.: *Der Computer ist was Neues, ist was Interessantes, und vor allen Dingen man hat ja immer wieder so'n kleines Erfolgserlebnis, wenn was klappt. Also wenn ich was schreib', dann geh' ich eigentlich davon aus, daß das richtig ist, und wenn ich das mit Maschine schreib', wenn ich was falsch gemacht hab', dann ärgere ich mich fürchterlich, wenn ich mich vertippt hab'. Aber jetzt mit dem Computer kann ich das alles schön ändern, ich kann das machen, wie ich das haben will. Und dann wird das fertig ausgedruckt, und dann ist das alles ganz schön, und ich freu mich.*

Mit verbalem Überschwang[6] erzählt Frau D. von den hinzuge-

6 Das Ausmaß an Begeisterung über die Darstellungsmöglichkeiten mittels des PCs verweist auch auf das Ausmaß an Unsicherheit und Verunsicherung, das den Aneignungsprozeß des PCs begleitet. Ich habe an anderer Stelle beschrieben, in welcher Weise der PC als undurchschaubar und rätselhaft erscheint: man versteht nicht, wie das Ding funktioniert, was darin vor sich geht, es bestehen Ängste, daß alles verschwinden könnte; hinzu kommen soziale und statusmäßige, aber auch die auf die unmittelbare Arbeit bezogenen Ängste. Man kann die Vorgänge im

wonnenen Arbeitsmöglichkeiten mit dem Computer, der sie nicht nur von der bereits angesprochenen Knechtschaft des fehlerfreien Schreibens befreit, sondern ihr auch die Möglichkeit gibt, den Text so zu gestalten, daß er *toll* aussieht. Hier werden die Gestaltungsmöglichkeiten der Software explizit ins Spiel gebracht. Von beiden Aspekten berichtet auch Frau A. Sie spricht jedoch einen weiteren Gesichtspunkt an, der uns einen Schritt weiter in die Welt der subjektiven Bedeutungen computerieller Textverarbeitung für Schreibkräfte und Sekretärinnen führt. Zufriedenheit klingt an, wenn sie sagt: *Ich kann das machen, wie ich das haben will.* Frau A. erlebt im Umgang mit dem Textprogramm ein Stück mehr Freiraum für eigene Gestaltung, einen Freiraum, der über das bloße Transformieren eines diktierten Schreibens in ein getipptes Schreiben hinausgeht. Dieser Möglichkeitsraum an Gestaltung, wie begrenzt dieser real auch immer sein mag, wird von ihr erlebt als Möglichkeitsraum für eigene Gestaltung, als ein wenig mehr Vergegenständlichung eigener Kreativität und damit auch von Subjektivität in ihrem Arbeitsalltag.

Neuer Glanz aus Amts- und Schreibstuben

Dieser Gestaltungsspielraum wird durch moderne Schreibprogramme nicht bloß hier und da ein wenig ausgedehnt, der Computer revolutioniert geradezu die Gestaltungsmöglichkeiten von Texten und anderen Dokumenten. Verglichen mit den gestalterischen Möglichkeiten der Schreibmaschine verfügen heutige Verwaltungsmitarbeiter – in Annäherung an Buchdruck, Graphik oder gar Kunst – über ein ganzes Arsenal relativ leicht bedienbarer graphischer und ästhetischer Mittel. Dies hat weitreichende Folgen: traditionelle, d. h. historisch gewachsene Darstellungsweisen bestimmter Dokumente und Schriftstücke lösen sich von heute auf morgen auf, Textcorpus und Textdarstellung

PC nicht mit seinen Sinnen begreifen und auch für das Vorstellungsvermögen stellt der PC eine Überforderung dar. In den Möglichkeiten des Schreibprogrammes findet der Computerneuling einen ersten »Anker« sowie erste sinnlich erfahrbare Qualitäten, die ein Gegengewicht gegen diese Verunsicherungen und Ängste zu setzen vermögen (vgl. E. Tietel, »Das Innenleben des Personalcomputers. Anatomie einer imaginären Maschine», in: Leithäuser u. a. 1985, S. 163 ff.).

entkoppeln sich und fallen tendenziell auseinander (vgl. Coy 1989, S. 55). Die Gestaltungskomponente rückt gegenüber dem Inhalt zusehens in den Vordergrund und wird mit viel Energie kultiviert, wie einige unserer Gesprächspartner durchaus kritisch bemerken:

Herr M.: *Das sieht dann so aus, daß völlig neue Standards gesetzt werden, wie 'n Vermerk zum Beispiel auszusehen hat oder daß erstmal überall Formblätter neu erstellt werden. Was davor mal schnell eben per Hand ging, das muß jetzt erstmal auf PC-Niveau gebracht werden.*

Herr S.: *Ein anderes Problem ist eben dieses Aufhübschen, nich. Da sitzen die Kollegen da und ziehen sich den Bremer Gummiadler da rein, damit sie denn auch Briefköpfe drucken können und stylen dann ihren ganzen Briefkopf, ich weiß nicht, wieviel Tage man dafür sitzt, nich.*

Herr T.: *Briefe werden nicht mehr geschrieben, die werden jetzt gemalt. Das ist so.*

Briefe, Formulare, Schriftsätze und Bescheide werden – und beileibe nicht nur von Schreibkräften und Sekretärinnen – mit großem Aufwand visuell perfektioniert. Mit dem elektronischen Besen wird der Rest von Altbackenheit und Unvollkommenheit, der scheinbar unausrottbar an den Amtsmief von Behörden gemahnte, endlich und endgültig aus den Amtsstuben gefegt. Der Glanz moderner Technik wirft seinen Schein auf die Bereiche ihrer Anwendung.[7] Die Kulturkritik wendet an dieser Stelle ein, daß dem Zeitgeist gleich makellose Glätte, stilisierte Schönheit und triviale Ästhetik (vgl. Wehner u. Reuter 1991) fern von Inhalt und Bedeutung die Früchte von Verwaltungsakten überziehen – der Zynismus von makellosen Sozialhilfebescheiden, untadeligen Asylablehnungen und aparten Vorladungen. Der Computer mit seinen Gestaltungsmöglichkeiten schiebt sich in dieser Sichtweise nicht nur als leibhaftiger Dritter distanzierend zwischen den Verwaltungsmitarbeiter und sein Klientel. Der Computer ermöglicht

7 In meinem Text »Die Aufmöbelung der Verwaltung durch den PC« kann man nachlesen, wie sehr mancher Verwaltungsmitarbeiter durch die häufig äußerst mangelhafte und vorsintflutliche Ausstattung seiner Amtsstube gelitten hat, die quasi sinnbildlich das schlechte Image der Verwaltung in der Öffentlichkeit verdoppelt. Mit der Computerisierung ändert sich auch dies: mit dem Einzug des PCs halten auch neue Möbel und ein modernes Design Einzug (vgl. in Leithäuser u. a. 1995, S. 101 ff.).

auch die Distanzierung vom Inhalt von Verwaltungsakten, indem er tendenziell statt der Arbeitsaufgabe sich selbst, das Arbeits-Mittel, als neue Herausforderung in die Mitte der Arbeit schiebt. Doch dies ist die Außensicht der Kulturkritik, zu der ich mich von den obigen Äußerungen von männlichen (!) Sachbearbeitern, die ja auch distanzierende Äußerungen, Äußerungen über andere sind, habe hinreißen lassen.[8] Obgleich auch Schreibkräfte zuweilen den Zug zum Perfektionismus durchaus mit kritischen Augen betrachten, steht für sie die Steigerung der ästhetischen Qualität ihres Arbeitsproduktes sowie der Zugewinn an Gestaltungsspielraum deutlich im Mittelpunkt:

Frau A.: *Also ich habe jetzt Formulare entworfen, nicht an meinem Computer, sondern bei einem Freund, der hat 'n Schriftenprogramm mit 500 Schrifttypen und Schriftarten und Schriftgrößen und sowas. Und dann haben wir das über den Tintenstrahldrucker ausgedruckt. Solche Schriften so groß, verzerrt, mit Schattierung, mit allem.*

Frau S.: *Es gibt aber auch einen Perfektionismus, es muß alles perfekt sein. Es ist klar, man kann das jetzt 20, 30, 50 Mal ändern, soviel wie man will. Das ist schon mehr Arbeit, aber man sieht ja auch am fertigen Produkt, was da hinterher bei rausgekommen ist, daß sich das gelohnt hat. Es soll von vorne bis hinten toll aussehen, also wirklich toll. Es sollen keine Fehler drin sein, es sollen anständige Tabellen drin sein, die auch was aussagen und auch rechnerisch richtig sind. Das ist alles machbar.*

Machbar ist nicht bloß die ästhetische Verschönerung jener Schreibaufgaben, die zur alltäglichen Arbeit von Schreibkräften und Sekretärinnen gehören. Die graphische Leistungsfähigkeit der Schreibprogramme gewinnt in den Händen der Schreibdamen eine Art Eigenleben, verläßt auf der Suche nach immer neuen Anwendungsfeldern den engen Rahmen der Funktion und der Arbeit und überzieht Amtsstuben, Anschlagbretter, Türen, Teeküchen, Toiletten, Flure und Postkästen mit neuerlichen und zum Teil wunderlichen Exponaten computerieller Kleinkunst. Verglichen mit heute anzutreffenden Farbgraphiken aus Desktop-Programmen klingt fast schon steinzeitlich, wofür Frau H. gerade noch ins Schwärmen geriet:

8 Siehe zur Frage der unterschiedlichen Weise von Männern und Frauen, über ihre Erfahrung mit dem Computer zu sprechen, Löchel 1997.

Aber das ist ja toll eigentlich, nich. Das ist das, was mich am meisten begeistert. Das muß ich auch sagen. So wie wir letzte Woche diese neuen Schilder für unsere Türen entworfen haben, nich.

Der Gestaltungsspielraum, den die modernen Schreibprogramme bieten, wird im wörtlichen Sinne des Wortes zu einem Spielraum, zu einem Raum, der in mancher Hinsicht die in der Schreibarbeit vorherrschende Trennung von Arbeit und Spiel durchbricht und die Grenzen beider fließend macht.[9] Und nicht nur die Trennung von Arbeit und Spiel, partiell auch die Trennung von Arbeit und Freizeit. Frau A. ist nicht die einzige, die uns berichtet hat, daß sie, seit es Computer gibt, Arbeit mit nach Hause nimmt, um daheim weiter *herumzupuzzlen* und alles mögliche auszuprobieren. Wie entfremdend und gesundheitsbelastend die Arbeit am Computer auch immer sein mag, mittels des Computers kehren kreative, produktive und lustvolle Aspekte in die Schreibarbeit, in die Verwaltungsarbeit, in die entfremdete Arbeit zurück:

Frau I.: *Also, ich muß ganz ehrlich sagen, bei Textverarbeitung, ich mein', wenn man damit umgeht, irgendwie muß man da ja nun doch 'n bißchen seinen Grips anstrengen. Ich kann, muß mir selbst überlegen, wie ich den Text jetzt darstelle. Ob ich den in Blockschrift mache oder nicht, und da kann ich genauso dran rumspielen, sag' ich mal. Ich kann durchgehen, was mir alles geboten wird und kann das Schönste aussuchen. Ich finde, das kann auch irgendwie 'n bißchen kreativ sein. Ich kann mir überlegen, ob ich da noch 'n schönen Balken drüber mache oder sonst irgendwas tu.*

Frau I. erlebt die Arbeit mit dem Schreibprogramm als neue Herausforderung. Zum relativ mechanischen Umsetzen von gesprochenen Worten in geschriebene Wörter, das ihr keine großen geistigen Anstrengungen abverlangte, tritt der – noch nicht routinisierte – Umgang mit dem Gerät und den fast unüberschaubaren Angeboten der Software; ihr *Grips* wird, wie sie sagt, auf neue Weise gefordert. Ästhetische Kriterien gewinnen an Bedeutung: der Text soll schön aussehen, und so sucht sie sich aus dem Kabinett der graphischen Angebote *das Schönste* aus. Der Umgang mit dem Computer setzt also Wünsche frei, Wünsche nach Kreativität

9 Siehe hierzu auch den Beitrag von Thomas Leithäuser im vorliegenden Band sowie seinen Text »Spiel und Arbeit am Computer« (in Leithäuser u. a., 1995, S. 25 ff.).

und Verwirklichung, für die in Schreibstuben gewöhnlich wenig Raum bleibt. In dem Maße, in dem das Schreiben zum Gestalten wird, öffnet sich für die Schreibenden ein eigener Bereich des Wirkens, der sie möglicherweise gar in die Lage versetzt, mittels der angeeigneten Fähigkeiten und Fertigkeiten des Computerumgangs ihren beruflichen Aktionsbereich auszudehnen. Von derart erfüllten Augenblicken berichtet Frau L., eine Projektsekretärin, die aufgrund ihrer professionellen Fähigkeiten auch in die inhaltliche Ausgestaltung des Projektes einbezogen ist:
Ich hab' dann für unser Projekt einen Entwurf geschrieben und hab' da also rumprobiert mit Schriftarten und Größen und Abständen und war also nachher wirklich so befriedigt, als ich das gesehn hab', was da rausgekommen ist. Da war ich also so stolz drauf und das hat mich also ganz umgehauen irgendwie. Das war wirklich gut.
Frau L. schildert, wie sehr es sie *befriedigt* hat, zu sehen, was sie als Resultat ihres eigenen nicht nur Gestaltungs-, sondern – fast kann man sagen – Schöpfungsprozesses in den Händen hielt. Ein umwerfendes Erlebnis, verbunden mit dem Gefühl von *Stolz*. Blitzblank strahlt ihr das Produkt ihres Schaffens aus ihren Händen entgegen, ein Hochglanzausdruck mit schönen *Schriften*, abgestimmten *Größen* und wohlüberlegten *Abständen* zwischen den einzelnen Zeichen und Zeilen. Zufrieden oszilliert ihre Aufmerksamkeit zwischen der glänzenden Oberfläche ihres Werkes und dem Gefühl des Stolzes, das sich wohlig in ihrem Inneren breit macht. Die spiegelnde Oberfläche des Computerausdrucks wird so zu einem Spiegelbild der Seele, genauer: zu einem Spiegel narzißtischer Bedürfnisse und narzißtischer Begehrlichkeiten, die nur allzuoft in der Eintönigkeit und Gleichförmigkeit des Verwaltungshandelns, insbesondere des stundenlangen Schreibens für Andere, auf der Strecke bleiben. Neuer Glanz zieht also nicht nur in Gestalt funkelnder Bildschirme in die Amtsstuben ein, auch nicht nur in Gestalt kunstvollerer Ausdrucke. Wie im stillen Wasser des einsamen Waldsees in der Ovidschen Erzählung Narcissus verliebt in das perfekte Antlitz der spiegelnden Fläche blickt, so dient der perfekte Ausdruck einen Augenblick (!) lang als Erfüllung tiefer Wünsche nach befriedigender Arbeit.
Einen Augenblick. Denn ebenso jäh und unerbittlich, wie Narcissus aus der Welt spiegelnder Zwei(Ein)samkeit gerissen wird, macht sich in der Welt des Verwaltungshandelns die Tatsache be-

merkbar, daß der eigene Bezug zum Computer wie auch der eigene Bezug zum Gestalten mittels des Computers eingebunden ist in eine Welt von Beziehungen, die dem eigenen Tun und Schaffen seinen Sinn und seine Bedeutung allererst verleihen.

»Herr Chef soll es nicht sehen« – Schreiben als soziales Verhältnis

Wie in den einschlägigen Narzißmustheorien (Lacan 1978, S. 163 f.; Schacht 1982, S. 51 f.) bezüglich der Bedeutung des Spiegelns immer schon der Blick des Dritten mitgedacht ist (prototypisch der Blick der Mutter, der dem Blick des auf ihrem Arm sich befindenden und im Spiegel sich erkennenden Kindes die affektive Färbung erst verleiht, indem dieses fragend und suchend sich nach ihr umschaut), so ist im Spiegelverhältnis des Stolzes und der Zufriedenheit über die perfekter werdenden Ausdrucke ebenfalls stets schon der »Dritte« präsent: als derjenige, dem man/frau das Geschriebene und Gestaltete präsentieren wird. Der perfekte Text hat immer schon einen Adressaten, wie ja auch das Schreiben selbst eingebunden ist in das soziale Verhältnis der Verwaltungsarbeit:

Frau C.: *Wenn man sich denn einmal verschrieben hat und man sieht es und dann – Herr Chef soll es dann nicht sehen, nich – ja dann nimmt man das Ding und zerreißt es und korrigiert das und druckt das neu aus, nich. Das ist natürlich 'ne tolle Sache, nich. Das genießt man schon.*

Zum *Tollen* der neuen Sache, zum *Genuß*, der sich damit verbindet, gehört nicht nur der eigene Blick, sondern der Blick des Vorgesetzten: *Herr Chef soll es nicht sehen*. Und Herr Chef wird es nicht sehen, denn schwuppdiwupp vernichtet man das fehlerhafte Werk und vernichtet damit gleichsam den eigenen Makel, macht ihn ebenso unsichtbar, wie der Fehler im neuen Ausdruck unsichtbar geworden ist. Die Decke des Stolzes und des Genusses liegt fragil über dem Abgrund eines ganz anderen Gefühls, das gefürchtet und abgewehrt wird: dem Gefühl der Beschämung, das dann einsetzt, wenn man mal wieder einen Text nicht fehlerfrei abgeliefert hat, wenn der Chef das merkt und moniert, wenn man also den vereinigten Idealen des Amtes und der eigenen Rolle nicht entspricht. Diese Drohung liegt über dem Schreiben, und es mildert die Furcht vor Beschämung und entspannt die Sozialbeziehung, wenn man eine Technologie zur Verfügung hat, die das Ausmaß an Schimpf und Schande mildert, das stets über einen hereinzubrechen droht. Das ist dann *natürlich eine tolle Sache* und *das genießt man schon.*[10] Mit der Perfektion des vorgelegten Briefes steigt die eigene Perfektheit: die perfekte Maskerade. Doch aus subjektiver Perspektive geht es um mehr als um den Schein. Der bzw. meist ja d i e Schreibende gewinnt mittels der neuen Technologie ein Stück Souveränität gegenüber den Instanzen der Korrektur: »Änderungsprozesse wie Löschen oder Einfügen, einst Privileg der Machthaber über Sekretärinnen und Schreibkräfte, sind unmittelbar ausführbar« (Coy 1987, S. 140). Die Schreibende gewinnt ein Stück Unabhängigkeit, das sich nicht nur günstig auf die Arbeitserledigung, die eigene Zufriedenheit und das berufliche Selbstwertgefühl, sondern unmittelbar auf die professionelle Sozialbeziehung auswirkt:

Frau T.: *Das ist dann so die Sache, wo ich dann die Erfahrung mache, daß die also unheimlich hilft. Denn wenn da Schreibfehler sind oder wenn halt ganze Absätze eingeschoben oder raus sollen, daß man dann halt sagt: Mensch, können Sie drauf warten, mach ich eben fertig, können Sie gleich wieder mitnehmen. Das ist also 'ne Zeitersparnis von teilweise 'ner halben bis dreiviertel Stunde, je nachdem, was es nun grade für'n Schreiben ist oder für'n Vermerk oder was, das bringt unheimlich was.*

Neben dem Aspekt der Zeitersparnis thematisiert auch Frau T. den Beziehungsaspekt, das veränderte Beziehungsangebot: *Warten Sie, ich mache das eben fertig. Sie können das gleich wieder mitnehmen*. Eine immense Erleichterung angesichts der ständigen Klagen von Sachbearbeitern oder Vorgesetzten darüber, wie lange sie zuweilen darauf warten müssen, etwas geschrieben zu bekommen, und wie umständlich, zeitraubend und zuweilen sozial heikel es obendrein ist, etwas geändert haben zu wollen. Doch diese Erleichterung ist nur die eine Seite der Medaille, denn schlagartig leiten sich aus neuen Möglichkeiten auch neue Anforderungen ab. Im Anschluß an Frau T. weist Frau I. in derselben Gruppendiskussion auf diese Dimension hin:

10 Wir verwenden für diese dynamischen Vorgänge den Begriff der »Umarbeitung«. Siehe hierzu den Beitrag von Brigitte Scherer im vorliegenden Band.

Frau I.: *Aber grade diese Vorgesetzten, die so drängen und wo immer so'n Abruf auch zu erwarten ist: Wie weit ist das? Geben Sie mir das mal schnell!*
Unversehens kehrt also die entgegenkommende Geste der Schreibkraft oder Sekretärin als neue professionelle und soziale Erwartung, als Anspruch des Vorgesetzten zu ihr zurück. Und wieder mischen sich idealisierte Bilder über die Möglichkeiten des Computers ein, zeitigen Technikevokationen soziale Wirkungen. Wie der PC auf Knopfdruck einen Ausdruck bereithält, soll jetzt die Schreibkraft auf Abruf einen Ausdruck vorbeibringen; die Abrufbereitschaft und Ausdruckbereitschaft des technischen Schreibgerätes wird zur Abruf- und Ausdruckbereitschaft der Schreibenden selbst. Schreibkraft auf Knopfdruck.[11]

»Machen Sie mal was Schönes da raus!«

Ein Feld nun, auf dem sich die Ansprüche von Sachbearbeitern und Vorgesetzten an die Schreibarbeit artikulieren, ist das der visuellen Gestaltung von Dokumenten. Hören wir zunächst eine statushohe Justizbeamtin:
Frau E.: *Daß ich dann halt nur den eigentlichen Text schreibe und das dann zu den Schreibdamen geb' und die das dann so mit schöneren Formatierungen macht und was weiß ich, was man da alles so gestalten kann.*
Frau E. beschreibt hier eine Aufteilung zwischen dem Verfassen und dem Fertigstellen eines Textes, der die einstmals übliche Arbeitsteilung in einem wesentlichen Punkt für beide Beteiligte verändert: sie gibt ihrer Schreibkraft kein handschriftliches Manuskript und auch keine Diktatkassette zum Abtippen, sondern den bereits von ihr selbst in die Maschine geschriebenen Text. Aufgabe der S c h r e i b k r a f t ist es dann nicht mehr, zu s c h r e i b e n, sondern aus dem bereits geschriebenen Text, aus den bereits in den Computer gebrachten Zeichenketten, einen *schöneren* Text zu

11 Unter der Überschrift »Vom übermächtigen Verlangen, den PC zu beherrschen« beschreibt Elfriede Löchel am Beispiel der »Beherrschung« eingehend, in welcher Weise sich technische und soziale Aneignungszumutungen miteinander verbinden können (siehe in Leithäuser u. a. 1995, S. 189 ff.).

machen, den Schriftsatz mit *Formatierungen* zu versehen, zu *gestalten*. Diese veränderte Arbeitsteilung ist nun nicht eine private Marotte von Frau E., sondern eine häufig anzutreffende Verschiebung zwischen Sacharbeit und Schreibdienst bzw. Sekretariat. Hören wir Ulla R., Sekretärin in einem Verwaltungsbereich, in dem viele Mitarbeiter bereits über längere Erfahrung mit Computern verfügen:

Frau R.: *Die meisten Kollegen haben ja sowieso Ahnung vom Computer, mehr als ich. Außer wahrscheinlich, wenn's Word-Probleme sind, nich. Und bei uns ist das dann oft so, daß die ihre Texte schon oft selber schreiben. Sie haben aber keinen entsprechenden Drucker, keinen, der ein schönes Schriftbild hat, sondern nur diese einfachen billigen da. Und dann kommen die zu mir: 'Ja nun machen Sie das mal schön.' Dann fang ich denn an zu formatieren oder so.*

Diskussionsleiterin: *Ah ja, das hab ich auch noch nicht gehört, daß dieser Satz so: »Jetzt machen Sie's mal schön.«*

Frau R.: *Ja, machen Sie mal was Schönes da draus, Sie machen das schon, nich.*

Frau F (bestätigend).: *Doch das höre ich jeden Tag, so ungefähr.*

In den Worten von Frau R. ist die Anerkennung zu spüren, die ihr zuteil wird, wenn ihre computergewandten Kollegen sich in Fragen des Textprogrammes an sie wenden oder wenn sie darum bitten, den besseren Drucker ihrer Sekretärin für ihre Zwecke nutzen zu dürfen. Und vielleicht ist es nicht nur motivierende Rhetorik, wenn die Aufforderung: *Machen Sie mal was Schönes daraus* von den Worten begleitet wird: *Sie machen das schon, nich.* Sie macht das dann schön, weil sie es eben auch schön machen kann, weil sie in der Beherrschung des Textprogrammes geübter und fitter ist als ihre Kollegen und Vorgesetzten.[12] Schreibkräfte und Sekretärinnen sind eben, wie auch Frau H. betont, besonders *firm darin*:

Frau H.: *Um das eigentlich in eine vernünftige Form zu bringen, da ich beim Amtsleiter sitze, also im Sekretariat, kommt man dann*

12 In welcher Weise die Tatsache, daß häufig zuerst Schreibkräfte und Sekretärinnen Computer bekamen und obendrein in vielen Fällen Amtsleitern der Computer regelrecht verwehrt wurde, Statusprobleme aufgeworfen hat, wurde von Elfriede Löchel an anderer Stelle beschrieben (siehe in Leithäuser u. a. 1995, S. 243 ff.).

zu uns mit 'ner Diskette, zu meiner Kollegin und zu mir und sagt dann: nun machen Sie mal bitte ein vernünftiges Schreiben davon. Dadurch haben wir natürlich sehr viel Arbeit, aber es ist leichter und wir sind ziemlich firm drin. Für uns ist das dann nicht mehr so schlimm.

Doch es gibt nicht nur Vorgesetzte oder Kollegen, die die Textgestaltung der Kreativität denjenigen überlassen, die dafür ein geschicktes Händchen haben. Mit der Zeit wissen jene um die Vielfalt der Gestaltungsmöglichkeiten und geben vor, wie sie ihr Dokument gestaltet haben wollen. Ein vertrauter Aspekt hierarchischer Arbeitsteilung klingt in folgender Äußerung an:

Frau B.: *Unsere Abteilungsleiter schreiben selber und kommen dann mit 'ner Diskette: »mach mal eben in eine schöne Form, so und so möcht ich das haben«. Das heißt also, daß dann unsere Arbeit nur noch darin besteht, eben auszurichten, Briefköpfe, Anschriften und so weiter.*

Infolge der durch den Computer möglich gewordenen Entkoppelung von Textcorpus und Textdarstellung entkoppelt sich auf dem Gebiet der Schreibarbeit auch die tradierte Arbeitsteilung; Fragen der Arbeitsaufteilung werden Gegenstand sozialer und organisatorischer Aushandlungsprozesse. In den hier präsentierten Gesprächsauszügen deutet sich eine der vorfindlichen Tendenzen dieser Entkoppelung an: Das Tippen des Textcorpus übernehmen diejenigen, die den Text verfassen, die Darstellungskomponente wird den Scheibkräften zuteil. Wird ihnen zuteil oder verbleibt ihnen als Rest? Vielleicht kann man Frau B.'s Äußerung, ihre Arbeit bestehe *nur noch darin, eben auszurichten*, auch so hören: mehr haben wir auch nicht mehr auszurichten. Wir haben in unserem empirischen Material Äußerungen, die darauf hinweisen, daß die Identifizierung mit dem Schriftgut merklich sinkt, wenn man es nicht einmal mehr getippt hat, sondern nur noch dabei ist, Zeichenketten in bestimmte – schöne – Formen zu bringen. Freisetzung von Kreativität und Zugewinn an Gestaltungsspielraum gehen hier Hand in Hand mit neuerlichen Formen der Enteignung und Entfremdung. Dies auch bei der zweiten Variante, die durch die Entkoppelung von Tippen und Gestalten möglich geworden ist und die im Falle von längeren Texten offenbar inzwischen zur üblichen Praxis geworden ist: Sachbearbeiter und Vorgesetzte diktieren, Schreibkräfte sollen das bloß noch völlig formlos heruntertippen, die Fertigstellung, d. h. eben die Gestaltung, besorgen erstere dann wieder selbst.[13] Und noch eine dritte Variante der Wiederenteignung freigesetzter Spielräume läßt sich finden: es bildet sich in der öffentlichen Verwaltung ein Heer professioneller Beistände, sogenannter Koordinatoren, die als liebe und hilfsbereite Kollegen sich in den einzelnen Ämtern um alle Fragen der Datenverarbeitung kümmern und unter anderem für alle möglichen Belange Bildschirmmasken und Druckformatvorlagen entwickeln und in ihrem Amt implementieren.[14] In die gleiche Richtung weisen im übrigen auch die von verschiedenen Softwarefirmen angebotenen »Musterkoffer«, in denen sich für alle möglichen Zwecke bereits anwendungsfertig gestaltete Vordrucke und Formulare befinden. Schreibkräfte und Sekretärinnen müssen anschließend diese Vorlagen nur noch aufrufen: Formatierung auf Knopfdruck.

Es sind jedoch nicht nur die unmittelbaren Arbeitsbeziehungen, hierarchischen Eingebundenheiten und Aushandlungsprozesse zwischen Sacharbeit und Schreibarbeit um die Zuständigkeit für bestimmte Komponenten computerieller Dokumentgestaltung, die dazu führen, daß die durch den Computer freigesetzten Wünsche und Spielräume allzuleicht und allzuschnell wieder enteignet werden. Hinzu kommt, daß der unerschöpflichen Quelle visueller Darstellungstechnologien immerzu neue Standards an Gestaltung entspringen. Und das auf allen Ebenen der Verwaltung, sei es eine interne Kostenaufstellung, sei es ein nach außen gehender Bescheid, sei es eine Senatsvorlage. Was heute der Kreativität und dem Spiel entspringt, wird morgen zur Anforderung und übermorgen zum Standard.[15] Und dennoch: trotz aller Rückbindung

13 Letztlich wird das Gefühl von Kreativität und Gestaltungsspielraum überhaupt durch die Angst getrübt, im Zuge weiterer Computerisierung als Schreibkraft irgendwann überflüssig zu sein.

14 Siehe hierzu meinen Beitrag »Koordinator auf Knopfdruck« (in Leithäuser u. a. 1995, S. 73 ff.).

15 Von den ständig steigenden Anforderungen an die Gestaltung berichten nicht nur Schreibkräfte und Sekretärinnen. Auch bei Sachbearbeitern findet dieser Aspekt Erwähnung, allerdings eher mit einem Anflug des Mißfallens, paßt dies doch weniger in ihr berufliches Rollenverständnis, als das bei Schreibkräften und Sekretärinnen der Fall zu sein scheint:
Herr P.: *Ich hab in einem Büro gearbeitet, wo also auch sehr viel mit CAD gearbeitet wird ... Umfassende Änderungen, das ist natürlich*

der durch den PC freigesetzten kreativen Potentiale an die Perfektionierung der Verwaltung kommen in den Äußerungen der Schreibkräfte und Sekretärinnen Bedürfnisse und Wünsche zum Vorschein und zum Ausdruck, die zwar innerhalb einer rationalen, möglichst effektiv funktionierenden Ordnung keinen Ort, vor allem keinen öffentlichen Ort haben, keinen Ort, in dem sie eine »öffentliche Wirksamkeit« (Heinrich 1986, S. 303) entwikkeln können, die aufzugreifen jedoch sowohl das praktische Anliegen der Interessenvertretung vor Ort als auch auch einer kritisch sich verstehenden Sozialpsycholgie der Technik sein könnte.

wunderbar. Geht natürlich für den Mitarbeiter dann schnell in die Richtung, daß der Chef im Vorentwurfstadium ein relativ komplettes, sauberes, sauber gezeichnetes, sauber dargestelltes Gebäude haben will, dann wird das in der Bauherrenbesprechung geändert, und man sitzt wieder dran und fängt wieder an damit, nicht, also da geht dann aufgrund dieser Arbeitsersparnis, die man für Änderungen hat, gehn die Anforderungen, die dann an solche Zeichnungen gestellt werden, gehen automatisch mit hoch. (1, S. 18)

Oder:

Herr M.: *Und der andere Aspekt ist das mit der Form. Wenn nun der Vorgesetzte auch noch 'n Ästhet ist, dann legt er plötzlich Wert darauf, daß selbst 'n Redemanuskript also in Blocksatz dasteht und mit 'nem besonders schönen Schriftstil. Und dann plötzlich auch von Umweltfreaks weißes Papier wieder.*

Bolz, N./F. Kittler/Ch. Tholen (1994), *Computer als Medium*, München: Fink

Coy, W. (1987), »Von QWERTY zu WYSIWYG – Texte, Tastatur & Papier«, in: *Sprache im technischen Zeitalter* 25, 1987, S. 136-144

Coy, W. (1989), »Après Gutenberg. Über Texte & Hypertexte«, in: *Technik und Gesellschaft*, Jahrbuch 5, hg. von W. Rammert und G. Bechmann, Frankfurt u. New York: Campus, S. 53-65

Heinrich, K. (1986), *anthropomorphe*, Basel und Frankfurt/M.: Stroemfeld/Roter Stern

Hunter, R. (1993), »A future for TEX«, in: *TUGboat* 14, No. 3., S. 183-186

Lacan, J. (1978), *Freuds Technische Schriften*, Olten und Freiburg: Walter

Leithäuser, T./E. Löchel/B. Scherer/E. Tietel (1995), *Der alltäglicher Zauber einer digitalen Technik. Wirklichkeitserfahrung im Umgang mit dem Computer*, Berlin: edition sigma

Leithäuser, T./B. Volmerg (1988), *Psychoanalyse in der Sozialforschung*, Opladen: Westdeutscher Verlag

Löchel, E. (1997), *Inszenierung einer Technik. Psychodynamik und Geschlechterdifferenz in der Beziehung zum Computer*, Frankfurt/New York: Campus

Löchel, E./E. Tietel (1990), »Der Computer als evokatorisches Objekt«, in: *Psychosozial* 13, H. 43, S. 92-102

McWilliams, P. A. (1984), *Textverarbeitung für Einsteiger*, Reinbek bei Hamburg: Rowohlt

Nake, F. (1993), »Von der Interaktion. Über den instrumentalen und den medialen Charakter des Computers«, in: ders. (Hg.): *Die erträgliche Leichtigkeit der Zeichen. Ästhetik. Semiotik. Information*, Baden-Baden, S. 165-189

Riehm, U./K. Böhle/I. Gabel-Becker/B. Wingert (1992), *Elektronisches Publizieren*, Berlin u. a.: Springer

Schacht, L. (1982), »Die Spiegelfunktion des Kinderanalytikers«, in: *Psyche* 36, S. 47-58

Sekuler, R. (1989), »... und das Wort ist Text geworden«, in: *Wie uns der Computer verändert*, hg. von der Redaktion *psychologie heute*, Weinheim u. Basel: Beltz, S. 95-103

Thomas, K. (1969), *Analyse der Arbeit. Möglichkeiten einer interdisziplinären Erforschung industrialisierter Arbeitsvollzüge*, Stuttgart: Enke

Tietel, E. (1995), *Das Zwischending. Die Anthropomorphisierung und Personifizierung des Computers*, Regensburg: S. Roderer

Volmerg, B./E. Senghaas-Knobloch/T. Leithäuser (1986), *Betriebliche Lebenswelt. Eine Sozialpsychologie industrieller Arbeitsverhältnisse*, Opladen: Westdeutscher Verlag

Wehner, T./H. Reuter (1991), »Von der Ontologie des Schreibens und der Texterstellung«, in: *Psychologie und Gesellschaftskritik* 15, Heft 2.

Barbara Maria Grüter

Der Sinn des Rechners

Über die *andere* Seite des formalen Denkens[1]

Einleitung

Spürbar ist die Bewegung, die uns, unsere Welt, unsere Beziehungen, Bilder und Konzepte ergreift. Unübersehbar sind die Auflösungsprozesse der gesellschaftlichen und symbolischen Apparate und die Strategien, sie durch Dezentralisierung und Vernetzung flexibel und aktionsfähig zu halten.

Eine Quelle für anhaltende Irritationen sind die kulturellen Veränderungen, die der Computer mit sich bringt. Die Erfahrungen im oder mit Cyberspace, elektronisch vermittelten Welten, verändern unseren Alltag bis hin zu den Kinderspielen: Internet, e–mail, Videospiele, Gruppenarbeit in »virtual companies«, Produkte von Architekten und Stadtplanern, Arbeitsmittel von Forschern. Die Erfahrungen mit diesen Welten fügen sich nicht mehr ohne weiteres in das traditionelle Bild. Wie läßt sich Kooperation in elektronisch vermittelten Räumen bestimmen, face–to–face mit direkter Rückmeldung durch den Partner? Sind Simulationserfahrungen bei einer computerunterstützten Therapie von Höhenangst ein geistiges oder ein körperliches Phänomen, oder zeigen sich hier nicht vielmehr Grenzen der klassischen Trennung von Körper und Geist?

Worte, die dieser Trennung noch vor einigen Jahren gehorchten und völlig selbstverständlich eine Differenz anzeigen ließen, haben ihre Bedeutung verändert. So zeichnen sich die durch elektronische Datenverarbeitung entstandenen »virtuellen« Welten durch eine Reihe von Eigenschaften aus, die bisher nur »der« »einen«, »der realen« Welt zugesprochen wurden. Sie sind wahrnehmbar, erfahrbar, meßbar wie »die reale« Welt. Sie fungieren wie die entsprechenden Bereiche der »realen Welt«. Und sie sind für einige

1 Der Artikel entstand im Rahmen des Projekts »Begriffsbildung und Softwareentwicklung« an der Freien Universität Berlin. Anregungen erhielt ich von Wolfgang Milszus, Frieder Nake, Anja Wollenberg und Christina Schachtner.

schon jetzt und absehbar für viele Medien der Kommunikation und der Kooperation (vgl. Milszus 1995). Sie gehören also zur »realen Welt«. Aber, was heißt dann »real« und was »virtuell«? Die »reale Welt« besitzt ihrerseits nicht mehr die Eindeutigkeit, die sie »irgendwann einmal« zu haben schien. Sie ist in Fluß geraten. Dennoch ist die alte Unterscheidung nicht verschwunden. Denn es gibt ganz offensichtlich eine Differenz zwischen der elektronisch vermittelten Begegnung von zwei Menschen und ihrer Begegnung an einem Ort – aber um welche Differenz handelt es sich da genau?

Eine Veränderung der Bedeutungen ist im Gang, ein Ende ist nicht absehbar. In den Alltag hat ein Moment der Unbestimmtheit Einzug gehalten. Alte Fronten sind ins Wanken geraten. Und im nachhinein wird deutlich, daß auch die alten Gewißheiten auf tönernen Füßen standen und schon immer von Ungewißheiten begleitet waren. Der Gebrauch der Worte ist riskanter geworden, denn es ist nicht mehr so klar, wo man landet, wenn man sie benutzt.

So spürbar die Bewegungen sind, so ungewiß sind die Konzepte, Mittel und Strategien, mit denen die Prozesse erfaßt und gestaltet werden. Die Auseinandersetzungen sind jedoch längst im Gange. Zum Teil werden sie aus der Perspektive der alten Frontlinien geführt, die unversehens in die Zukunft verlängert werden. Zum Teil werden sie aus der Perspektive des Neuen geführt, die ohne Bezug auf Erfahrung und Wissen vergangener Zeiten begriffs- und kopflos schnell ins Leere läuft.

Die Gestaltung der neuen Technik, der zukünftigen Infrastruktur, der sich ausbreitenden Netzwelten und der damit einhergehenden sozialen Prozesse ist in Angriff genommen worden von den großen Telekommunikationsgesellschaften und Verlagen, von den kleinen, lokalen, aber international vernetzten Communities (vgl. Blank 1995) und von den zahllosen Teilnehmern. Die verfügbaren Mittel der Gestaltung sind jedoch begrenzt. Die bisherigen Strategien und Konzepte greifen nur bedingt, wenn es darum geht, die mit dem Computer verbundenen technischen, sozialen und kulturellen Prozesse zu erfassen. – Die Untersuchung der Tätigkeit von Softwareentwicklern soll im folgenden Aufschluß geben über Notwendigkeiten und Möglichkeiten der Erweiterung von klassischen Optionen zur Erkenntnis und Gestaltung von Technik und elektronisch vermittelten Prozessen.

Die Arbeit von Softwareentwicklern ist prototypisch für den Umgang mit der »Universalmaschine«. Sie erschließen die neuen Medien und bestimmen ihre Eigenschaften. Ihre Tätigkeit kann daher als ein Modellfall gelten. Das Feld der Softwareproduktion kann als ein begrenztes Feld genutzt werden, ein Feld, auf dem sich die neuen Fragen und Probleme schon seit geraumer Zeit stellen und in dem wie in einer Art gesellschaftlichem »Labor« schon seit längerem Lösungen probiert, erfahren und verworfen werden, wobei der Laborvergleich natürlich nur bedingt zutrifft, denn die Rahmenbedingungen der Softwareentwicklung sind keine Experimentalbedingungen. Felder dieser Art wird es mehrere geben. Entscheidend ist die Frage, ob und inwieweit bei der damit vorgenommenen Reduktion die Qualität der Problemstellung erhalten bleibt.

Softwareentwicklung ist auch insofern ein Prototyp, als der Stoff der Produktion »virtueller« Art ist. Softwaresysteme, Produkte und Mittel der Entwicklung sind »virtuelle« Welten, technisch reale Möglichkeitsräume, die, mal mehr und mal weniger differenziert gestaltet, die Beziehungen der Entwickler untereinander und zu den Anwendern vermitteln. »Virtuelle« Arbeitsformen haben hier seit längererem Einzug gehalten, vom On-line-Kundenservice bis zur internationalen Produktion. Entwickler gehören mit Universitätsmitgliedern zu den ersten, die das Internet nutzten, ausbauten und gestalteten und auf die Kooperationsmöglichkeiten zurückgriffen, die das Netz ihnen bot.

Softwareentwicklung ist schließlich ein Prototyp, weil die Tätigkeit der Entwickler wie die Tätigkeit der Mathematiker in der traditionellen Perspektive mehr als jede andere den Geist verkörpert und so als ein Protagonist der klassischen Trennung Veränderungen aufzeigen läßt.

Im Mittelpunkt der Abhandlung steht die Auseinandersetzung mit Positionen, die die klassischen Gestaltungsoptionen bestimmen, indem sie, der Trennung von Körper und Geist folgend, die Tätigkeit von Softwareentwicklern als vorrangig geistige Äußerung wahrnehmen und sie in der Konsequenz als abstrakte, unsinnliche und a–soziale Aktivität bestimmen. Demgegenüber soll hier Raum für die Vorstellung geöffnet werden, daß das formale und auch das im engeren Sinne mathematische Denken von Softwareentwicklern eine körperliche, sinnliche und soziale Seite hat.

Es wird hier der Vorstellung nachgegangen, daß Gedanken einen Körper haben. Unsere Gedanken sind nicht nur in unseren Gehirnen, sie sind in unseren Körpern verankert. Je extremer und weitreichender die Abstraktion, desto persönlicher, desto weniger verfügbar ist die körperliche Seite unserer Gedanken. Wenn sich diese Verbindung für die Softwareentwicklung zeigen läßt, dann, so ist anzunehmen, gilt sie nicht nur auf dem Feld der formalen Tätigkeit. Dann, so ist weiter anzunehmen, verschieben sich einige Optionen und Perspektiven für die Gestaltung der Informationsgesellschaft und eine Reihe alter und ungelöster Fragen lassen sich neu stellen.
Zu diesem Zweck werden im ersten Schritt Konsequenzen erinnert, die sich aus dem Konzept der Trennung von Körper und Geist für die Technikgestaltung ergeben. In Auseinandersetzung damit wird die Relativität der Trennung behauptet. Im zweiten Schritt wird das Konzept vom Doppelcharakter der Softwareentwicklung vorgestellt, das im dritten Schritt durch empirische Bezüge auf den körperlichen, sinnlichen und sozialen Charakter der Softwareentwickung exemplarisch verdeutlicht wird.

Körper und Geist

Trennung von Körper und Geist – Prämisse des technologischen Determinismus

Die Arbeit am Rechner wird durch die Logik der Maschine bestimmt. Vor allem der analytische Verstand ist gefragt, wenn man am Computer sitzt. Dabei verkümmert der Körper, die Sozialität, die Sinnlichkeit der Menschen. Dies gilt für die Nutzer und natürlich vor allem für die modernen Galeerensklaven, die Entwickler, die die große Maschine am Laufen halten[2]. So oder ähnlich lauten kritische Stimmen zur Informationsgesellschaft und begründen ihre Ambivalenz gegenüber zukünftigen Entwicklungen sowie Maßnahmen zum Schutze der Natur des Menschen.

2 Eine Variation erfährt das Argument durch Multimedia. Diese Welten sind sinnlich erfahrbar. Aber Richtung und Struktur des Arguments bleiben. Die »wirkliche« Sinnlichkeit schwindet, sie wird ersetzt, sie wird simuliert im Umgang mit dem virtuellen Stoff.

Ganz ähnlich lauten auch affirmative Stimmen aus der Informatik und begründen formale Konzepte und Methoden zur Entwicklung und Gestaltung der neuen Technik sowie zur Formalisierung, Standardisierung und Automatisierung der Entwicklertätigkeit.
Die Arbeit am Rechner ist demzufolge in dem Maße effektiv, in dem sie formalisiert und automatisiert wird. Das Argument der notwendigen Mathematisierung der Informatik wird dabei nicht selten gegen das Argument der notwendigen Reflexion ihrer sozialen Bedeutung in Anschlag gebracht.
Dabei bestätigen sich Gegner wie Befürworter der Informationsgesellschaft, Konstrukteure wie Folgenabschätzer, Informatiker wie Sozialwissenschaftler wechselseitig, indem sie sich auf gemeinsame, zumindest aber ähnliche Prämissen beziehen. Diese lassen sich im Konzept des »technologischen Determinismus« zusammenfassen, der einmal in der harten, einmal in der weichen Version vertreten wird.
Zu den Kernpunkten des Konzeptes gehören in der harten Version die Ideen von der Technik als Agent sozialer Entwicklung, von der Autonomie des technischen Fortschritts, die in der internen Logik der technischen und letztlich wissenschaftlichen Entwicklung sowie in der Vorstellung der Unabhängigkeit der Wissenschaft vom sozialen Prozeß ankern, wobei Logik und Mathematik als überhistorische und unberührbare Garanten des Zusammenhangs wahrgenommen werden. In der weichen Version finden wir dieselben Annahmen miteinander verbunden, allerdings weniger streng und automatisch verknüpft, so daß Spiel- und Schutzräume für soziale Bewegung verbleiben. Die soziale Bewegung hat jedoch auch in der weichen Sicht bis auf begrenzte Möglichkeiten der Entscheidung für vorgegebene Varianten und Richtungen keine Bedeutung für die technische Entwicklung (vgl. Marx & Smith 1994)[3].
Die Basisannahme in all diesen Fällen ist die cartesianische Idee

3 »Technologischer Determinismus« wird hier nicht als ein klar definiertes Konzept, sondern als »Sammelbegriff« verstanden im Sinne von Wittgensteins Konzept der Familienähnlichkeit, bei der es keine gemeinsame Regel für die verschiedenen Formen des Gebrauchs gibt. Insofern sind hier Meinungen, Argumente und Äußerungen zusammengefaßt, die Technologie als eine wirksame Macht kennzeichnen. Die Anregung erhielt ich von Heinrich Schwarz.

der Trennung von Geist und Körper, eine Idee, die das Innere unseres Verhältnisses zur Welt bis in die Fingerspitzen bestimmt, die sämtliche Bereiche von den Wissenschaften bis zur Werbung, von der Arbeit bis zum Privatleben durchzieht, und deren implizite Regeln in unser Verhältnis zu den Dingen und zueinander eingreifen und es strukturieren. Es handelt sich dabei keineswegs um einen trivialen Gedanken, der sich ablegen läßt wie ein getragenes Kleid. Nicht nur »irgendwelche« mehr oder weniger mächtige Ideen, sondern Formen des Denkens und Handelns sind dieser Trennung entsprechend ausgerichtet und strukturiert.

Wissenschaftliche Grundannahmen sind an die cartesianische Idee gebunden. So ist das Konzept der Schichtung von der physikalischen Ebene bis hin zur Programmebene für die Informatik ebenso konstitutiv (vgl. Heintze 1993, S. 241), wie der Streit um die Verbindung von psychischen und stofflichen Prozessen für die Psychologie charakteristisch ist. Und nicht nur wissenschaftliche Grundformen wurzeln in der klassischen Trennung, sondern allgemeine Verhältnisse, Formen der individuellen und sozialen Existenz wie das Verhältnis von öffentlichem und privatem Leben, von Arbeit, Beruf und Familie, von Erwachsenen- und Kinderwelt, von Wissenschaft und Industrie. In unterschiedlicher Weise variieren, reflektieren und stützen sie jeweils die Trennung.

Die These von der Softwareentwicklung als bloß formaler Tätigkeit hat also viele und starke Anker, die sich durch die Behauptung einer anderen These nicht außer Kraft setzen lassen, die aber möglicherweise auch gar nicht außer Kraft gesetzt, sondern nur relativiert werden müssen.

Die Relativität der Trennung – Prämisse der Entwicklung

Die »andere« Vorstellung, die Idee der Einheit von Körper und Geist, ist, für sich genommen, auch nicht neu. Als Konzept der romantischen Liebe, als Erinnerung an die eigene Kindheit, als Mythos von den Anfängen der Menschheit, geistert sie durch Erzählungen, gelegentlich belebt durch Bewegungen, die vorübergehend die normalen Gleise verlassen und sich implizit oder explizit gegen die Herrschaft der Abstraktion, gegen die Dominanz der technischen und sozialen Strukturen richten. Auf eine solche Be-

wegung zu hoffen, ist keine sehr befriedigende Perspektive, zumal sie als Idee vom Ursprung, der immer schon hinter uns liegt und nie wieder erreicht werden kann, vollständig ins alte Bild passt.
Anstatt also die klassische Trennung durch den Mythos der Einheit zu *ersetzen*, wird hier das Projekt der *gleichzeitigen Geltung* von beiden logisch sich ausschließenden Perspektiven verfolgt. Bei der Entwicklung und beim Gebrauch von Softwareprogrammen wird, das ist hier die Behauptung, die Trennung von Körper und Geist aufgehoben, nicht in dem Sinne, daß sie verschwindet, sondern in dem Sinne, daß beide Potentiale mit- und gegeneinander wirksam werden und die Trennung in ihrer alten Gestalt verschwindet und in einer neuen wiederaufersteht. Bei der Arbeit am Rechner sind also Körper und Geist gefordert.
Was durch die Einführung der neuen Technologien verkümmert, ist, so gesehen, nicht Sinnlichkeit, Körperlichkeit und Sozialität des Menschen, sondern unser bisheriges Bild vom Menschen. Dabei verliert das alte Bild nicht seine Gültigkeit, aber es verliert seine Stellung als einziges Bild. Daneben treten andere Bilder und andere Optionen. Die Geltung der alten These ist eine Bedingung der hier formulierten These.
Das Konzept des technologischen Determinismus erfaßt soziale Prozesse in ihrer Abhängigkeit vom technologischen Entwicklungsstand. Es kommt jedoch an seine Grenze, wenn es um die Entwicklung der Technologie geht. Entwicklung läßt sich aus dieser Perspektive nur konstatieren, nur deskriptiv als Folge von Meßzeitpunkten bzw. Systemzuständen abbilden. Wie ein Zustand aus dem anderen hervorgeht, bleibt offen. Die Frage der technologischen Entwicklung und im engeren Sinne die Frage der Entwicklung von Logik und Mathematik läßt sich im Rahmen der Trennungsprämisse nicht beantworten.
In der Mathematik wurde die Auseinandersetzung um diese Fragen in den ersten Jahrzehnten dieses Jahrhunderts geführt. Die Position der Autonomie mathematischer Strukturen gegenüber dem subjektiven, nicht-mathematischen Kontext einer gegebenen Struktur wurde durch das Programm des Formalismus von Hilbert vertreten. Die Gegenposition der subjektiven Verankerung von mathematischen Strukturen im Leben wurde mit dem Intuitionismus von Brouwer vertreten. Dieser Streit wurde theoretisch nie entschieden, praktisch hat sich der Formalismus durchgesetzt. Aber in den dreißiger Jahren wurde von Gödel (1931) der Beweis

geführt, daß das Programm des Formalismus bei der Erklärung des Übergangs von einem gegebenen mathematischen System zu einem mächtigeren mathematischen System scheitern muß.
Daß das Problem der Entwicklung von logischen und mathematischen Strukturen damit erst gestellt ist, ist klar. Es kommt mir hier nur darauf an zu zeigen, daß die Reduktion der Tätigkeit von Softwareentwicklern und Mathematikern auf einen kontextfreien, formalen Akt in der Mathematik selbst umstritten ist und daß Logik und Mathematik als Inkarnation der Autonomie des Geistes gegenüber dem Körper berührbar sind.
Nun ist mit der Idee der Relativität der Trennung noch nicht viel gewonnen, nur soviel, daß zwei sich logisch widersprechende Konzepte, das Konzept der Trennung und das Konzept der Einheit von Körper und Geist, gleichzeitig gelten sollen.

Vom Doppelcharakter der Software und der Softwareentwicklung

Software und Softwareentwicklung haben einen Doppelcharakter. Dieser ist zum einen durch die Ebene der formalen Struktur und zum anderen durch die Ebene der Bedeutung gekennzeichnet.
Die Ebene der *formalen Struktur* oder der *Form* umfaßt die Denk- und Handlungsstrukturen der Entwickler, die Organisationsstrukturen der Arbeit sowie die in den Mitteln und Produkten der Arbeit implementierten Strukturen, wie etwa die Syntax der jeweiligen Programmiersprache.
Die Ebene der *Bedeutung* oder des *Inhalts* umfaßt den Entstehungs- bzw. Anwendungszusammenhang des Programms, den Kontext. Der Kontext ist durch eine unendliche Vielfalt von Dimensionen und Bedingungen gekennzeichnet, von der technischen bis zur sozialen, von der physischen bis zur psychischen Dimension.
Die Tätigkeit der Entwickler ist zum einen eine Bewegung zwischen beiden Ebenen. Sie kann als Folge von Transformationen in beiden Richtungen gekennzeichnet werden, als Übergang vom Inhalt zur Form und umgekehrt von der Form zum Inhalt, als Bewegung der Abstraktion und der Konkretion. Während die eine Bewegungsrichtung zur Distanzierung vom Gegenstand der

Tätigkeit führt, führt die andere zur Annäherung, zur Berührung, zum Eindringen in den Gegenstand. Die Tätigkeit der Entwickler ist zum anderen eine Bewegung auf beiden Ebenen. Dabei wird im Übergang zur Form die inhaltliche Seite unterworfen und umgekehrt.

Aus der traditionellen Perspektive besteht die Qualifikation eines Entwicklers allein in der formalen Kompetenz. Die Seite des Inhalts wird bei dieser Sicht der Dinge für gewöhnlich durch Fremde, durch Fachleute abgedeckt. Die Beziehung zwischen den Angehörigen beider Professionen ist dabei entweder keine Frage oder eine Frage der Kommunikation, und mit dieser Metapher wird das darin verborgene Problem in den Alltag verschoben und naturwüchsig, das heißt in der Regel nicht oder schlecht gelöst.

Aus der hier vorgeschlagenen Perpektive sind Sinnlichkeit, Körperlichkeit und Sozialität Momente der Tätigkeit des Entwicklers, die besonders im *Übergang von der Form zum Inhalt* wirksam werden *und in der umgekehrten Bewegungsrichtung* nicht verloren gehen dürfen, es sei denn, dies geschieht auf Kosten der Qualität. Die Schwierigkeit und Kunst besteht nun in einer paradox erscheinenden Bewegung, nämlich darin, beide Bewegungsrichtungen gleichzeitig zu realisieren.

Dies läßt sich empirisch durch ein Zitat verdeutlichen. Es spricht hier ein Mathematiker und Informatiker, der, ohne unsere Arbeiten zu kennen, im Rahmen einer Internetdebatte über den Charakter der Tätigkeit von Mathematikern und Informatikern spontan und ohne besondere theoretische Reflexion in einer Weise Stellung nimmt, die sich wie eine unmittelbare Bestätigung unserer Definition liest.

»In einer formalen ... Disziplin kommt es darauf an, gleichzeitig Nähe und Ferne, unmittelbare Berührung und losgelöste Distanz zu gewinnen und zu ertragen. Dieses widersprüchliche Bild ... soll ausdrücken: Formalismus verlangt, um als Formalismus aufgeschrieben und betrieben werden zu können, große Ferne, die Kühle, ja Eiseskälte des Blickes von ganz oben oder ganz weg, wo allerlei Unterschiede und Besonderheiten verschmelzen und verschwinden und erstarren. Formalismus verlangt aber auch, um einen Inhalt einzufangen (und es gibt den inhaltsleeren Formalismus nicht, wenn er geschaffen wird; erst, wenn er da ist, erscheint er den anderen so leer, jenen, die nur aus der Ferne blicken) – verlangt also vom Inhalt, von dem er herkommt, her gesehen, größte, heiße, ja: erotische, so idiotisch das klingen mag, Berührung. Es gibt keine Neuschöpfung in

einer formalen Sphäre, ohne daß Leidenschaft höchster Art im Spiele wäre. Bei, ja: in, der Sache selbst muß der Mathematiker sein; und gleich muß er sich wieder lösen und in allergrößter Selbstverleugnung alles bedenken, was gegen die eigene Vorstellung, die gesicherte Intuition geht.
Mathematische Beweise, wie wir sie lesen, sind nie die Formen, in denen mathematische Erkenntnis entsteht. Sie entsteht als Akt des Glaubens, des sicheren Gefühles, so wie bei Kleist, wo ringsum die Welt in Flammen aufgeht, und doch ist der Mensch (bei Kleist: die Frau) sich seiner Sache sicher. Wenn der Künstler aber sich damit begnügen muß und darf, daß er das, was er will, schaut, empfindet, plant, als sich selbst genug in Form bringt, muß der Mathematiker alles durchdenken, was dagegen spricht. Das ist die Ferne zur geliebten Sache.
Irgendwie hört sich das vermutlich auch geschmacklos an. Dann tuts mir leid. Es ist trotzdem, glaube ich, so.
Und der Informatiker, der Programmierer? Abgeschwächt, denn ihre Wahrheit, ihre Freiheit, ist ja nur (!) eine experimentelle. Sie stehen, das glaube ich allerdings, zwischen dem Künstler und dem Mathematiker. Was heißt, auch hier gibt es diese ständige Doppelbewegung auf die Sache zu und von der Sache weg. Aber sie ist etwas erträglicher, weil die Gestalt, die es zu schaffen gilt, die Programmgestalt halt, kein mathematisches Theorem ist, auch kein Kunstwerk, von beiden aber etwas hat, sowohl schön sein kann, wie der Behauptung fähig, wahr.«[4]

In der Doppelbewegung, in der Kälte des Blicks und der Hitze der Berührung, in dem erotischen Moment, von dem hier die Rede ist, treten die gesuchten Dimensionen der formalen Tätigkeit in Erscheinung, Körperlichkeit, Sinnlichkeit und Sozialität.
Nun ist mit der bisherigen Definition noch nicht viel geholfen. Es ist alles offen. Die Rede vom doppelten Charakter läßt sich problemlos in der alten Tradition der Trennung von Körper und Geist lesen. Daß beides gleichzeitig wirken soll, kann sein. Die *postmoderne* Idee von gleichermaßen gültigen, verschiedenen Konstruktionen, hier der Beziehung von Körper und Geist, des Spiels mit

4 Frieder Nake, 27. März 1995: Das Zitat fiel in einer Internetdebatte. Wie der Argumentationsduktus zeigt, handelt es sich um keine wissenschaftliche, keine theoretisch begründete Aussage, sondern eine umgangssprachliche Mitteilung, eine »subjektive Theorie«. Als solche entspricht sie in ihrem Status den Aussagen unserer Interviewpartner, mit einem Unterschied: die Äußerung fiel als Beitrag in einer Debatte über Mathematik und Intuition, die dadurch entstand, daß einige Netzteilnehmer, vor allem Nichtmathematiker, mit Skepsis die Behauptung zur Kenntnis nahmen, daß auch die mathematische Tätigkeit sinnliche Dimensionen habe.

verschiedenen Möglichkeiten und Paradoxien, eröffnet in der Tat mehr Bewegungsfreiheit und Flexibilität und reflektiert damit ein Kennzeichen »virtueller« Wirklichkeiten. Jedoch bleibt auch die postmoderne Option noch im gegebenen Rahmen. Die Macht des Geistes über den Körper wird ausgespielt bis an die nicht mehr zu ignorierenden physischen Grenzen. Und die Trennung wird nach wie vor vorausgesetzt. Die entscheidende Frage ist, ob und wie beide Potentiale *zusammenwirken*, ob und wie sie sich *miteinander* verbinden, *ineinander* übergehen und sich erneut wieder voneinander trennen können. Die Beziehung der beiden Seiten zueinander ist ein konfliktträchtiges und unerschöpfliches Feld (vgl. Grüter 1990, 1993, Damerow 1993, Koch & Schiefenhövel 1987, Valsiner 1996, Wertheimer 1925), wie auch ein Blick auf die unterschiedlichen Studien zur Rolle der »*Erfahrung*« im Arbeitshandeln (Böhle & Milkau 1988, Böhle & Rose 1993, Schulze & Carus 1995, Waibel & Wehner 1994) zeigt.

Körperlichkeit, Sinnlichkeit und Sozialität in der Arbeit der Entwickler

Die *andere* Seite des formalen Denkens hat ihre Quelle in der Reproduktion. Sie ist zyklisch angelegt wie die Tätigkeit von Bauern[5] und nicht hierarchisch–sequentiell wie die Tätigkeit von Industriearbeitern. Körperlichkeit, Sinnlichkeit und Sozialität sind dabei nicht aufeinander reduzierbare Momente dieser Seite der Tätigkeit. Der Einfachheit halber sei hier der Anfang mit dem zuletzt genannten Moment, mit der Sozialität gemacht, bevor vom Körper die Rede ist.

5 Agrarisch organisierte Kulturen sind dementsprechend oft Quelle von Erzählungen über Formen des Denkens und Handelns, die von den bei uns vorherrschenden Formen abweichen.

Sozialität

Der soziale Charakter von Softwareentwicklung scheint, entgegen dem vorher Gesagten, allgemein anerkannt zu sein. Softwareentwicklung findet vor allem in Form von Gruppenarbeit statt und unterscheidet sich gerade darin von Mathematik, die den meisten als hochgradig individuelle Angelegenheit gilt. Und auch die Beziehung von Entwicklern und Anwendern ist offenkundig ein soziales Phänomen.

Gleichwohl dominieren bis heute technische Konzepte und Methoden der Entwicklung sowie Formen der Organisation und des Managements, die ihre Wurzeln in der traditionellen Industrieproduktion und dem dort herrschenden Prinzip der Austauschbarkeit und unbegrenzten Kombinierbarkeit von Arbeitskraft haben. Die damit verbundene Idee der Gruppe als einer Kombination austauschbarer Elemente und des Individuums als austauschbarem Funktionsträger reduziert das Soziale auf den formalen Aspekt. Die inhaltliche Seite des sozialen Zusammenhangs bleibt unberücksichtigt.

Natürlich ist man nach der Debatte der achtziger Jahre um »lean production«, »corporate identity« und »Unternehmenskultur« auch auf spezifisch soziale Elemente aufmerksam geworden. Man weiß um die Notwendigkeit informeller Kommunikation, kennt gruppendynamische Prozesse und Techniken und kann weiche und harte, kooperative und autoritative Führungsstile unterscheiden.

So verstanden steht das Soziale jedoch den eigentlichen technischen und ökonomischen Prozessen immer noch unverbunden und fremd gegenüber. Seine Funktion beschränkt sich auf die Ausgestaltung und Abfederung der Wirkungen des technischen Prozesses und auf die Diskussion und Entscheidung technisch vorgegebener Möglichkeiten (vgl. Brodbeck & Frese 1994).

Die weitergehende Bedeutung des Sozialen für die technische Entwicklung läßt sich an Phänomenen wie »gemeinsamer Programmierstil« und »soziale Repräsentanz von Softwaresystemen« verdeutlichen[6].

6 Zu Beginn der achtziger Jahre hat Brooks (1982) auf diese Zusammenhänge aufmerksam gemacht. Nicht zufällig avancierte sein Buch über den »Mythical Man-Month« zu einem Kultbuch in Entwicklerkreisen.

Im Programmierstil einer Gruppe verdichtet sich *implizites Wissen* um Bedeutungszusammenhänge der eigenen Arbeit. Dieses Wissen ist Basis für die Bildung und das Verstehen von Zeichen. Als Beispiel mag die folgende Episode aus der Arbeit einer Softwareentwicklerin gelten. Die Entwicklerin muß eine Veränderung an einem einzelnen Programm vornehmen, das in ein riesiges Softwarepaket integriert ist. Sie weiß zwar, was sie tun muß, hat das Programm auch schon einmal angesehen, hat aber vergessen, welches Programm es genau war, so daß sie es nicht lokalisieren kann. Der schließlich erfolgreiche, knapp neunminütige Suchprozeß wurde von uns mit der Methode des Lauten Denkens erfaßt und untersucht (Grüter 1996). Die Suche verläuft grob in zwei Etappen. Sie verfolgt zunächst mehrere Hypothesen auf der Basis einer ganz bestimmten Vorstellung von der Stellung des Programms im Systemzusammenhang. Sie scheitert mit ihren Hypothesen, gerät in eine Irritation und geht dann zu einem primitiveren und aufwendigeren Suchverfahren über. In diesem Übergang, in der Mischung von Irritation, Reflexion des Scheiterns, Reproduktion der alten Vorstellung unter den störenden Bedingungen und Modifikation der Suchrichtung, fällt ihr der Name des gesuchten Programms wieder ein.

800 Ach nein, jetzt weiß ich's, jetzt fällt's mir ja wieder ein, ich
801 hab mich damals einfach auf meine Kenntnis ehm Ich hab mir die AP–
802 Programme angeguckt und hab ehm vermutet, weil ich den kenne, der
803 das damals gemacht hat, daß es AP–KLON is. (...)

Der Einfall geht auf ihr Wissen um den Kontext der Entwicklung zurück. Sie kennt den Entwickler des Programms und seine Spracheigenarten. Ihre Orientierung im System ist an ihre Verankerung im Kontext der Entwicklung und Anwendung des Programms gebunden. Ihre sozialen Beziehungen sind ein inneres Moment ihrer Tätigkeit als Entwicklerin.

Zwar hat man mit diesem Wissen keine »Silberkugel«, kein Allheilmittel, für die Gestaltung von Produktionsprozessen in der Hand, aber ein Gespür dafür, daß es darauf ankommt, das jeweilige situationsspezifische Zusammenwirken der verschiedenen Größen und Faktoren zu berücksichtigen (vgl. »No silver bullet«, Brooks 1987, Curtis u. a. 1987, von Weltz & Ortmann 1992, Sonnentag 1994).

Die *Bildung und das Verstehen von Zeichen* wurzeln im gemeinsamen Programmierstil. Entwickler, die als Fremde in eine Gruppe kommen und deren Stil nicht kennen, verstehen nur mühsam, worum es in den gemeinsamen Sitzungen geht. Sie haben Schwierigkeiten, den Quellcode zu lesen und ihren dazu passenden eigenen Teil zu fertigen.

Die Fremden erlangen das Wissen und die Fähigkeit nicht durch Lektüre oder Belehrung, da der Stil nicht in expliziter, sprachlicher Form existiert. Im gemeinsamen Handeln erschließt sich die Bedeutung und bildet sich das Verständnis.

Im Programmierstil kommen externe und interne Bezüge der Zeichen zusammen. Das beginnt mit der auf den Markt bezogenen *Sprachpolitik* des Unternehmens. Wie ein Modul bezeichnet wird, ist nicht nur eine Frage der Produzenten, sondern auch eine Frage der Konkurrenz. So kann es dazu kommen, daß der eingeführte und für die laufende Arbeit sinnvolle Name eines Produktes im Prozeß vom Management mit Blick auf den Markt verändert wird und daß dieser Vorgang von den Entwicklern, die die praktischen Konsequenzen der Maßnahme beurteilen können, mit guten, unter anderem ökonomischen Argumenten in Frage gestellt wird, was wiederum eine neue Managementrunde anzustoßen vermag.

Das geht weiter mit der *Namensgebung*, bei der Benennung von Konstanten, Funktionen, Objekten und anderen Programmeinheiten. Die Namensgebung gehört zum Alltag der Entwickler. Der Name soll nachfolgenden Entwicklern Orientierung geben, er soll die Bedeutung des so bezeichneten Objekts ausdrücken, er soll seine Stellung zum System als Ganzes und zu anderen Elementen ausdrücken usw. Die Art und Weise, in der die Gruppe das jeweilige System für sich strukturiert, liefert dabei den gemeinsamen Bezugsrahmen. Die Art und Weise, in der wiederum der einzelne diesen Rahmen für sich realisiert, entscheidet letztlich über die jeweilige Namensgebung.

Das endet bei der individuellen Gestaltung von Namen und Layoutstrukturen. Sämtliche Entwickler berichten von der *Individualität* der Zeichen. Sie dienen als Markierungen, als Hinweise für den Entwickler selbst und für andere. Sie können neben ihrer sachlichen und sozialen Orientierungsfunktion, die sie immer erfüllen, eine ganze Reihe anderer individueller und sozialer Funktionen erfüllen, sie können Macht, Witz, Ironie demonstrieren, sie können Reviere markieren. Sie sind Ausdruck des Geschmacks.

Sie unterliegen Modeströmungen. Diese Funktion erfüllen sie jedoch vor allem in der jeweiligen Zeichen- und Sprachgemeinschaft.

Ein weiteres soziales Phänomen der Softwareentwicklung ist die *»soziale Repräsentanz von Softwaresystemen«*. Während der Implementation existiert das Softwaresystem als Ganzes nur in der Zusammenarbeit der Entwickler. Der Raum für die Arbeit des einzelnen ist durch das Implementationsschema vorgegeben. Nun können sich aus dem Arbeitsprozeß Veränderungen ergeben, die die bisherigen Vorgaben tangieren und Konsequenzen für alle Beteiligten haben. Solche unvorhersehbaren Probleme müssen in der Gruppe gelöst werden. Der Entwickler präsentiert sein Problem, das im Rahmen seiner Teilarbeit nicht oder nur aufwendig gelöst werden kann. Der Widerspruch zu dem vorgegebenen Implementationsschema wird deutlich, und in der Gruppendiskussion kommt ein Prozeß in Gang. Während ein Gruppenmitglied die Perspektive des alten Schemas vorgibt, artikuliert ein anderes Veränderungsnotwendigkeiten, der dritte und der vierte regen Lösungen vor dem Hintergrund ihres jeweiligen Wissensbereichs an, und es entstehen in der Auseinandersetzung neue Lösungen und unter Umständen gar ein neuer Lösungsraum. Solche *sozialen Formen der Begriffsbildung* finden sich auch in der Mathematik, etwa wenn ein Beweis den Kollegen vorgetragen wird. In der Beweisführung müssen alte Denkräume erweitert werden. Dies ist ein individuelles Problem, aber immer auch ein soziales Problem. Und natürlich gehen solche Prozesse nicht ohne Konflikte ab. Denn Veränderungen des Zusammenhangs der gemeinsamen Arbeit können mitunter lästige Folgen haben bis dahin, daß sie die bisherige Arbeit eines einzelnen entwerten.

Die »soziale Repräsentanz« tritt nicht nur in den Gruppensitzungen in Erscheinung. Sie kann sich auch beim Lesen eines Quellcodes zeigen. So sehen einige Entwickler in den Programmeinheiten lebendige Gestalten, die auf Mitarbeiter verweisen und die ihre Beziehungen zu diesen Kollegen verkörpern. Das heißt, daß sie ihrerseits mit ihrer Programmiertätigkeit sozial wirksam werden, Konflikte austragen, Bündnisse schließen, gemeinsame Entwicklungsmöglichkeiten behindern oder eröffnen.

Die sinnliche Seite der Softwareentwicklung ist für Beobachter weniger offensichtlich als die soziale Seite. Natürlich sind *alle Sinne* im sozialen Prozeß der Softwareentwicklung, in der Kommunikation der Entwickler untereinander, präsent.
Am Rechner scheint jedoch nur noch das *Auge* gefordert zu sein. Einige Entwickler nutzen das *Ohr*. So konnte man vor einiger Zeit auf einem Vorgänger des heutigen Computers, der Z22 von Zuse, den Programmlauf buchstäblich anhören, was zum Testen genutzt wurde[7]. Diese Form der Prüfung ist allerdings heute vorbei. Wer jedoch seinen eigenen Rechner kennt und erstmals mit dem gleichen Gerät beim Kollegen konfrontiert wird, ist überrascht vom individuellen Klang der Maschine. Und wer den eigenen Rechner morgens hochfahren läßt, der hört auch, wenn etwas nicht stimmt und die Festplatte ins Rödeln gerät. Damit scheint jedoch die Rede von den Sinnen des Rechners, hier des Entwicklers, schon am Ende zu sein.
Wenn man aber berücksichtigt, daß der Quellcode eines Systems von Entwicklern in Form von Gestalten wahrgenommen wird, dann erweitert sich die sinnliche Dimension unmittelbar. In der *ästhetischen Gestalt* eines Programms gehen objektive Kriterien und subjektives Empfinden eine unauflösliche Verbindung ein.
Das Programm hat für den Entwickler eine *doppelte Bedeutung*. Zum einen existert es als System mit einer *objektiven*, auch für andere geltenden Bedeutung, und zum anderen als ein subjektives, in die eigene Biographie verwobenes Mittel mit einer nur für den Produzenten, für sein Verhältnis zu sich selbst und zu anderen geltenden *subjektiven* Bedeutung.
In der Gestaltung eines Programms realisiert der einzelne Entwickler seine eigene, persönliche Art des Programmierens, seine individuellen Kräfte, denen er im Programm eine Form verleiht, die ihm entspricht, seinen Geschmack, seine Ambitionen, seine Vorstellungen dessen, was gut und was schlecht ist. Das gelingt dem einen mehr und dem anderen weniger, aber es gilt in irgendeiner Weise für jeden Entwickler. Sämtliche Entwickler berichten von individuellen Formen der Namensgebung, der Layout-Gestaltung, der Strukturierung eines Programms und zwar gerade

7 Hinweis von Frieder Nake.

auch dort, wo Maßnahmen der Standardisierung zunehmen. Die individuelle Markierung ist offensichtlich eine Bedingung dafür, daß die soziale Repräsentanz von Softwaresystemen funktioniert.

Und in dem Maße, in dem die Spannung von objektiver und subjektiver Bedeutung eines Programms eine Bewegungsform im Prozeß erhält, kommt es zum »Flow«, zum Empfinden, daß die Arbeit gut läuft, zur Lust, zum Gefühl, daß die Energie in der Arbeit nicht nur verausgabt wird, sondern zurückkommt. In der ästhetischen Gestalt eines Programms verbinden sich Genuß und Qualität der Arbeit für die Produzenten wie für die Rezipienten, also für die Kollegen, die mit dem jeweiligen Programm weiterarbeiten. Ein mächtiges und gleichwohl transparentes, klares, einfaches Programm ist verständlich für andere und läßt sich leicht pflegen und weiterentwickeln.

Von daher wird umgekehrt verständlich, daß erfahrene Entwickler schon bei einem flüchtigen Blick auf einen Quellcode ein sehr deutliches Empfinden haben, wenn etwas nicht stimmt, ohne schon genau wissen zu müssen, was es ist, das da nicht stimmt.

Die ästhetische Gestalt eines Programms ist ein Phänomen, das *gleichzeitig verschiedene Sinne* anspricht. Der Bedeutungskomplex, den der einzelne in einer Programmgestalt verdichtet, kann Gerüche, Geräusche, Gespüre beinhalten, die in der Imagination für den einzelnen wirksam sind und von ihm auch wirklich so wahrgenommen werden.

Körperlichkeit

Am Rechner zeigen sich natürlich alle Empfindungen, wie Anstrengung, Erschöpfung, Schmerz, Angst, Lust, Freude an der Arbeit, auch auf der körperlichen Ebene. Aber das ist kaum gemeint, wenn vom Körper die Rede ist. Und nichts scheint offensichtlicher zu sein als das Verschwinden des Körpers am Rechner. Er wird auf *Hand, Auge und Kopf* reduziert. Dies sehen nicht nur Kritiker der Informationsgesellschaft so, sondern auch Entwickler selbst, wie Schachtner in ihrem Buch »Geistmaschine« (1993) an Skizzen zeigen kann, die Entwickler anfertigten, um sich selbst darzustellen. Der Körper verschwindet und mit ihm seine Bewegung. In dem Maße, in dem die Geschwindigkeit der Datenströme

am Netz zunimmt, reduziert sich die Bewegung des Körpers am Rechner. Im Rechner erfahren wir eine ungeheure Beschleunigung, und vor dem Rechner sind wir stillgestellt[8]. So ist die Lage des Körpers wie die der Sinnlichkeit. Er existiert am Rechner, aber er existiert als Grundlage und Bedingung der Imagination. Auf dieser Ebene verfügt jedes Individuum – dem Programmierstil einer Gruppe entsprechend – über seine Handschrift, seine eigene Art und Weise der *»körperlichen« Bewegung*. Und wie dem gemeinsamen ein individueller Stil korrespondiert, so ist das System, das vor seiner Fertigstellung in der Gruppe sozial repräsentiert ist, auf der Seite des Individuums *»körperlich« verankert*. Hiermit sind auch verschiedene Formen der Orientierung in einem Softwaresystem verbunden. Während die einen Handbücher lesen, nutzen die anderen im System gegebene Gestaltaspekte als Orientierungshilfen und bewegen sich von einem Aspekt zum anderen, ohne den Weg im vorhinein zu wissen. In der imaginierten, körperlichen Begegnung mit diesen Systemaspekten entsteht, reproduziert und verändert sich das Wissen über den Systemzusammenhang. Entwickler verfügen über beide Formen, aber sie unterscheiden sich doch auch durch das Verhältnis der beiden Formen zueinander. So haben wir in unserer Untersuchung Entwickler gefunden, die solchen vorwiegend körperlichen Zugang zum System haben. Öffentlich treten sie nicht oder schweigend in Erscheinung. Ihre Sprache ist handlungsgebunden. Am Rechner bewegen sie sich mit einer ungeheueren Leichtigkeit und Geschwindigkeit durch das System. Mit der »körperlichen Repräsentanz eines Softwaresystems« eröffnet sich nun ein Zugang zur *anderen* Seite des formale Denkens, der unterhalb der Imagination angesiedelt ist. Der Körper des Entwicklers ist nicht nur auf der Ebene der Imagination formbildend wirksam, sondern auch auf der physischen Ebene der individuellen Existenz.
Dort, wo die Anforderungen der Programmentwicklung das zur Zeit gegebene Vorstellungsvermögen des einzelnen übersteigen, verlagert sich der »Ort des Dramas«. Fast alle Entwickler kennen das Phänomen, daß die verzweifelt gesuchte Lösung auf einmal ganz leicht kommt, im Schlaf oder Halbschlaf, unter der Dusche, im Bus auf der Heimfahrt, beim Kochen oder beim Spielen mit den Kindern, im Gespräch mit dem Mann, das über ganz andere

8 Hinweis von Matthias Stieler.

Dinge geht, plötzlich ist die Lösung da. Für viele stellt sich diese Erfahrung als ein Resultat des »Loslassens« dar. Die intensive, strenge, zugespitzte Suche nach einer Lösung scheitert, aber »hinter unserem Rücken«, »unterhalb der Ebene unserer Pläne« stellt sich die Lösung ein in der Situation der *Entspannung*.
Neben dieser leichten Lösungsfindung kann es auch zu einer härteren, existentiellen, *körperlichen Form der Begriffsbildung* kommen. Wenn die Problemstellung am Rechner als existentielle Herausforderung erfahren und nicht bewältigt wird, dann kann sich die Anforderungskonstellation am Rechner auf subjektiv relevante Bedingungen des individuellen Lebenszusammenhangs verschieben und die Rechnerlösung kann in einer körperlichen Bewegung des Entwicklers entstehen, die mit dem Entwickler alles, mit dem Rechner gar nichts zu tun hat. Eine solche Form der Begriffsbildung läßt sich auch bei Mathematikern finden, wie Norbert Wiener in seiner Autobiographie berichtet.
In einer Situation, die beruflich angespannt und bedrohlich ist und privat durch die Begegnung mit einer Frau neue Perspektiven eröffnet, wird Wiener krank.

»Während der Lungenentzündung nahm mein Fieberwahn die Form einer merkwürdigen Mischung von Bedrücktheit und Besorgnis wegen meines Streites mit den Harvard-Mathematikern an, und ich empfand Unruhe über den logischen Rang meiner mathematischen Arbeit. Ich vermochte unmöglich zwischen meinen *Schmerzen und meiner Atemnot, dem Flattern der Gardine am Fenster* und bestimmten, bisher noch ungelösten *Teilen des Potentialproblems* zu unterscheiden, an dem ich arbeitete.
Ich kann nicht einfach sagen, daß der *Schmerz* sich als eine *mathematische Spannung* offenbarte oder daß die mathematische Spannung sich als Schmerz symbolisierte, denn beide waren zu eng miteinander verbunden, um eine solche Unterscheidung bedeutsam zu machen.
Als ich jedoch später über diese Dinge nachdachte, wurde mir die Möglichkeit bewußt, *daß beinahe jedes Erlebnis als zeitweiliges Symbol für eine mathematische Situation dienen kann, die noch nicht geordnet und geklärt ist.* (...).
Wenn es überhaupt eine Eigenschaft geben sollte, die einen fähigen Mathematiker besonders auszeichnet, dann ist es, glaube ich, das *Vermögen, mit zeitweiligen Gefühlssymbolen zu arbeiten und aus ihnen eine begrenzt in der Erinnerung haftende Sprache herauszukristallisieren. Wenn man dazu nicht fähig ist, wird man wahrscheinlich entdecken, daß die eigenen Ideen sich verflüchtigen, einfach infolge der Schwierigkeit, sie in einer bisher ungestalteten Form festzuhalten.*« (Wiener 1965, S. 73 f.)

So wie sich für den einzelnen eine Verbindung herstellt von der abstraktesten Form bis zur physischen Berührung, kann es zu einer Entwicklung kommen, die beide Ebenen umfaßt und neue Möglichkeiten eröffnet (vgl. Grüter 1993, S. 34-53).

Gedanken-Körper

Es geht darum, die Trennung von Körper und Geist um die Idee der Einheit zu erweitern. Es kommt darauf an, beide sich logisch widersprechenden Optionen des Denkens und Handelns zu erhalten und mit- und gegeneinander wirksam werden zu lassen. Der »Sinn« des Rechners ist die Erhaltung *und* die Ablösung, ist die *Bewegung* der alten Strukturen.

Literatur

Blank, J. (1995). *Die Stadtmetapher im Datennetz.* (unveröff. MS)

Böhle, F. & B. Milkau (1988). *Vom Handrad zum Bildschirm – Eine Untersuchung zur sinnlichen Erfahrung im Arbeitsprozeß.* Frankfurt am Main; New York: Campus

Böhle, F. & H. Rose (1990). *Technik & Erfahrung.* Frankfurt/New York

Brodbeck, F. C. & M. Frese (1994). *Produktvität und Qualität in Softwareprojekten. Psychologische Analyse und Optimierung von Arbeitsprozessen in der Softwareentwicklung.* München: Oldenburg

Brooks, R. (1987). »No silver bullet«. *IEEE Computer,* 20, 10-19

Brooks, Jr., F. (1982). *The Mythical Man-Month. Essays on Software Engineering.* Reading, Ma. Auf deutsch: Vom Mythos des Mann-Monats. Bonn, 1987

Carus, U. & H. Schulze (1995). »Technikbedarf aus der Perspektive erfahrungsgeleiteter Arbeit in der industriellen Produktion«, in: H. Rose (Hg.). *Nutzerorientierung im Innovationsmanagement.* Frankfurt/New York, S. 123-149

Curtis, B., Soloway, E. M., Brooks, R. E., Black, J. B., Ehrlich, K. & H. R. Ramsey (1987). »Software Psychology: The Need for an Interdisciplinary Program«, in: R. M. Baecker & W. A. S. Buxton (Eds.). *Readings in Human-Computer Interaction: A multidisziplinary Approach.* San Mateo: Morgan Kaufmann Publishers, pp. 150-164

Damerow; P. (1993). »Zum Verhältnis von Ontogenese und Historiogenese des Zahlbegriffs«, in: W. Edelstein & S. Hoppe-Graf (Hg.). *Die*

Konstruktion kognitiver Strukturen. Perspektiven einer konstruktivistischen Entwicklungspsychologie. Bern: Huber, S. 195-259

Fodor, J. (1980). »Fixation of Belief and Concept Acquisition«, in: Piattelli-Palmarini, M, *Language and Learning. The Debate between Jean Piaget and Noam Chomsky*. London and Henley: Routledge & Kegan Paul

Gödel, K. (1931). »Über formal unentscheidbare Sätze der Principia Mathematica und verwandter Systeme I«, in: *Collected Works*, Vol. 1, New York – Oxford 1986, S. 144-195

Grüter, B. (1990). *Widerspruch. Individuelle Entwicklung als Systemerneuerung*. Heidelberg: Asanger Verlag

Grüter, B. (1993). *Begriffsbildung und Softwareentwicklung. Konzepte und Modelle zur Untersuchung der Begriffsbildung von Männern und Frauen in der Softwareproduktion*. Berlin: Berichte aus dem Bereich »Arbeit und Entwicklung« am Psychologischen Institut der Freien Universität Berlin Nr. 3

Grüter, B. (erscheint 1996). »Genetische Erklärung eines Prozesses der »Zeichenbildung«, in: K. U. Ettrich (Hg.), *Bericht über die 12. Tagung Entwicklungspsychologie in Leipzig vom 25. bis 29. September 1995*

Heintz, B. (1993). *Die Herrschaft der Regel. Zur Grundlagengeschichte des Computers*. Frankfurt am Main: Campus

Koch, G. & W. Schiefenhövel (1987). *Eipo (West-Neuguinea, Zentrales Hochland), Neubau des Sakralen Männerhauses in Munggona*, Publikationen zu wissenschaftlichen Filmen, Sonderserie 7, Nr. 9. Göttingen: Institut für wissenschaftlichen Film

Marx, L. & M. R. Smith, Ed. (1994). *Does technology drive history*? Cambridge, MA, MIT Press

Milszus, W. (1995). *Eine Rose ist keine Rose ist eine Rose. Das Konzept des Virtuellen und Perspektiven der Arbeit*. (unveröff. MS)

Piaget, J. & A. Szeminska (1941). *Die Entwicklung des Zahlbegriffs beim Kinde. Gesammelte Werke*, Bd. 3, 1975. Stuttgart: Klett

Schachtner, Ch. (1993). *Geistmaschine*. Frankfurt: Suhrkamp

Schachtner, Ch. (1995). »Im Gespräch: Hubert L. Dreyfus«. *Journal für Psychologie*, Jg. 3, Heft 2, 66

Sonnentag, S. (1994). »Very good software professionals: Experience, work activities and perceptions by peers«. *Behaviour & Information Technology*

Valsiner, J. (erscheint 1996). *The Guided Mind: A Sociogenetic Approach to Personality*. Cambridge, Ma: Harvard University Press

Waibel, M. & T. Wehner (1994). *Über den Dialog zwischen Wissen und Erfahrung in der betrieblichen Lebenswelt. Teil 1. Kognitive Umstrukturierung der planerischen Vorgaben zur Bewältigung des Fertigungsalltags*. Hamburg: Harburger Beiträge zur Psychologie und Soziologie der Arbeit

Weltz, F. & R. G. Ortmann (1992). *Das Softwareprojekt. Projektmanagement in der Praxis.* Frankfurt am Main, New York: Campus
Wertheimer, M. (1925). »Über das Denken der Naturvölker, Zahlen und Zahlgebilde«, in: M. Wertheimer, *Drei Abhandlungen zur Gestalttheorie*. Erlangen: Palm & Enke, S. 106-163

Christina Schachtner
Per Maus in die Erwachsenenwelt
Sozialisation am Computer

Nicht die neuen Spinnmaschinen bildeten die Sensation des späten achtzehnten Jahrhunderts, sondern die Androiden, Automaten in menschlicher Gestalt, die sich bewegten, Instrumente spielten, mit menschlicher Stimme redeten oder schrieben und zeichneten.
Siegfried Giedion

Bis zu 27 Stunden wöchentlich

Heranwachsende sehen sich heutzutage von klein auf einem Medienensemble gegenüber (vgl. Hengst 1991, 30). Neben dem Fernsehen, dem Radio, Video, Telefon und elektronischen Kleinstinstrumenten ist in den letzten Jahren der Homecomputer zu einem selbstverständlichen Bestandteil jugendlicher und oft schon kindlicher Lebenswelt geworden, was folgende Zahlen verdeutlichen. Informatik wird an bayerischen Hauptschulen als Wahlfach angeboten und von 75% der Schüler gewählt (Auskunft der Zentralstelle für Computer im Unterricht/Augsburg); an den restlichen Schulen ist Informatik Pflicht- oder Wahlpflichtfach. Nach einer Untersuchung des Gallup-Instituts, die sich auf österreichische Jugendliche bezieht, haben rund 65% der Jugendlichen in Österreich zu Hause Zugang zu einem Computer, etwa 39% der 10-19jährigen besitzen ein eigenes Gerät (vgl. Schartner 1993, 58). Laut einer in der BRD durchgeführten Studie sind männliche deutsche Jugendliche mit neuen Medien deutlich besser ausgestattet als weibliche und in der BRD lebende ausländische Jugendliche (vgl. Swoboda 1988, 57). Die geschlechtsspezifischen Unterschiede in bezug auf den Besitz eines Computergeräts werden durch eine in Hessen durchgeführte Untersuchung bestätigt, wonach Anfang der 90er Jahre fast 60% der Jungen, aber nur ein gutes Viertel der Mädchen zu Hause über einen Computer verfügten, an dem sie programmieren und spielen konnten (vgl. Faulstich-Wieland 1992, 146). Jugendliche nutzen den Computer zumeist unregelmäßig (vgl. Leu 1988, 81). In einer eigenen Studie gaben die befragten Jugendlichen an, sie würden bis zu vier Stunden täglich und bis zu 27 Stunden wöchentlich am Computer sitzen. Das sind Zeiten, die an Arbeitszeiten im Erwerbsleben heranreichen.

In diesem Beitrag soll die neue Maschine als Sozialisationsinstanz für Jugendliche thematisiert werden. Dies erfordert, die verschiedenen Möglichkeiten ihres Gebrauchs auf die lebensgeschichtliche Situation zu beziehen, in der sich Heranwachsende befinden und die spezifische Ansprüche an ihre Persönlichkeitsentwicklung stellt. Eine weitere Präzisierung meiner Fragestellung kann nach Explikation dieser Ansprüche erfolgen. Zuvor jedoch soll die theoretische Perspektive vorgestellt werden, die der geplanten Analyse zugrundegelegt wird. Sie folgt einer medienwissenschaftlichen Position, die sich in der neueren medienpädagogischen Diskussion gegenüber der medienzentrierten Wirkungsforschung und der ihr eigenen Determinismusannahme durchzusetzen beginnt (vgl. Aufenanger 1991, 11; Hengst 1991, 25 ff.; Baacke 1989, 102; Charlton/Neumann-Braun 1992, 30 ff.). Neuere medienpädagogische Positionen betrachten weder das Subjekt noch das Medium als unabhängige Variable; vielmehr wird das Verhältnis zwischen Subjekt und Medium interaktiv gedacht. Es wird angenommen, daß Kinder und Jugendliche mit eigenen Fragen, Problemen und Themen in die Auseinandersetzung mit Medien eintreten und in dieser Auseinandersetzung die angebotenen Medieninhalte den eigenen Zielen entsprechend verwandeln (vgl. Hengst 1991, 26; Theunert 1995, 74). Die hier präsentierte Analyse orientiert sich ferner an einem Medienbegriff, demzufolge Medien nicht bloß Instrumente der Vermittlung sind, sondern stets auch Teil des Vermittelten (vgl. Faulstich 1991, 10), anders gesagt: Sie verkörpern als Werkzeuge immer auch gesellschaftliche Erfahrung und historisch gewachsene Denk- und Handlungsformen. Ich komme auf diese Aussage zurück, wenn ich die Symbolhaftigkeit der Computertechnik charakterisiere.

Die von mir allgemein für die Mediennutzung formulierte handlungs- und interaktionstheoretische Perspektive eignet sich in besonderer Weise für die Analyse des Umgangs mit dem Computer,

ist dabei Interaktion doch ausdrücklich gefordert. Das Funktionieren dieser Technik ist nicht denkbar ohne eine Interaktion, bei der der materiellen Maschine eine immaterielle Maschine in Form eines Computerprogramms hinzugefügt wird. Erst dadurch wird die Maschine funktionsfähig. Die Interaktion spielt sich auf einer geistig-sprachlichen Ebene ab (vgl. Ebner 1990, 124). Die Subjekte sind aufgefordert, ihr Denken und ihre Sprache permanent mit der Maschine zu verschränken, ein Vorgang, den Arno Bammé u. a. in der These zusammengefaßt haben: »Die Maschine ist in uns und wir sind in der Maschine« (Bammé u. a. 1983, 47).
Es stellt sich die Frage, in welcher Weise sich das Subjekt in der Interaktion mit der neuen Maschine realisiert, welche Kompetenzen diese Interaktion fordert und fördert, welche menschlichen Qualitäten angesprochen sind und welche nicht und ob Gestaltungsspielraum existiert. Dem gewählten interaktionstheoretischen Ansatz entsprechend, werde ich im folgenden zunächst auf den lebensgeschichtlichen Kontext heutiger Jugendlicher eingehen, in den ihr Umgang mit der neuen Maschine eingebunden ist. Im Anschluß daran sollen die Implikationen skizziert werden, die den Jugendlichen von seiten der Maschine entgegenkommen, um dann anhand empirischer Daten aus einer eigenen Untersuchung festgestellte Formen der Mensch-Maschine-Interaktion zu beschreiben und im Hinblick auf ihre persönlichkeitsbildende Bedeutung zu bewerten.

Soziokultureller Wandel und lebensgeschichtliche Ansprüche als Kontext der Mensch-Maschine-Interaktion

Wesentliche Bestimmungsmomente des Lebenskontextes heutiger Jugendlicher entspringen sowohl der Lebensphase, in der sie sich befinden, als auch dem in unserer Gesellschaft stattfindenden soziokulturellen Wandel. Daneben wirken lebensweltliche Kontextbedingungen wie familiäre Konstellationen und Peer-groups, deren Behandlung jedoch eine eigene Arbeit erfordern würde.

In Anlehnung an Baacke u. a. siedele ich die Adoleszenzphase zwischen dem 14. und 25. Lebensjahr an (vgl. Baacke u. a. 1991, 25). Ich möchte zunächst mit Rückgriff auf die Entwicklungstheorie von Mario Erdheim die Adoleszenz in ihren Ansprüchen skizzieren. Heranwachsende stehen vor der Aufgabe, sich von ihrem kindlichen Ich zu lösen, wozu gehört, aus dem vertrauten Rahmen der Familie heraus- und in die Gesellschaft hineinzuwachsen. Die Verflüssigung der in der Kindheit erworbenen Haltungen und Verhaltensmodi ist Voraussetzung dafür, sich neue, an Gesellschaft orientierte Kulturformen anzueignen. In unserer um Arbeit zentrierten Gesellschaft geht es nach Erdheim vorrangig um den Erwerb von Kompetenzen, die die Anpassung an die Arbeitswelt ermöglichen (vgl. Erdheim 1988, 208). Anpassung soll nicht als Angleichung verstanden werden, sondern als Mitarbeit des Individuums an gesellschaftlicher Veränderung. Das dafür nötige innovative Potential speist sich laut Erdheim aus den für Heranwachsende typischen Größen- und Allmachtsphantasien. Sie drängen dazu, Überliefertes in Zweifel zu ziehen, aufzubegehren, alternative Lebensperspektiven ins Spiel zu bringen.

Um ihre Kontinuität zu verteidigen, versuchen nicht nur mythologische, sondern auch industrialisierte Gesellschaften, die jugendliche Dynamik durch Initiation einzudämmen; in letzteren zum Beispiel in Form von Prüfungen, die Jugendliche fortwährend ablegen müssen und die einüben in gesellschaftliche Normen. Andererseits ist die Gesellschaft auf das kreative Potential jugendlicher Größenphantasien angewiesen; sie sind eine Bedingung dafür, »daß der Mensch Geschichte macht« (a.a.O., 197).

Nach übereinstimmender Meinung in entwicklungstheoretischen Ansätzen ist das Ergebnis einer gelungenen Adoleszenz ein starkes Ich. Dieses zeichnet sich dadurch aus, daß es sowohl die Omnipotenzphantasien integriert als auch die Fähigkeit zur Arbeit sowie die Fähigkeit zur Liebe und deutliche Grenzen zu ziehen vermag zwischen innen und außen (vgl. ebd., 366). Das Ich soll sich am Ende der Adoleszenz als ein fertiges präsentieren. Ähnlich argumentiert der Entwicklungspsychologe Erik Erikson. Ziel der Adoleszenz ist nach Erikson eine Identität, die »alle wichtigen Identifikationen ein(schließt), (...), um aus ihnen ein einzigartiges und einigermaßen zusammenhängendes Ganzes zu machen«

(Erikson 1966, 139). Heranwachsenden wird gerade noch ein »psycho-soziales Moratorium« (a.a.O., 137) zugestanden, ein letzter Aufschub, ehe sie eine »endgültige Identität« (a.a.O., 139) vorweisen müssen.

Suchen und Ausprobieren als Antwort auf die Erosion historisch gewachsener Sinnbezüge

Lebens- und Identitätsentwürfe müssen von heutigen Jugendlichen in einer gesellschaftlichen Situation entwickelt werden, in der traditionelle Lebensorientierungen und leitende Werte an Bedeutung verlieren. Der Modernisierungsprozeß hat, wie die Analyse von Ulrich Beck darlegt, zu einem Individualisierungsschub geführt (vgl. Beck 1986), der auch Jugendlichen nahelegt, sich als ihr eigenes Planungsbüro in bezug auf ihre Biographie, auf anzupeilende Ziele und Lernwege zu verstehen. Es gilt, auf schwankendem Fundament Neues zustande zu bringen.

Erwachsenwerden ist unter den Bedingungen erodierender Basisselbstverständlichkeiten alltäglichen Lebens schwieriger geworden. Es zeigen sich, wie in neueren Jugendstudien in verschiedenen europäischen Ländern (BRD, Italien, Belgien, Niederlande) herausgefunden wurde, auf seiten der Jugendlichen Gefühle der Ohnmacht und des Fatalismus, aber auch Tendenzen, die entstandene Ungewißheit konstruktiv zu wenden (vgl. Zoll 1992). Als das neue Leitbild 20-25jähriger Angestellter, FacharbeiterInnen und angelernter ArbeiterInnen wurde »das Ideal eines ständigen Persönlichkeitswachstum und einer Identität, die sich durch Offenheit und Nichtabgeschlossenheit auszeichnet« (Zoll u. a. 1989, 222) identifiziert. Angesichts schwindender gesellschaftlicher Sicherheiten tendieren diese von Zoll u. a. befragten Jugendlichen dazu, sich abweichend von den erwähnten sozialisationstheoretischen Annahmen in ihrer Identität nicht festzulegen. Es liegt ihnen daran, mit verschiedenen Lebensstilen und Identitäten zu experimentieren. Die Experimente sind getragen von dem Wunsch nach Selbstverwirklichung, der der Untersuchung zufolge der zentrale Wunsch heutiger Jugendlicher ist (vgl. 1989, 229). Die Art und Weise, wie sich die Jugendlichen als Subjekte sehen und zu realisieren suchen, ähnelt dem in der postmodernen Subjektdebatte favorisierten Subjektbegriff. Wolfgang Welsch, ein Vertreter der Debatte, empfiehlt angesichts sich pluralisierender und zugleich unsicher werdender Lebenswelten eine schwingende Existenz, die Spaltungen verbinden kann und die sich auf Neues und Anderes einzulassen vermag (vgl. Welsch 1991, 359). Identitätsleistungen sind inmitten der Differenzen und Unbestimmtheiten als Differenzierungstätigkeit, Spaltungstätigkeit und Übergangsfähigkeit zu erbringen (vgl. 1991, 357).

Adoleszenz stellt, um die theoretischen Aussagen und empirischen Befunde nun zusammenzufassen, eine Lebensphase dar, in der Übergänge zu bewerkstelligen sind. Voraussetzung dafür ist, daß sich Heranwachsende auf vielfältige Weise mit der Welt in Verbindung setzen, um aus dem Reichtum der Bezüge heraus sich selbst und ihr Leben zu entwerfen. Aufgrund des soziokulturellen Wandels stehen ihnen dafür keine tradierten Orientierungshilfen zur Verfügung. Mehr denn je sind Heranwachsende heute dazu aufgefordert, Suchen und Ausprobieren zu Leitmotiven ihrer Lebenspraxis zu machen, um sich auf diese Weise mehrere Optionen zu erschließen.

Interaktionsformen im Umgang mit der neuen Maschine

Vor dem Hintergrund der biographischen und soziokulturellen Herausforderungen, mit denen heutige Jugendliche konfrontiert sind, lassen sich die Fragen in bezug auf die persönlichkeitsbildende Bedeutung des Mediums Computer nun weiter präzisieren. Sie lauten: Welche Rolle spielt computerbezogenes Denken und Handeln für die jugendlichen Such- und Experimentierprozesse? Unterstützt es Versuche, sich von der Familie zu lösen, um sich einen Weg in die Gesellschaft zu bahnen, einen Weg, der ihr innovatives Potential aufnimmt und ein spielerisches Hantieren mit Identitäten und Daseinsentwürfen erlaubt? Die Antworten auf diese Fragen bestimmen sich von zwei Seiten her: von seiten der Jugendlichen und von seiten der Maschine. Der soziokulturelle und lebensgeschichtliche Kontext, aus dem heraus sich Jugendliche auf die neue Technik beziehen, wurde bereits beleuchtet. Welche Implikationen aber enthält die Technik, die ebenfalls in den Möglichkeiten ihres Gebrauchs wirksam werden?

Computer haben, wie eingangs angedeutet, als Objektivationen menschlicher Praxis Symbolcharakter (vgl. Lorenzer 1981, 23); d.h., sie fungieren als Bedeutungsträger, sind also sinn-voll. Sie stehen in der Tradition einer Logik, die Max Weber Zweckrationalität genannt hat (vgl. Schachtner 1993, 72 ff.), materialisieren Gesetze logischen Folgerns, die als Gesetze diskursiven Denkens bekannt sind (vgl. Langer 1965, 88). Ihrer Bestimmung nach sind Computer diskursive Symbole, zusammengesetzt aus voneinander abgrenzbaren Bedeutungseinheiten und nach eindeutigen Regeln funktionierend. Ein dazu kontrastierendes Symbol stellt das Bild dar, dessen Elemente nicht in Einheiten von unabhängiger Bedeutung zerlegt werden können, das Bedeutungen nicht Stück für Stück übermittelt, sondern in einem Gemisch aus Idee, Farbe, Form, Licht und Schatten.

Wie sich Jugendliche auf die Symbolik des Computers beziehen, soll nun untersucht werden. Ich greife zu diesem Zweck auf empirische Befunde aus der von mir durchgeführten Studie ›Computerbezogen wahrnehmen, denken und handeln‹ zurück, in der 14-19jährige GymnasiastInnen eine untersuchte Altersgruppe darstellten. Die befragten Mädchen und Jungen programmierten und spielten am Computer und hatten in bezug auf beide Nutzungsarten mehrjährige Erfahrungen; die Mädchen durchschnittlich zwei Jahre, die Jungen durchschnittlich sechs Jahre.

Exkurs zur Methode

Die in der Studie benutzten Methoden stehen in der Tradition eines sinnverstehend-interpretativen Paradigmas (vgl. Baacke/Kübler 1989; Schachtner 1993, 175 ff.). Erhebungsinstrumente waren die Visualisierung und das thematisch strukturierte Interview. Dieser methodische Zugang begründet sich in meinem Interesse an den Bedeutungen, die die Jugendlichen der Computertechnik und ihrem Umgang mit dieser Technik zuschreiben. Es wurde für das Interview eine offene Befragungsform gewählt in der Annahme, daß die freie Rede neben expliziten auch implizite Mitteilungen enthält, die auf implizite Wissens- und Verhaltenselemente schließen lassen (vgl. Polanyi 1985). Darüber hinaus gibt die freie Rede Aufschluß über die Relevanzgesichtspunkte der Interviewten.

Die Visualisierung fand als kontrastierende Methode Verwen-

dung. Die Interviewten wurden gebeten, ein Bild anzufertigen, das eine Antwort geben sollte auf die Frage: Was von mir ist beteiligt, wenn ich programmiere? Die Visualisierung stellt eine zum Interview kontrastierende Methode dar, weil sie ein nichtverbales Medium ist und ergänzende, differenzierende und widersprechende Informationen zutage fördern kann. Die entstandenen Bilder liefern insbesondere Erkenntnisse in bezug auf das Verhältnis zwischen Körper und Geist während der Tätigkeit am Computer.
Die Auswertung der Daten orientierte sich an dem von A. Strauss und B. Glaser entwickelten Forschungsstil der ›Grounded Theory‹ (vgl. Strauss 1991; Strauss/Corbin 1990), der vorsieht, theoretische Erkenntnis aus der Empirie heraus zu entwickeln. Es wurden zu diesem Zweck schon während der Erhebung theoretische Annahmen in Form von Schlüsselkategorien gebildet, die in der weiteren Datenerhebung in bezug auf ihre Gültigkeit überprüft wurden. Die Erhebung fand ihren Abschluß, als sich diese Kategorien entweder bestätigen ließen oder verworfen werden mußten und dem Material keine weiteren Kategorien mehr zu entnehmen waren.
In die Untersuchung waren – um generationenspezifische Vergleiche anstellen zu können – neben Jugendlichen zwei weitere Altersgruppen, nämlich 20-35jährige und über 35jährige SoftwareentwicklerInnen einbezogen. Männer und Frauen bzw. Mädchen und Jungen waren zu gleichen Teilen an der Untersuchung beteiligt. Im folgenden beschränke ich mich auf die Präsentation der Daten, die sich auf Jugendliche beziehen.

Diskursive Symbolik und sprachsymbolische Interaktion

Als diskursives Symbol fordert die neue Maschine – unabhängig davon, ob an ihr programmiert oder gespielt wird – von den Jugendlichen sprachsymbolische Interaktionsformen (vgl. Lorenzer 1981, 159). Diese beinhalten ein analysierendes, systematisches, zielgerichtetes, formal-logisches und effektives Denken und Handeln.
Der Computer erweist sich als ein diese kognitiven Kompetenzen förderndes Medium und schlägt damit für Jugendliche eine Brücke zur Gesellschaft, bilden diese Kompetenzen doch das

Kernstück okzidentaler Rationalität. Die befragten Jugendlichen werten ihr Tun als eine Chance, *rein(zu)schnuppern*[1] in das *große Leben*, in die *große Welt*, wie es ein 19jähriger ausdrückt. Besonders hebt er hervor, daß es ihn vertraut mache mit den in der Arbeitswelt geltenden Maßstäben. *Man hat auch mal gesehen*, erklärt der 19jährige, *was ist Arbeit, was muß man leisten, was kann man auch leisten*. Das Besondere ist, daß die Arbeitsleistung spielerisch erbracht werden kann und sich dabei die Chance eröffnet, Größenphantasien auszuleben. Die Jugendlichen spielen mit Zahlen, Regeln, Bausteinen und *zum Schluß isses halt was Großes*, bemerkt ein 15jähriger. Eine weitere Gelegenheit, Allmachts- und Größenphantasien auszuleben, bietet sich in der Identifikation mit der Maschine. *In jedem Programm erscheinen meine Gehirnstrukturen*, behauptet ein 19jähriger, und er findet

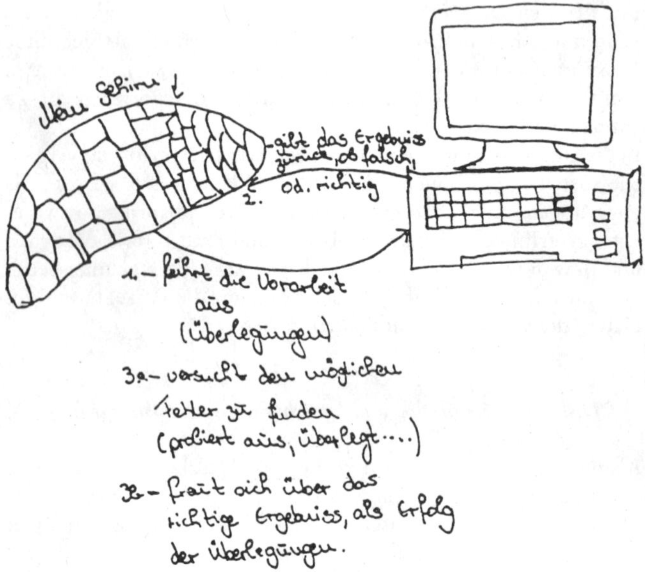

Abb. 1: Gehirn-Maschine-Interaktion im Sinne einer sprachsymbolischen Interaktion (Brigitte, 16 Jahre)

1 Bei allen kursiv gedruckten Satzteilen handelt es sich um wörtliche Aussagen der befragten Jugendlichen.

das ergreifend. Der eigene Geist, so mag er phantasieren, kann sich endlos vervielfältigen.
Arbeit und Größenphantasien können sich, was sonst in der Arbeitswelt nur selten möglich ist, beim Programmieren miteinander verbinden. Das heißt noch nicht, daß diese Phantasien ins Beliebige wachsen können. Es sind ihnen Grenzen gesetzt durch die zweckrationale Logik, nach der die Maschine funktioniert. Es ist dies eine Logik, die in Situationen einübt, von denen aus die gegebene gesellschaftliche Ordnung stimmig erscheint. Dies kann als ein Initiationsritus bezeichnet werden, der im Unterschied zu traditionellen Initiationsriten den Wünschen und Phantasien Jugendlicher Raum gibt, aber in jedem Fall das innovative jugendliche Potential dort kappt, wo die Regeln zweckrationaler Logik mißachtet werden.

Präsentative Symbolik und sinnlich-symbolische Interaktion

Um die Bedeutung der neuen Maschine als Sozialisationsinstanz adäquat einzuschätzen, reicht deren Charakterisierung als diskursives Symbol nicht aus. Die befragten Jugendlichen beziehen sich auf die neue Maschine auch jenseits ihrer Bestimmung als zweckrationales Instrument, entsprechend der eingangs formulierten Annahme, daß die Subjekte das Angebot des Mediums verwandeln. In der Interaktion mit der Maschine wird diese für sie auch zu einem präsentativen Symbol; sie nennen sie Balduin, Herbert, Rocky-Horror, Martin, Cha Cha Cha. Es sind dies Namen von Tanzpartnern, Filmen oder dem gerade bevorzugten Tanzstil. Die Maschine wird durch diese Namen zum Symbol für Personen, für Szenen und Geschichten und spricht als solches Gefühle und Sinne an. *Man merkt*, erzählt eine 15jährige, *wann die Programme hintereinander geschrieben wurden, was einen jeweils bewegt hat.* Als präsentatives Symbol wird der Computer eingebunden in die jugendliche Lebenswelt. Er stimuliert als solches sinnlich-symbolische Interaktionsformen (vgl. Lorenzer 1981, 159), am eindrucksvollsten in Form von Zärtlichkeit und Aggression. Ein 15jähriger erzählt, daß er früher seinen Computer, wenn er sich über ihn geärgert hat, hochnahm und auf den Tisch fallen ließ: *Früher habe ich also, wenn er mich geärgert hat, dann hab ich ihn hochgenommen und hab ihn runterfallen lassen auf den Tisch und dann wurde er krank, also er ist kaputtgegangen.* Gleichzeitig spricht er davon, daß ihm diese Maschine, ein Commodore 64, *ans Herz gewachsen* sei.

Zu einem präsentativen Symbol wird der Computer sowohl in der Interaktion mit ihm als Gegenstand als auch durch die Szenarien und Bilder, die die Jugendlichen auf dem Bildschirm entwerfen. Ein 18jähriger zaubert Fraktale (geometrische Formen) auf den Bildschirm, die für ihn eine Grenzwelt zwischen Kunst und Mathematik symbolisieren. Die Herstellung und das Agieren in dieser Welt erlaubt ihm, sich abwechselnd als *Wissenschaftsmensch* und als *Gefühlsmensch* zu inszenieren. Ein anderer Jugendlicher jongliert in selbst programmierten Computerspielen mit verschiedenen Rollen; mal ist er Kleriker, mal Magier, mal Druide, mal wieder Programmierer. Er ist dies alles in seinen Augen tatsächlich, was sich indirekt darin ausdrückt, daß er sich über Leute amüsiert, die ihn einordnen wollen: *Also, bei den einen bin ich jetzt der totale Freak und bei den anderen bin ich irgendwie mehr so der Rollenspieltyp. Und ich bin eigentlich eine Mehrcharakterperson, eine Art Allrounder.*

Wie schon das Spiel mit Zahlen und Regeln geben auch die von den Jugendlichen am Bildschirm entworfenen Spielszenarien Gelegenheit zur Selbstverwirklichung. Sie erweisen sich als attraktive Spielwiese für das in der erwähnten Jugendstudie ermittelte Bedürfnis heutiger Jugendlicher nach dem Experiment mit verschiedenen Identitäten, ohne sich festzulegen. Doch so phantasievoll sich die Simulationen auch ausnehmen, es sind regelgesteuerte Realitäten. Regeln legen in den Rollenspielen genau fest, was getan werden darf und muß; das Leben jenseits der Maschine aber funktioniert nicht genauso. Es verlangt neben Regeln die Fähigkeit zur Empathie, zum Verstehen, zum Verhandeln, zum Kompromiß. Das extensiv betriebene Agieren in der simulierten maschinenlogischen Realität kann diesen Unterschied vergessen lassen, wie das Spiel eines 15jährigen zeigt. Er versucht eine Freundin zu finden und geht dabei nicht anders vor als beim Entwurf eines Computerprogramms, nämlich zweckrational, systematisch, analytisch, rentabilitätsorientiert. Er hat einen *Vorgangsplan* entwickelt, ausgerichtet an der Frage: *Wo könnte sich ein Mädchen aufhalten, das nach einem Jungen sucht, in was für einer Altersstufe, in was für einer Situation, in was für einer sozialen Stellung und wo könnte man was wie am besten?* Er war mit seinem Vorgangsplan, den er seinen Freunden in der Hoffnung auf Tips vorlegt, noch nicht erfolgreich. Darüber ist er traurig, und das ist seine Chance. Die emotionale Empfindung könnte ihn sensibel machen für die Andersartigkeit der nicht-programmierten Welt. Diese kann als Korrektiv wirken, solange der Kontakt mit ihr erhalten bleibt. Denkbar ist aber auch, daß sich Jugendliche aus der ungewiß und unübersichtlich gewordenen Welt, die so wenig Orientierungshilfe bietet, zurückziehen und sich an die Wirklichkeit am Bildschirm flüchten, bietet diese doch eine klare, überschaubare Ordnung, die Bedürfnisse nach Sicherheit stillt (vgl. Turkle 1986, 98; Schachtner 1995, 50ff.). In Japan spricht man bereits von einer neuen Kindergeneration, den »Otaku-Kids« (Heimkinder). So werden diejenigen genannt, die sich kommunikationsunfähig oder -unlustig in ihre Computerwelt zurückziehen (vgl. Yamamoto/Blume 1996, 52).

Es fällt auf, daß die männlichen Jugendlichen der Charakterisierung des Computers als präsentatives Symbol einen sehr viel größeren Raum im Interview geben als die weiblichen Jugendlichen. Diese beziehen sich in ihren Äußerungen eher auf die diskursive Symbolik des Computers, was darauf verweist, daß für sie der Nützlichkeitscharakter der Computertechnik im Vordergrund steht, ein Ergebnis, das durch eine von Hannelore Faulstich-Wieland in Hessen durchgeführte Untersuchung Bestätigung findet (vgl. Faulstich-Wieland 1992, 146).

Körper und Computer

Ehe ich zu einer abschließenden Einschätzung komme, möchte ich noch eine weitere Datenquelle aus meiner Untersuchung heranziehen, nämlich Körperbilder, die von den Jugendlichen angefertigt wurden.

Die Körperbilder stellen eine Antwort dar auf die Frage: Was von mir ist beteiligt, wenn ich programmiere? Auf den Bildern dominieren Köpfe und Gehirne. Ein 19jähriger bemerkt: *Das Gehirn steht in der Mitte*. Durchgängig bringen die Visualisierungen die beim Programmieren erfahrene Dominanz des Geistes über den Leib zum Ausdruck. Außerdem offenbaren sie eine Fragmentierung des Leibes und seiner Sinne. Die Jugendlichen stellen sich häufig zerstückelt dar, aufgelöst in ein Gehirn, Auge, Ohr, Fin-

ger, und entsprechend erleben sie sich: *Irgendwie schon getrennt*, so die Worte eines 15jährigen.
Der Körper ist reduziert auf ein Mittel. Die Augen müssen fixieren und kontrollieren; die Funktion der Hände besteht allein darin, Daten einzutippen. Dieser Körper führt das Dasein eines stummen Dieners oder wie ein 28jähriger Entwickler meint: *Der Körper ist wesentlich als Nahrungsträger für den Kopf, außerdem hängen die Hände dran* (vgl. Schachtner 1994). Verdrängung, Fragmentierung und Funktionalisierung des Körpers stehen dem Erfordernis gegenüber, in der Adoleszenz ein neues akzeptierendes Verhältnis zu dem sich so sehr verändernden Körper zu gewinnen. Leibliche Selbstvergewisserung ist unentbehrlich für die Entwicklung der Geschlechtsidentität. Mädchen werden zu Frauen, indem sie ihren Leib zum Bezugspunkt von Aufmerksamkeit, von Interesse, Inszenierung, von Geheimnissen und Gesprächen mit Freundinnen machen (vgl. Flaake/John 1992, 199). Auch das Entstehen männlicher Identität ist auf die Erfahrung körperlich-sinnlicher Existenz gegründet, wie aus einer in England unter männlichen Arbeiterjugendlichen durchgeführten Untersuchung hervorgeht. Es wurde herausgefunden, daß die Jugendlichen mühsame körperliche Arbeit als befriedigend empfanden, weil sie ihnen erlaubte, ihre Kraft als Mann zu zeigen (vgl. Willis 1979, 223). Sich des eigenen Körpers zu vergewissern, lieferte das Material für ihre Selbstachtung (vgl. a.a.O., 224). Wenn der Gebrauch der neuen Technik mit einer Verdrängung des Körpers und körperlicher Empfindungen einhergeht, so stört dies den Prozeß der Selbstwerdung. Die Abspaltung des Körpers vom Geist beeinträchtigt die Möglichkeit, Sexualität und Erotik zu erleben und zu kultivieren.
Es deutet sich in den Befunden meiner Untersuchung an, daß die Jugendlichen versuchen, dieser Verdrängung entgegenzuwirken. Die Mädchen betrachten es zwar als selbstverständlich, sich Fähigkeiten am Computer zu erwerben, doch ihre Interessen sind durchwegs breiter gestreut; das Programmieren ist ein Hobby unter vielen (vgl. Miksch 1989, 69). Die Freizeit mit Freundinnen zu verbringen, ist für sie sehr viel attraktiver. Die männlichen Jugendlichen bevorzugen einen situativen Ausgleich. Sie aktivieren ihren Körper insbesondere dann, wenn sie auch am Computer intensiv arbeiten. Ein 19jähriger erzählt, er habe, als er seinen ersten kommerziellen Auftrag am Computer ausgeführt hat, *ne-*

benbei soviel Sport getrieben wie sonst nie in meinem Leben. Ein 15jähriger spielt Baseball, *wenn er irgendwie zu hart mit dem Ding umgeht, also arbeitet, nur noch arbeitet.* Auf diese Weise wird der beim Programmieren abgedrängte Körper wieder in das Selbstkonzept integriert. Dennoch bleibt das Risiko, daß sich programmierende Jugendliche von ihrem Körper entfernen, wie sich aus dem Bild eines 18jährigen ergibt. Es zeigt eine kleine schwarze Scheibe, die, wie er sagt, *das schwarze Loch unter meiner Schädeldecke dar(stellt).* Sie ist für ihn Sinnbild seines Gehirns und Ausdruck seiner Persönlichkeit zugleich; Körperlichkeit kommt in diesem Selbstkonzept nicht mehr vor.

Fazit

Im Hinblick auf die Frage, welche Bedeutung computerbezogenes Denken und Handeln für die Einübung Jugendlicher in ihre lebensgeschichtliche, im Zeichen soziokulturellen Wandels stehende Zukunft hat, soll nun ein Fazit gezogen werden. Es lautet: Im Gebrauch der neuen Maschine konstituiert sich ein intermediärer Raum, der vermittelt zwischen Individuum und Gesellschaft. Maschinenlogische Denk- und Handlungsmuster verschränken sich dabei mit jugendlichen Größenphantasien. Jugendliche erwerben im Umgang mit der Computertechnik Kompetenzen, die ihre Integration in die Arbeitswelt unterstützen. Darüber hinaus bietet der intermediäre Raum Gelegenheit zum Spiel mit selbstentworfenen Wirklichkeitsszenarien und zum Ausprobieren von sozialen Rollen und Handlungsstrategien. Jugendliche können sich also im Gebrauch der neuen Maschine einerseits an gängigen Maßstäben der Erwachsenenwelt messen und andererseits Experimente machen, die dem Motiv ›Suchen und Ausprobieren‹ entgegenkommen. Das liefert Gründe für die Faszination, die die neue Maschine auf Jugendliche auszuüben vermag.

Allerdings ist es eine begrenzte Welt, die sich den Heranwachsenden am Computer erschließt. Sie ist geprägt von den Prinzipien zweckrationaler Logik und damit festgelegt auf Widerspruchsfreiheit, Effizienz, Berechenbarkeit. Ihre handhabbare Ordnung liefert angesichts der Unübersichtlichkeit, die sowohl die Lebensphase Adoleszenz als auch die gegenwärtige gesellschaftliche Situation kennzeichnet, weitere Motive, sich für die Welt am Computer zu begeistern. Das kann dazu verleiten, das am Computer erworbene Denken auch auf die Realität jenseits des Computers zu übertragen, auch sie logisch und widerspruchsfrei zu denken und davon auszugehen, daß ihre Probleme eindeutig lösbar sind (vgl. Bruder/Bruder-Bezzel 1988, 258), gemäß der Schaltlogik: 0 oder 1, richtig oder falsch, tot oder lebendig (vgl. Schachtner 1995). Ist sie widerständig, bietet sich der Computer als Fluchtpunkt an. Ob versucht wird, die Wirklichkeit jenseits der Maschine dieser anzupassen oder ihr den Rücken zu kehren, beides behindert den Prozeß der Persönlichkeitsentwicklung Jugendlicher. Fähigkeiten im Umgang mit dem Anderen zur Computerlogik, mit dem Vagen, Diffusen, Widersprüchlichen, wie sie angesichts gesellschaftlicher Ungewißheit, aber auch in zwischenmenschlichen Beziehungen nötig sind, blieben unausgebildet.

Die Übertragung computerlogischen Denkens auf die Wirklichkeit jenseits der Maschine markiert ein Risiko, das der Soziologe Hans Freyer in seinen »Gedanken zur Industriegesellschaft« als das »Dominantwerden technischer Kategorien in der Lebenswelt« (Freyer 1970, 156) beschrieben hat. Dieses Risiko signalisiert die potentielle Macht, die die Computertechnik im Zusammenspiel mit lebensgeschichtlichen und gesellschaftlichen Ansprüchen gewinnen kann, und es legt nahe, die interaktionstheoretische Annahme vom autonom agierenden Subjekt nicht zu überdehnen (vgl. Baacke 1989, 102).

Den möglichen Risiken, die von der neuen Maschine für die Persönlichkeitsentwicklung in der Adoleszenzphase ausgehen, wirkt den Ergebnissen der Untersuchung zufolge ein hohes Maß an Selbstreflexivität auf seiten der Jugendlichen entgegen. Selbstreflexivität äußert sich z. B. in den Überlegungen eines 18jährigen, der einen Vergleich zwischen Programmieren und Photographieren anstellt. Er kommt zu dem Schluß, daß er am Rechner zwar kreativ und schöpferisch sei, aber es handelt sich in seinen Augen um eine *kalte Kreativität ohne Gefühle*. Photographieren dagegen erlaube ihm, *einfach wirkliche Gefühle* auszudrücken. Derselbe 18jährige prognostiziert, daß die am Computer eingeübten Perspektiven bestimmend werden könnten für die Wahrnehmung von Realität, ja, für die Realität selbst. Eine Folge davon wäre nach seiner Ansicht, *daß man (...) nur noch real existiert und anerkannt wird, wenn man als Datensatz in einem Rechner existiert.*

Besonders kritisch setzen sich in den Interviews die Mädchen mit der Computertechnik auseinander. Sie achten sehr genau darauf, wie sich die Tätigkeit am Computer auf das Sozialverhalten auswirkt. Sie beobachten sich selbst und andere, vergleichen die Mensch-Maschine-Interaktion mit ihren Erfahrungen im Kontakt mit anderen Menschen. Eine 16jährige findet, daß der Kontakt zu einem *lebendigen Wesen, das von alleine antwortet* doch reizvoller ist als die Interaktion mit der Maschine. *Menschen, die sehr viel mit dem Computer zu tun haben,* meint eine 14jährige, *können keine Konversation mehr führen.* Sie beobachtet ihren in der Computerbranche tätigen Vater, und dabei ist ihr aufgefallen, daß der Vater *fröhlich* nach Hause kommt, wenn er im Büro mit einem Kunden zu tun hatte; saß er dagegen einen Tag lang vor dem Computer, sei er am Abend für ein Gespräch nicht mehr zugänglich.
Dieser kritischen Distanz der Mädchen gegenüber der Computertechnik korrespondiert die Tendenz, dem Programmieren keinen zentralen Stellenwert im eigenen Leben zu geben. Die Mädchen äußern sich infolgedessen auch weniger detailliert zu Einzelheiten der Computertechnik, sind daher auch weniger häufig in den vorangegangenen Ausführungen zitiert als die Jungen (vgl. Baacke u. a. 1991, 254). Für diese ist trotz ihrer kritischen Einwände das Programmieren durchwegs zur hauptsächlichen Freizeitbeschäftigung geworden. Die Bedeutung, die sie der Maschine in ihrem Leben zumessen, findet darin ihren Ausdruck, daß die Jungen alle eigene Computer besitzen, einen Großteil ihres Taschengeldes für die Erweiterung der Anlage verwenden, die sie als Blickfang in ihren Zimmern aufgebaut haben. Die sichtbare Relevanz, die die Technik für die Jungen hat, hindert sie nicht daran, kritisch über sie nachzudenken.

Ausblick

Sowohl die Mädchen als auch die Jungen zeigen sich – auf unterschiedliche Weise und mit unterschiedlichen Konsequenzen – eigen-sinnig in ihrem Verhältnis zur Computertechnik. Sie können nicht lediglich als AdressatInnen technischer Einflüsse gesehen werden, denn sie mischen sich ein, manipulieren, hinterfragen, vergleichen, beziehen Stellung. Dabei erwerben sie über die bloße

Fähigkeit zur Handhabung des Computers hinaus kulturell-politische Kompetenzen im Umgang mit der neuen Technik. Es gehört dazu die Fähigkeit zur Distanzierung, zur Beobachtung, zum Vergleich sowie das Wissen um Risiken, die mit dem Gebrauch und dem Einsatz neuer Techniken einhergehen.

In der Förderung dieser Kompetenzen hat die schulische und außerschulische Arbeit mit Jugendlichen eine aktuelle Aufgabe. Bei der Erfüllung dieser Aufgabe kommt es darauf an, so läßt sich im Anschluß an die vorgetragene Analyse formulieren, daß die Verbindung zwischen der Realität an der Maschine und der Realität jenseits der Maschine erhalten bleibt.

Ich möchte abschließend einige medienpädagogische Empfehlungen formulieren, die auf die Schulung dieser Kompetenz abzielen:

- Der Aufrechterhaltung des Kontaktes Jugendlicher mit der Realität jenseits der Maschine dient es, wenn die Computerprogramme und -spiele anknüpfen an Fragen und Themen aus der jugendlichen Lebenswelt. So entsteht die Möglichkeit, daß sich technische Logik und lebensweltliche Logik aneinander reiben und deren jeweilige Besonderheit zum Vorschein kommt.
- Zu einer Konfrontation mit weiteren Lebensbereichen kann es kommen, wenn die Arbeit am Computer in Verbindung steht mit sozialen und politischen Projekten in Kommunen oder Landkreisen, in denen die Jugendliche leben (vgl. Baacke u. a. 1991, 261). Ein solcher Bezug drängt dazu, vom Computer weg- und in die lokalen Zusammenhänge hineinzugehen, dort Recherchen durchzuführen, ExpertInnen zu befragen, Ergebnisse vorzustellen, auf Widerspruch zu reagieren, also sich zu üben in der Kommunikation von Mensch zu Mensch, die dialogische Kompetenzen fordert.
- Eine andere Möglichkeit, technische Erfahrung durch soziale Erfahrung zu ergänzen und zu kontrastieren, ist das Programmieren in der Gruppe. Es verlangt Aushandlungsprozesse, Kompromisse zu schließen, sich durchzusetzen und in der Begegnung mit anderen vage und widersprüchliche Situationen aushalten zu lernen, sie vielleicht sogar reizvoll zu finden, wozu die Interaktion mit dem Computer keine Gelegenheit gibt. Für nachahmenswert halte ich das Konzept zu dem Projekt ›Kreative Computerferien für Mädchen‹, das von der Idee getragen

ist, die Erfahrungen im Umgang mit dem Computer permanent mit Erfahrungen zu konfrontieren, die bei der Ausübung anderer Tätigkeiten gemacht werden. Die Aneignung von computerbezogenen Fähigkeiten wird in dem Projekt verbunden mit Theaterarbeit, Spielen, Malen, Modellieren. So wurden z. B. zum Thema ›Ich und der Computer‹ Szenen entwickelt, wodurch sich die Chance eröffnete, Erfahrungen mit körperlicher Bewegung und Darstellung, mit Sprache zu sammeln und sich zugleich über das eigene Verhältnis zur Maschine klarzuwerden (vgl. Schulz-Zander/Schwarz/Wehrmann 1993).

- Von Anfang an sollte bei der Vermittlung computerbezogener Fähigkeiten nicht nur das Wie (die technische Fertigkeit) eine Rolle spielen, sondern auch das, was auf dem Bildschirm entsteht, der Inhalt und die Sprache eines Textes, die Art einer Problemlösung oder die Aussage einer Spielszenerie. Die Aufmerksamkeit für das Was provoziert Vergleiche und Stellungnahmen. Dies fördert einen selbstbestimmten Gebrauch der Maschine, die ihre Funktion als Werkzeug betont und somit vor ihren kolonisierenden Tendenzen schützt.

Darüber hinaus ist Hartmut von Hentig zuzustimmen, der vorschlägt, jene Phase der Kindheit zu nutzen, in denen Computer noch keine Funktion haben; Kindern die Begegnung mit einer vieldeutigen Wirklichkeit zu ermöglichen, keinen Verzicht auf die zweideutige Frage und das vieldeutige Erlebnis zu leisten (vgl. von Hentig 1988, 99). Das Problemelösen ohne Computer muß vor Verwendung desselben geübt sein, um die Vor- und Nachteile der beiden Lösungsmethoden zu erkennen. Um so entschiedener können sich Heranwachsende der neuen Technik bedienen.

Literatur

Aufenanger, St. (1991), Medienerziehung in Kindergarten und Grundschule im Zeitalter der Neuen Medien, in: Aufenanger, St. (Hg.), *Neue Medien – Neue Pädagogik ?*, Bonn: Bundeszentrale für politische Bildung, S. 11-16

Baacke, D. (1989), Sozialökologie und Kommunikationsforschung, in:

Baacke, D./H.-D. Kübler (Hg.), *Qualitative Medienforschung*, Tübingen: Niemeyer, S. 87-134

Baacke, D./G. Frank/ M. Radde (1991), *Medienwelten Medienorte, Jugend und Medien in Nordrhein-Westfalen*, Opladen: Westdeutscher Verlag

Baethge, M./B. Hantsche/W. Petull/U. Voskamp (1988), *Jugend: Arbeit und Identität*, Opladen: Leske + Budrich

Beck, U. (1986), *Risikogesellschaft, Auf dem Weg in eine andere Moderne*, Frankfurt/Main: Suhrkamp

Beisenherz, G. (1988), »Computer« und Gefühle, in: Deutsches Jugendinstitut (Hg.). *Medien im Alltag von Kindern und Jugendlichen*, Weinheim/München, S. 267-285

Bruder, K. J./A. Bruder-Bezzel (1988), Jugendkulturelle Aneignung des Computers?, in: Deutsches Jugendinstitut (Hg.), *Medien im Alltag von Kindern und Jugendlichen*, Weinheim/München, S. 247-263

Charlton, M./K. Neumann-Braun (1992), *Medienkindheit, Medienjugend*, München: Quintessenz

Erdheim, M. (1988), *Psychoanalyse und das Unbewußte in der Kultur*, Frankfurt/Main: Suhrkamp

Erikson, E. (1966), *Identität und Lebenszyklus*, Frankfurt/Main: Suhrkamp

Faulstich-Wieland, H. (1992), Mädchenbildung und neuen Technologien, Das hessische Entwicklungs- und Forschungsprojekt, in: Der Bundesminister für Bildung und Wissenschaft (Hg.), *Mädchen und Computer*, Bad Honnef: Bock, S. 142-154

Faulstich-Wieland, H./A. Dick (1988), ›Wir Mädchen können das, auch wenn die Jungen lachen ...‹, Dokumentation und Auswertung der Vorerhebung des Vorhabens ›Mädchen und neue Technologien‹, *HIBS-Sonderheft 27*, Hessen

Flaake, K./C. John (1992), Räume zur Aneignung des Körpers. Zur Bedeutung von Mädchenfreundschaften in der Adoleszenz, in: Flaake, K./V. King (Hg.), *Weibliche Adoleszenz. Zur Sozialisation junger Frauen*, Frankfurt/New York: Campus, S. 199-212

Freyer, H. (1970), *Gedanken zur Industriegesellschaft*, Mainz: Hase & Koehler

Hengst, H. (1991), Medienkindheit heute, in: Aufenanger, St. (Hg.), *Neue Medien – Neue Pädagogik ?*, Bonn: Bundeszentrale für politische Bildung, S. 18-19

von Hentig, H. (1988), Das Ende des Gesprächs?, in: Gauger, H.-M./ H. Heckmann (Hg.), *Wir sprechen anders, Warum Computer nicht sprechen können*, Frankfurt/Main: Fischer, S. 81-101

Jungwirth, H. (1993), Game-Boys, aber kaum Game-Girls, in: Maaß, I./ Ch. Schartner (Hg.), *Computerspiele – unheile Welt der Jugendlichen?*, München/Wien: Profil, S. 53-63

Langer, S. (1965), *Philosophie auf neuem Weg*, Frankfurt/Main: Fischer
Leu, H. R. (1988), Freizeitcomputern – eine Vorbereitung auf das Erwachsenenleben?, in: ISF (Hg.), *Die Bedeutung des Computers im Alltag von Kindern und Jugendlichen*, München: S. 69-90
Lorenzer, A. (1981), *Das Konzil der Buchhalter*, Frankfurt/Main: Europäische Verlagsanstalt
Miksch, S. (1989), Schülerinnen und Computer: Eine Welt von Unterschieden?, in: Fischer, G. u. a. (Hg.), *Geordnete Welten, Neues Lernen mit dem Computer?*, Wien: Verlag für Gesellschaftskritik, S. 61-80
Polanyi, M. (1985), *Implizites Wissen*, Frankfurt/Main: Suhrkamp
Schachtner, Ch. (1993), *Geistmaschine, Faszination und Provokation am Computer*, Frankfurt/Main: Suhrkamp
Schachtner, Ch. (1994), Arbeit an der Geistmaschine, Von der Notwendigkeit einer subjektorientierten Arbeitsgestaltung, in: *Zeitschrift für Arbeitswissenschaft*, H. 4, S. 193-197
Schachtner, Ch. (1995), Das Programm nach dem Programm, Ordnungsbedürfnisse der Entwickler(innen) von Computer-Software, in: *Kultur und Technik*, H. 1, S. 50-57
Schartner, Ch. (1993), Computernutzung und politisch-kulturelle Kompetenz, in: Maaß, I./Ch. Schartner (Hg.), *Computerspiele – unheile Welt der Jugendlichen?*, München/Wien: Profil, S. 119 -128
Schulz-Zander, R./A. Schwarz/K. Wehrmann (1993), Vom Digitalisieren, Verfremden, Improvisieren und Zeitlupenlaufen, in: *Frauenarbeit und Informatik*, H. 7, S. 5-9
Schwank, I. (1990), *Grundlagen der Untersuchung und Interpretation der Ergebnisse*, Projekt- und Abschlußbericht, Band 1, Forschungsinstitut für Mathematikerdidaktik e.V. Osnabrück
Strauss, A./J. Corbin (1990), *Basics of Qualitative Research*, Newbury Park/London/ New Dehli: Sage Publ.
Strauss, A. L. (1991), *Grundlagen qualitativer Sozialforschung*, München: Wilhelm Fink
Swoboda, W. H. (1988), Zur Veränderung des Medienalltags Jugendlicher – Befürchtungen und Befunde, in: Fritz, I. (Hg.). *Programmiert zum Kriegsspielen, Weltbilder und Bilderwelten im Videospiel*, Frankfurt/New York: Campus, S. 40-69
Turkle, Sh. (1986), *Die Wunschmaschine*, Reinbek: Rowohlt
Welsch, W. (1991), Subjektsein heute, Überlegungen zur Transformation des Subjekts, in: *Deutsche Zeitschrift für Philosophie*, H. 4, S. 347-365
Willis, P. (1979), *Spaß am Widerstand, Gegenkultur in der Arbeiterschule*, Frankfurt/Main: Syndikat
Yamamoto, Ch./G. Blume (1996), Wenn Kinder zu Hause Golfkrieg spielen..., in: *Die Weltwoche vom 23. 6. 1996*, S. 51-55
Zoll, R. u. a. (1989), *Nicht so wie unsere Eltern!*, Opladen: Westdeutscher Verlag

Zoll, R. (1992), *Ein neues kulturelles Modell*, Opladen: Westdeutscher Verlag

Zoll, R. (1993), *Alltagssolidarität und Individualismus, Zum soziokulturellen Wandel*, Frankfurt/Main: Suhrkamp

Sabine Collmer
Computerkultur und Geschlecht
Die Aneignung des Computers aus der Sicht von Frauen und Männern

Frauen und Männer am Computer: Ein Forschungsgegenstand mit Geschichte

Die Frage nach einer Geschlechtsspezifik im Umgang mit Technik ist wissenschaftshistorisch gesehen relativ neu und wurde erst durch Forschungsfragen im Umfeld der Frauenforschung aufgeworfen. Als Forscherinnen seit den 70er Jahren verstärkt die wissenschaftstheoretischen Grundlagen der westlichen Wissenschaft zu hinterfragen begannen, wurde bald klar, daß sich hinter der Subsumption von Frauen unter das »allgemein Menschliche« allzuoft nur der Blickwinkel des männlichen Forschers auf seinen Forschungsgegenstand verbarg.

Die Forderung nach der expliziten Einbeziehung der Lebenslagen und Existenzbedingungen von Frauen in das Untersuchungsdesign sowie die differenzierende Betrachtung von Frauen und Männern wurde daher seit dieser Zeit zu einem zentralen Anliegen einer feministischen Theorietradition, die sich von der These leiten läßt, daß die Identität des Erkenntnissubjektes und sein Erkenntnisprozeß nicht von einander getrennt werden können. Zur ideengeschichtlichen Erforschung des Geschlechterverhältnisses fordern diese standpunkttheoretischen Ansätze ein Festhalten an der Differenz als Perspektive der Frauenforschung.

Das Verhältnis von Frauen und Männern zur Computertechnik wurde in zahlreichen sozialwissenschaftlichen Untersuchungen thematisiert. Von einer chronologischen Warte aus lassen sich rückblickend drei Phasen der Annäherung an die Thematik des geschlechtsspezifischen (Computer-)Technikumgangs ausmachen:

Die erste Phase zu Beginn der 80er Jahre war vor allem gekennzeichnet durch Befürchtungen, die neuen Technologien könnten zur Verdrängung von Frauen von ihren Arbeitsplätzen führen oder zu ihrer Dequalifizierung beitragen. Daraus resultierte eine

grundsätzliche Abwehrhaltung gegen neue Technologien, die auch mit der damaligen technikkritischen Position der Gewerkschaften korrespondierte. Gleichzeitig gab es aber auch sehr bald Stimmen, die vor einer Abkoppelung der Frauen von der technologischen Entwicklung warnten. Ihr Motto war deswegen: »Frauen, ran an die Technik« (Seeland/Strauven 1985, S. 198).
Ab der Mitte der 80er Jahre kam es dann zu einem Perspektivenwechsel und zu einer »pragmatischen Wende« (Derrichs-Kunstmann 1990, S. 11), in dem die strategischen Debatten und negativen Prognosen abgelöst wurden von eher pädagogisch–konzeptionellen Thematiken. In den nun zunehmend erarbeiteten empirischen Forschungsergebnissen stand die Frage nach geschlechtsspezifischen Zugangsweisen und nach einer frauengerechten Didaktik im Vordergrund. Die technikphobische Kritikhaltung trat unter dem Eindruck der fortschreitenden Computerisierung der Arbeitswelt immer mehr in den Hintergrund und machte der Einsicht Platz, daß es entscheidend darauf ankomme, geeignete didaktisch-methodische Konzepte zu erarbeiten, um Frauen und Computer in ein positives Verhältnis zueinander zu bringen. Eine dritte Phase, die sich vor allem durch eine Diversifikation in der Forschungsthematik auszeichnet, schloß sich an. Dazu gehören sozialisationstheoretische Ansätze genauso wie solche, die nach den Ausgrenzungsprozessen in der Entwicklungsgeschichte der Naturwissenschaften fahndeten. Die »Wiederentdeckung« der Frauenanteile an der Computergeschichte (vgl. Hoffmann 1987) und Studien über Technikfrauen, wie etwa Ingenieurinnen und Informatikerinnen (vgl. Wagner 1986; Janshen/Rudolph et al. 1987), rundeten das Bild ab.
Seit einigen Jahren ist die Zahl der renitenten Computer-GegnerInnen unter der prägenden Kraft des Faktischen, dem flächendeckenden Einsatz des Computers in nunmehr fast allen Lebensbereichen, spürbar zurückgegangen. Schätzungen gehen davon aus, daß im Jahre 2000 bereits zwei Drittel der Erwerbstätigen über grundlegende EDV-Kenntnisse verfügen müssen (vgl. Dostal 1989). Interessant bleibt aber weiterhin, wie weibliche und wie männliche Computernutzer qualitativ von der elektronischen Revolution betroffen sind, welchen Umgang sie mit dem Computer pflegen und ob die Aneignung des computerorientierten Wissens sich für Frauen und Männer unterschiedlich gestaltet. Hier knüpft eine von mir durchgeführte Studie an, die ihren Ausgangspunkt

bei Beobachtungen in Computerkursen mit jeweils geschlechtshomogenem Teilnehmerkreis nahm. Mein forscherisches Interesse wurde geweckt, als ich in meiner Eigenschaft als (nebenberufliche) EDV-Trainerin die Lernfortschritte und Vorgehensweisen meiner weiblichen und männlichen Kursteilnehmer beobachtete. Trotz identischer Konzeption der Kursinhalte und -ziele traten immer wieder Unterschiede im Ablauf, in den Lernbedürfnissen und in der Kursatmosphäre auf. Der Erfahrungsaustausch mit EDV-Trainer-Kolleginnen und -Kollegen verstärkte den Eindruck, daß es sich hier kaum um singuläre Erfahrungen handelte, sondern möglicherweise mit dem gesellschaftlich vorstrukturierten Geschlechterverhältnis zusammenhing, das in die Kurse hineinwirkte. Das daraufhin entworfene Untersuchungsdesign umfaßte drei Gruppen von InterviewpartnerInnen: die Computer-ExpertInnen, die Computer-Profis und die Computer-EinsteigerInnen. In problemzentrierten Interviews berichteten insgesamt 29 GesprächspartnerInnen aus ihrer Perspektive und ausgehend von ihrem je verschiedenen Erfahrungshintergrund über Technikaneignungsprozesse am Computer. Die Interviews fokussierten die unterschiedlichen Lernerfahrungen und Lernwünsche, Reaktionen der Umwelt sowie jene Interaktions- und Kommunikationsstrukturen, die bei der Aneignung von Computerwissen zustande kommen.

Vor der Darstellung von prägnanten Einzelergebnissen der Studie gehe ich in einem kursorischen Überblick auf diejenigen theoretischen Ansätze ein, die als Bezugsrahmen der empirischen Untersuchung dienen. Dazu gehört zum einen die Ausformulierung einer sozialkonstruktivistischen Perspektive in der Techniksoziologie seit Mitte der 80er Jahre sowie die Konzeptualisierung der Geschlechterdifferenz als »doing gender«, welche die fortgesetzte interaktive Herstellung der Zweigeschlechtlichkeit in der Alltagswelt thematisiert. Diese Theorie erscheint mir aufgrund ihres expliziten Bezuges auf lebensweltliche Phänomene besonders als Erklärungsansatz geeignet, um die bei der Aneignung des Computers ablaufenden Interaktionsprozesse einfangen zu können.

Sprechen wir vom Computer, so handelt es sich um ein technisches Gerät mit spezifischen Eigenschaften. Von anderen Geräten, Maschinen oder Werkzeugen unterscheidet der Computer sich dadurch, daß er eine »symbolverarbeitende Maschine« ist. Da Symbole Träger von Informationen sind, lassen sich Computer als informationsverarbeitende Maschinen einsetzen. Oft ist in diesem Zusammenhang von der »universellen Maschine« Computer die Rede. Dies resultiert aus der Beliebigkeit, mit der komplexe Abbildungen von Symbolen ausgeführt werden können, d. h. ein Computer kann als Kommunikationsmedium ebenso wie als Zeichengerät, als »Rechner« genauso wie als Steuerungsgerät in Produktionsprozessen eingesetzt werden. Entscheidend für die jeweilige Funktion ist allein das Zusammenwirken der Hardwarekomponenten mit einem abstrakt-formalen System in Form einer spezifischen Software.

Zum Verständnis des Verhältnisses von Frauen und Männern zum Computer wäre es allerdings wenig erhellend, den Computer nur als ein technisches Produkt mit diversen Hard- und Softwareeigenschaften zu betrachten. Die Ergebnisse einer Vielzahl empirischer Studien deuten darauf hin, daß verschiedene Arten des Umgangs mit dem Computer gepflegt werden können und daß die Geschlechtskategorie ein wichtiges Kriterium dabei darstellt (vgl. Turkle 1986; Brecher 1985; Kahle 1989). Untersuchungen zum Zusammenhang von technischem Know-how und der Perpetuierung asymmetrischer Geschlechterverhältnisse verweisen auf die Eigenschaft der Technik als eines »Vermittlers von Macht« (vgl. Cockburn 1988).

Es erscheint also notwendig, Technik nicht in Relation zu gesellschaftlichen Prozessen zu untersuchen, sondern vielmehr als in diese eingebettet zu betrachten. Technische Artefakte (wie der Computer) stellen demnach soziale Phänomene dar, und die Technikentwicklung ist als ein fundamental sozialer Prozeß zu sehen (vgl. Lutz 1987). Werner Rammert etwa plädiert dafür, sich von der Definition der Technik als sachlichem Artefakt ganz zu lösen und sie als »soziales Projekt, mit bestimmten sachlichen Artefakten in einer bestimmten Weise umzugehen, zu bestimmen. Erst die Regeln des Umgangs mit einer Technik machen daraus eine gesellschaftliche Größe und rechtfertigen die Beobachtung der Technik als sozialen Prozeß« (Rammert 1992, S. 17). Mit dieser sozialkonstruktivistischen Sichtweise wird der Blick frei auf all jene sozialen Sinnbezüge, Bedeutungszuschreibungen und Bewertungen, die die sozialen Akteure in den Prozeß der Computeraneignung einbringen. Darüber hinaus ist die neuere Technik-soziologie zu einer bemerkenswerten Geschlechter-Sensibilität in der Lage, denn nun wird es möglich, die mit Computerumgang und -aneignung offenbar verbundenen Machtkonstellationen zwischen Frauen und Männern zu analysieren.

Interaktive Herstellung der Geschlechterdifferenz: »Doing gender«

Geschlechtsspezifische Unterschiede im Umgang mit dem Computer sind ein vielbeachtetes Thema in Untersuchungen aus dem Umfeld der Frauenforschung. Uneindeutig bleiben allerdings die Antworten auf Fragen nach den Hintergründen und Entstehungszusammenhängen der Geschlechterdifferenz. Ein kritischer Überblick über diejenigen Theorien, die die Herangehensweisen von Frauen und Männern an den Computer beschreiben, ergibt, daß die Erklärungsmodelle auf teilweise entgegengesetzte Ursache-Wirkungs-Zusammenhänge rekurrieren. Während einige von einer grundsätzlichen und ursprünglichen Differenz zwischen den Geschlechtern ausgehen, argumentieren andere sozialisationstheoretisch und/oder mit den nach wie vor disparaten Lebenserfahrungen und Lebensbedingungen von Frauen und Männern (vgl. Collmer 1997). Beide Perspektiven enthalten allerdings die Gefahr einer tautologischen Erklärung nach dem Muster: Frauen gehen auf »typisch weibliche« Weise an die Technik ran, weil sie eben »weiblich« sind. Um dieser Gefahr zu entgehen, bietet es sich an, die Begriffe »weiblich« und »männlich« analytisch zu präzisieren. Dies scheint auch aus einem weiteren Grund geboten: das Phänomen, jedes Individuum zu jeder Zeit als ein geschlechtliches zu bestimmen, d.h.: es als »Mann« oder als »Frau« zu definieren, gehört zu den basalen Organisationsprinzipien unserer Gesellschaft. Gleichzeitig stellt dies aber ein reflexiv kaum aufgearbeitetes Phänomen dar, denn in der Alltagswelt handeln Personen »in allgemein bekannten und vertrauten Situationen auf der Basis selbstverständlicher Erwartungen« (vgl.

Fuchs/Klima 1978, S. 32). Eine reflexive Aufarbeitung der alltagsweltlichen Gewißheiten über »Frauen« und »Männer« findet hier typischerweise nicht statt, und so besteht wiederum die Gefahr, diese Gewißheiten nahtlos in die forscherische Perspektive zu übernehmen. Eine unmittelbare Folge davon ist die von Hirschauer (1994) diagnostizierte soziologische Indifferenz gegenüber dem sozialen Phänomen der Geschlechterunterscheidung und eine forscherische Tendenz der Mainstream-Empirie, Geschlechtlichkeit zu naturalisieren. Um den Aporien einer zu eng an der Alltagswirklichkeit angelehnten Definition von »weiblich/männlich« zu entgehen, bietet sich die Theorie der kulturellen Konstruktion von Geschlechtlichkeit an (vgl. Hagemann-White 1992, 1993). Der aus der Ethnomethodologie stammende Begriff des »doing gender« faßt das Geschlechterverhältnis als einen interaktiven Prozeß der wechselseitigen Herstellung (Konstruktion) von Geschlecht (vgl. West & Zimmermann 1991).

Bezugsgröße ist die Alltagswirklichkeit der sozialen Akteure, welche fortlaufend ein polarisierendes Bild der binären Opposition von Frauen und Männern entwerfen. »Doing gender« erweist sich als außerordentlich persistent in der Lebenswelt, in der in wiederkehrenden Situationen auf der Basis eingeübter Routinen gehandelt wird – zumal ein System der sozialen Kontrolle die Perpetuierung der Geschlechterdifferenz überwacht. Durch die Übernahme in die alltagsweltlichen Routinen erscheint der originär soziale Prozeß schließlich als quasi-natürliche voraussetzungslose Existenz zweier Geschlechter – und entzieht sich so der Reflexion, d. h.: es fällt uns als Alltagsmenschen gar nicht mehr auf, daß wir »doing gender« betreiben. Daß aber Zweigeschlechtlichkeit nicht »natürlich« gegeben ist, sondern immer wieder neu konstruiert werden muß, wird durch den beobachtbaren historischen Wandel der Geschlechtsattribute belegt. Tatsächlich beinhaltet das »doing gender« aber auch einen Positionierungsmechanismus: Indem wir Zweigeschlechtlichkeit leisten, leisten wir immer auch Hierarchie: Wir stellen Männnlichkeit als »Dominanz« und »Weiblichkeit« als Unterordnung her (vgl. Hagemann-White 1992).

Dieser »Platzanweiserfunktion« des Gender-Kriteriums (vgl. Knapp 1987) kommt nun gerade im Hinblick auf die Technikaneignungsprozesse von Frauen und Männern Bedeutung zu; denn

Technik (und dazu gehört die neue Technik Computer) wird historisch männlich konnotiert. Der Konnex von Männlichkeit und Technikkompetenz bildet eine sozial konstruierte Konstante, die ihren Niederschlag findet in einem Überhang männlicher Schüler bzw. Studenten in technischen Schul- bzw. Studienfächern, in dem geringen Anteil von Frauen in hochqualifizierten technischen Berufsfeldern und in den ganz überwiegend von Männern besetzten Freizeitfeldern, die sich um Technik ranken (egal, ob es sich hier um Motorsport oder computern in sog. Hacker-Clubs handelt). Und trotz der in den letzten Jahren zahlreicher werdenden Hinweise auf die Beteiligung von Frauen an der Technikentwicklung (vgl. Hoffmann 1987) und einer Fülle von Förderprogrammen für Frauen in naturwissenschaftlich-technischen Berufsfeldern (vgl. BIBB 1989), ist der Frauenanteil nur in einigen mathematisch-naturwissenschaftlich orientierten Studiengängen gestiegen. Gleichzeitig gibt es aber nach wie vor Bastionen, in denen der Anteil weiblicher Auszubildender oder Studierender (in Deutschland) bei gleichbleibend niedrigen 5% stagniert (vgl. Roloff 1994).

Frauen und Männer am Computer: Ergebnisse einer empirischen Studie

In den problemzentrierten Interviews wurde nun der Frage nachgegangen, ob und auf welche Weise »doing gender-Prozesse« bei der Aneignung des technischen Gerätes Computer wirken. »Aneignung« meint in diesem Zusammenhang den komplexen Prozeß der Übernahme fremder geistiger Inhalte (dazu gehören: Erfahrungen, Kenntnisse, Fertigkeiten und Anschauungen) (vgl. Keiler 1988). Damit setzt sich der Begriff ab von einer bloßen »Einstellung« zum Computer oder einem bestimmten Verhalten im Umgang mit dem Gerät. Gemeint ist vielmehr ein »umfassender Austausch zwischen Subjekt und Objektwelt« (Knapp 1989, S. 205).
Das forscherische Interesse lag zentral auf den vielfältigen Interaktions- und Kommunikationsmustern, die im Umfeld der Aneignung computerorientierten Wissens ablaufen. Was passiert, wenn etwa im Zuge der Büroautomatisierung immer weitere Arbeitsbereiche mit Computern ausgestattet werden und Frauen genauso wie ihre männlichen Kollegen mit dem Computer umgehen lernen? Wenn also der Konnex von technischer Kompetenz und

Männlichsein durch das Vorkommen von computerkompetenten Frauen aufgeweicht wird? Welche Reaktionen haben jene Frauen zu gewärtigen, die sich in das Feld der Computertechnik begeben? Eignet sich der Computer dazu, das bestehende Geschlechterverhältnis weiter zu verlängern, oder werden dadurch ›alte‹ Klischeebilder und Beziehungsmuster unglaubwürdig und obsolet? Zu diesen Themenkomplexen wurden drei Gruppen von Gesprächspartnerinnen und -partnern zu ihren Erfahrungen im Umfeld der Computeraneignung befragt.
In der ersten Gruppe befanden sich als »EDV-ExpertInnen« Personen, die seit langem mit dem PC umgehen und haupt- oder nebenberuflich als EDV-Trainer Computerkurse halten. Die zweite Gruppe umfaßte als »EDV-Profis« männliche und weibliche Personen, die hauptberuflich mit dem Computer arbeiten. Diese InterviewpartnerInnen hatten ein Studium der Informatik/Mathematik oder eine Ausbildung zum/zur ProgrammiererIn durchlaufen und arbeiteten mit dem Computer als Software-EntwicklerInnen o. ä. Zur dritten Gruppe, den EDV-EinsteigerInnen, zählten schließlich diejenigen, die erst in einem Zeitraum von 6 Monaten bis 2 Jahren vor dem Interview zum Computer gekommen waren und nun seit geraumer Zeit Erfahrungen bei der Aneignung des Computerwissens sammeln konnten. Jede Gruppe umfaßte 10 bzw. im Falle der EDV-EinsteigerInnen 9 Personen. Die Auswahl des Samples verlief analog dem von Glaser & Strauss (1979) als »theoretische Auswahl« beschriebenen Verfahren. Dieses lenkt das Interesse auf das vorhandene Spektrum an Deutungsmustern und Alltagserfahrungen und nicht auf ihre statistische Verteilung.

Der Einstieg in die Computerwelt

Auf die Frage, wie sie zum Computer gekommen sind, antworten männliche Befragte aller drei Gruppen, daß sie über ein persönliches Interesse an der Technik allgemein und an EDV-Technik im besonderen dazu gekommen waren, sich Computerwissen anzueignen. Ein zentraler motivationaler Hintergrund stellt bei ihnen die Faszination dar, die von Computerspielen und dem spielerischen Lernen am PC ausgeht. Als typisch dafür kann die folgende Erzählung gelten: »Mein Vater hatte damals einen programmierbaren Taschenrechner, ein ziemliches Monstrum und da war ein Mondlandungsspiel drauf. Das war in irgend so einer Programmiersprache programmiert und das hat nicht richtig funktioniert. Ich wollte das aber unbedingt spielen... Da habe ich mich hingesetzt und hab das ausgetüftelt und hab's also tatsächlich geschafft, es zum Laufen zu bringen. Dann habe ich mir selbst einen PC gekauft, einen Home-Computer, weil mich das unheimlich fasziniert hat mit den Computerspielen, ich wollte selber solche Spiele machen ... So hat sich das entwickelt.« (Thomas B., 33, Computer-Experte). Computerspiele stellen einen wichtigen Wegweiser dar, um die Computer-Sozialisation von männlichen EDV-Experten, EDV-Profis und EDV-Einsteigern gleichermaßen beschreiben zu können, für weibliche Befragte trifft dies dagegen nicht zu. Keine der befragten Frauen aus keiner der drei Gruppen gibt an, über das Spielen von Computerspielen zum PC gekommen zu sein. Erwähnt werden als Gründe statt dessen berufliche Notwendigkeiten, die Antizipation eines sicheren Arbeitsplatzes, der Wunsch, ›up-to-date‹ zu bleiben oder mit den eigenen Kindern mithalten zu können.

Während für Männer offenbar gerade die Möglichkeit der Konzentration auf die abgeschlossene Welt des Spielraumes verführerisch erscheint und als spannend und zugleich entspannend erlebt wird (vgl. Eckert et al. 1991), äußern einige der weiblichen Befragten emphatische Ablehnung gegenüber dem Spielen am Computer. Als Menschen mit knappen Zeitressourcen erscheint ihnen das Spielen als eine »Zeitverschwendung« oder als eine Gefahr, die einen sozialen Rückzug, ein »Abdriften« im negativen Sinn mit sich bringe. Ihre Ablehnung dieser Freizeitbeschäftigung trägt allerdings ambivalente Züge, wenn sie ihren Ausschluß gerade aus solchen sozialen Interaktionsformen beklagen, die um das Spielen kreisen – etwa im Kollegen- oder Familienkreis.

»Mein Mann spielt phantastisch und meine Kinder spielen. Und da gibt es große Wettkämpfe, da halte ich mich raus. Ich habe genug zu tun. Ich habe immer eine gute Ausrede, aber manchmal bin ich neidisch! Irgendwann möchte ich auch!« (Nora G., 43, Computer-Profi).

Weibliche Computer-Einsteiger bezeichnen den PC einerseits als ein »seelenloses Ding«, das aber andererseits für sie ein Ding ist, »das mir hilft«. Zur kognitiven Beurteilung des Gerätes als »nützlich« und »brauchbar« tritt eine emotionale Distanziertheit und

die Klage über die »Einseitigkeit« des Computers hinzu. Wie sehr sich die Anforderungen beim Lernen des Computerumganges von den übrigen Alltagserfahrungen dieser Frauen unterscheiden, wird an der Aussage einer Computer-Einsteigerin deutlich:
»Ich bin eigentlich ein Mensch, der sein Leben lang mit Personen zu tun hatte! Und ich arbeite sehr viel mit Kontakt, auch Blickkontakt. Das sind dann so Einschätzungen, die man auch nicht schriftlich fixieren kann. Das sind sehr viele Bereiche, in denen man arbeitet – was auch mit Gefühlen zu tun hat und und und ... Und dann in so eine gefühllose Welt des Computerns reinzugehen – das ist was, wo ich Schwierigkeiten habe, wo Intuition z. B. nicht viel hilft, die ich gegenüber Personen habe. Das sind so Punkte, wo ich meine: Computer sind sehr einseitig; kopfbetont, logikbetont. Das ist was, das mein Leben bisher nicht ausgemacht hat. Das ist ein Sprung in eine andere Welt«. (Bärbel M., 38, Hausfrau, Mutter, Computer-Einsteigerin).
Die Hervorbringung kommunikativer und intuitiver Kompetenzen, die für eine gelingende direkte Interaktion mit Menschen nötig ist, wurde im Laufe der Sozialisation dieser Sprecherin zum prävalenten Handlungsmuster und dadurch in die persönliche Identität integriert. Die ganz anderen Anforderungen an den kompetenten Computerumgang wirken dagegen eher als ›fremd‹ und bilden eine Hürde, die es zu nehmen gilt. Entscheidend für die Interpretation ist aber in diesem Zusammenhang, daß die anfängliche Furcht, »es nicht zu schaffen«, nach kurzer Zeit von der Erfahrung überlagert wird, daß das Erlernen des Computerumgangs durchaus zu bewältigen ist. Während die Voreinstellung männlicher Computer-Einsteiger durch eine »Das-kann-doch-nicht-so-schwer-sein«-Attitüde gekennzeichnet wird, sind die weiblichen Befragten dieser Gruppe mehrheitlich überrascht, wie problemlos die Aneignung des Computers für sie verlief. Die folgenden beiden Aussagen verweisen auf eine unterschiedliche Selbstwahrnehmung in bezug auf das jeweilige Fähigkeitspotential.
»Wenn z. B. jemand zu mir gesagt hätte, ich solle eine neue Sprache lernen, da hätte ich nicht soviel Angst gehabt, daß ich es vielleicht nicht schaffe. Das war beim Computer aber schon so. Ich denke aber, es wäre das gleiche gewesen, wenn jemand verlangt hätte, daß ich mich mit einem Radio auseinandersetzen soll. Daß ich Angst gehabt hätte, ich begreife es nicht! Weil ich in dem

Bereich bisher nichts getan habe. Aber ich habe dann eben gesehen, daß meine Fähigkeiten ausreichen.« (Caro A., 40, Journalistin, Computer-Einsteigerin)
Dagegen die Aussage eines männlichen Computer-Einsteigers: »Ich würde sagen, daß ich einigermaßen technikbegabt bin. Es ist nicht so, daß ich beim Computer plötzlich Angst kriege ... Daß ich sage: ›Ach dieses Ding – da habe ich keine Ahnung, was ich machen soll ...‹ Sondern: Wenn ich ein Problem habe, dann setze ich mich hin und überlege, wie ich es lösen könnte! Ich versuche, damit fertig zu werden.« (Hendrik S., 19, Schüler, Computer-Einsteiger).
Bei männlichen Befragten scheint sich die Aneignung des Computers einzufügen in eine vorher bereits vorhandene »Erfolgserwartung«. Man fühlt sich im Bereich technischer Geräte grundsätzlich kompetent und ist auch sicher, die adäquaten Strategien, die zum Gelingen des Lernprozesses notwendig sind, bereitzuhalten. Weibliche Befragte erleben dagegen die erfolgreiche Aneignung des Computers als eine Erweiterung ihres Handlungshorizontes. Nicht selten berichten sie davon, sich jetzt auch bei anderen technischen Geräten mehr zuzutrauen als vor ihren Erfahrungen mit dem PC. Der ›psychische Gewinn‹, im Sinne einer Stärkung des Selbstbewußtseins, ist deshalb bei diesen Computer-Einsteigerinnen wohl stärker ausgeprägt als bei männlichen Befragten derselben Gruppe. Daß die geschilderten Differenzen zwischen weiblichen und männlichen Interviewpartnern keinesfalls auf alle Frauen zutreffen, machen die Aussagen weiblicher EDV-Profis deutlich (vgl. auch: Schachtner 1993, S. 82). Hier stehen Berichte von einem bereits im Kindesalter vorhandenen Interesse an Technik und Naturwissenschaften im Vordergrund, welches durch Elternhaus und Schule gefördert wurde. Typisch ist für sie weiterhin der Besuch eines Mädchengymnasiums und das Aufwachsen in einer Geschwisterreihe ohne Brüder, als das älteste Kind unter sonst jüngeren Geschwistern oder als Einzelkind. Auffallend ist die Orientierung am Beruf und der Person des Vaters. »Ich habe keine Angst, einen Nagel in die Wand zu schlagen. Auch wenn es eines Dübels bedarf! Ich habe schon immer ein gutes Verhältnis zur Technik gehabt, mein Vater ist Elektroingenieur. Wir waren zwei Töchter, und mein Vater hat uns Kinder immer für voll genommen, obwohl wir ›nur‹ Töchter waren. Er hat sich unwahrscheinlich viel Zeit dafür genommen, uns alles zu

erklären! Und das war der springende Punkt!« (Nora G., 43, Computer-Profi).
Weibliche Computer-Profis beschreiben ihr Verhältnis zur Technik als »unbelastet« und »zwanglos«. Im Gegensatz zu den mit eher ambivalenten Gefühlen reagierenden EDV-Einsteigerinnen ist ihr Verhältnis zur Technik ein ganz pragmatisches: Der Computer ist ein Werkzeug, das einem die Arbeit erleichtert. Der Vergleich der Aussagen von Computer-Profi-Frauen und Computer-Einsteigerinnen weist auf die Beachtung von Unterschieden zwischen Frauen hin. Neben dem Geschlecht lassen sich hier weitere Faktoren identifizieren, die auf Einstellung und Umgangsweise mit dem Gerät Einfluß nehmen. Faktoren wie die Berufsbiographie, die individuelle Vorgeschichte, der familiäre Hintergrund und weitere Ungleichheitsfaktoren, wie Schichtzugehörigkeit oder ethnische Zugehörigkeit, können das »Geschlecht« in seiner Bedeutung für das Erleben des Technikaneignungsprozesses am Computer überlagern.

Das alltägliche »doing gender«

Das soziale System der Zweigeschlechtlichkeit, das die fortgesetzte Einteilung von Individuen in »weiblich« oder »männlich« betreibt, stellt eine »Form der sozialen Organisation« dar (vgl. Hirschauer 1994), die ihre Weiterführung auch im Umgang mit der Technik findet. In bezug auf den Computer bedeutet dies, daß technische Kompetenz am PC-Gerät männlichen Individuen per se zugeschrieben wird und bis zum Beweis des Gegenteils aufrechterhalten wird. Bei weiblichen Individuen ist ein spiegelverkehrtes Verhalten festzustellen: Bei ihnen wird technische Kompetenz am Computer nicht vorausgesetzt, sondern sie muß immer wieder unter Beweis gestellt werden.
Dieses »doing gender« rund um den PC läßt sich anhand vielfältiger Interviewausschnitte rekonstruieren. Solche »platzanweisenden« Interaktionen finden – wie man sich leicht denken kann – bezeichnenderweise da statt, wo sich Individuen nicht an die idealtypische Einteilung in »technikkompetenter Mann« und »technikferne Frau« halten. Im vorliegenden Sample verweisen deshalb besonders die Aussagen von Computer-Expertinnen und weiblichen Computer-Profis auf »doing gender«-Interaktionen. Einen

ersten Hinweis auf den beschriebenen Sozialmechanismus erhielt ich von einer EDV-Trainerin, die früher als Softwareentwicklerin arbeitete und heute selbst Kurse für angehende Softwareentwickler hält. Auf die Frage, wie ihre Umwelt auf ihren Experten-Status reagiert, berichtet sie folgende Anekdote:

»In der Firma, in der ich arbeitete, lief mir mal ein Werkstudent über den Weg, und die Sekretärin will mich ihm gerade vorstellen, da ergreift er, als Mann in dieser Dreierrunde, das Wort und meint freundlich-gönnerhaft: ›Und Sie machen hier also die Büroarbeiten?‹ Da war ich dann schon etwas verdutzt und sagte dann, daß ich hier Software entwickle ... Dann war er still. Das war für ihn schon die Einteilung: Frauen in der Firma sitzen im Büro, und Männer entwickeln Software.« (Andrea A., 35, freiberufliche Softwareentwicklerin und EDV-Trainerin).

Ähnliche Erlebnisse kamen auch bei anderen Interviewpartnerinnen zur Sprache. Dagegen wirken Erzählungen männlicher Interviewpartner auf die Frage nach den Umweltreaktionen wie ein Kontrastprogramm:

»Wenn mich jemand neu kennenlernt, dann ist der erste Eindruck oft: Das ist ein Mensch, der am Puls der Zeit dran ist: ›Ja, Computer machen Sie, ja das ist ja eine Riesengschicht ...‹ Man könnte sich schon fast was drauf einbilden.« (Franz L., 32, Leiter einer EDV-Schule).

Ein anderes wiederkehrendes Muster läßt sich als »Bewährungs-Syndrom« charakterisieren. Tritt in einem Kontext, in dem es um Computer geht, eine kompetente Frau auf, dann wird dieses simple Faktum von ihren Interaktionspartnern zunächst einmal negiert. Dies kann mehr oder weniger subtil geschehen: durch Nachfragen, warum und woher eine bestimmte Frau die spezifische Qualifikation habe oder auch mittels Probefragen, um die Wissensgebiete und -tiefe der Betreffenden zu testen. Erst, so scheint es, wenn eine Frau zum wiederholten Male ihre Fähigkeiten auf dem Gebiet »Computer« unter Beweis gestellt hat, wird das »Unausweichliche« zur Kenntnis genommen. Dies führt aber nicht dazu, daß das Schema der »Schwarz-Weiß«-Einteilung von »männlich« und »weiblich« einer grundsätzlichen Überprüfung unterzogen wird, sondern die einzelne Frau wird als Ausnahme, die eine Regel bestätigt, betrachtet. Mit diesem Trick wird versucht, der alltagsweltlichen dichotomen Ordnung erneut Geltung zu verschaffen.

Berichte von Frauen, im beruflichen Alltag quasi »zwischen den Zeilen« vermittelt zu bekommen, immer etwas besser als ein männlicher Kollege sein zu müssen, könnten mit diesem interaktiv erzeugten Bewähren-Syndrom in Verbindung stehen bzw. seinen Anfang nehmen. Eine freiberufliche EDV-Expertin, die von sich selbst sagt, mehr leisten zu müssen, um dieselbe Anerkennung und vor allem auch dieselbe Bezahlung wie ihre männlichen Kollegen zu erhalten, schildert ihre persönlichen Erfahrungen mit dem »Bewährungs-Syndrom«:

»In der letzten Schulung, da war schon einer drin ... Der hat ständig gefragt, gefragt – und hat durchgetestet, ob ich jetzt noch eine Antwort habe oder nicht. Da hatte ich halt Glück: ich habe seine Fragen beantworten können. Komischerweise, am letzten Tag der Schulung war der wie ausgewechselt und hat mir das Gefühl gegeben, jetzt endlich akzeptiert er mich ...« (Erika S., 34, EDV-Trainerin).

Daß »doing gender« sich wie eine Haut über alltägliche Handlungen legt und für den einzelnen oder die einzelne nicht so einfach »abzuschütteln« ist, macht die folgende Passage deutlich. Eine EDV-Expertin berichtet von deutlichen Verhaltensänderungen ihrer männlichen Gesprächspartner, seit ihr Status als Leiterin einer Computerschule nach außen sichtbar wurde.

»Sehr interessant ist die Auswirkung auf Männer, vor allem auf Handwerker, die an meinem Arbeitsplatz etwas reparieren. Es ist wunderbar, denn plötzlich bin ich einer von denen! EINER! Wenn ich beispielsweise ein Problem mit dem Boiler habe: Mir wird auf einmal bis auf die Schraube und bis auf das Ventil genau erklärt, was da jetzt nicht funktionierte oder was ich reinigen könnte, was ich selber machen könnte ...

(...). Ich werde als gleichberechtigt, aber als MANN behandelt. Das ist für mich deutlich spürbar: Ich bin in dem Moment für diese Männer keine Frau, sondern sie behandeln mich als Mann! Voll gleichberechtigt, das ist äußerst angenehm.« (Regina H., 34, Leiterin einer EDV-Schule).

Die normierende Kraft des »doing gender« könnte nicht besser beschrieben werden als mit diesem Beispiel. Wenn in einer Ausnahmesituation, wie der Reparatur eines technischen Gerätes, die Kompetenz einer Person sich offenbart, wird dies zwar zur Kenntnis genommen. Als technikkompetent wird die Frau allerdings nur unter der (temporären) Preisgabe ihrer Gender-Einordnung als »weiblich« akzeptiert. Die Sprecherin ihrerseits akzeptiert dies, weil sie so dem begrenzenden Käfig der Askription als »nicht-kompetent« entkommen kann. Daraus ergibt sich: erstens, daß die Definitionsmacht, wer als technikkompetent wahrgenommen wird, bei Männern liegt; und zweitens, daß sie auch darüber entscheiden, mit wem ein gleichberechtigter Technikdiskurs geführt wird.

Begeben sich Frauen beruflich in das Feld der Technik, so müssen sie damit rechnen, daß ihnen im sozialen Kontakt die Rolle der »Exotin« immer wieder angetragen wird. Ein männlicher EDV-Profi beschreibt die Situation in der Informatik heute so, daß eine Frau in diesem Berufsbereich immer noch »bemerkt« werde, also als nicht selbstverständlich wahrgenommen werde. Damit ist offenbar seit den 70er Jahren keine grundlegende Änderung dieses Phänomens eingetreten. Denn bereits 1977 berichtete Rosabeth Kanter aus ihren Forschungsergebnissen zum Einfluß von Minderheiten auf Gruppenprozesse ähnliches. Nach Kanter (1977) sind Frauen, die sich innerhalb eines Betriebes in der Minderheit befinden, »sichtbarer« als Männer und geraten deshalb leicht unter Leistungsdruck. Die Betonung der Gruppengrenzen zwischen Mehrheit und Minderheit führt demnach zu einer Polarisierung der Belegschaft und zur Herausbildung der »token women«, der »Alibifrauen«.

Die zusätzliche Überzeugungsarbeit, die ein weiblicher EDV-Profi zu leisten hat, vergleicht eine der Interviewpartnerinnen bildlich mit einer »längeren Wegstrecke«, die sie zurücklegen müsse. Als Geschäftsführerin eines Softwarehauses kontaktiert sie häufig Kunden, die nach ihrer Aussage von der Professionalität einer weiblichen Mitarbeiterin erst einmal überzeugt werden müssen. Fachliche Kompetenz und adäquates Auftreten werde bei Frauen nicht vorausgesetzt, sondern mehr oder weniger überrascht zur Kenntnis genommen. Wenn der Anfang gut gemeistert sei, dann werde eine Frau zwar auch anerkannt wie ein männlicher Kollege. Nur zu Beginn müsse ein »Extra« an Skepsis ausgeräumt werden.

»Ich kann das räumlich erklären: Der Kunde und ich stehen uns gegenüber. Angenommen, ich bin ein Mann, dann würde er mir auf halber Strecke entgegenkommen. Dann müßte ich die andere Hälfte der Strecke überwinden. Hier, bei einer Frau, bleibt er in Warteposition und wartet, bis ich bei ihm bin. So empfinde ich es:

daß ich den längeren Weg habe!« (Nora G., 43, Geschäftsführerin eines Softwarehauses).

Die Genderisierung von Verhaltenserwartungen läuft aber keineswegs nur zwischen Männern und Frauen ab. Die Interviewprotokolle deuten darauf hin, daß dies auch innerhalb der Gruppe der Frauen geschieht. Besonders bei der Begegnung von Frauen mit gänzlich unterschiedlichem biographischen Hintergrund (also beispielsweise einer berufstätigen Informatikerin und einer Hausfrau und Mutter) traf dies im vorliegenden Sample zu. Auf die Frage nach unterschiedlichen Reaktionen von Männern und Frauen auf ihren Profi-Status antworteten alle befragten Frauen der EDV-Profi-Gruppe, daß eine erstaunte Reaktion, die Ablehnung signalisiere, eher von Frauen als von Männern komme.

»Frauen habe ich häufiger in der ›Huch‹-Position erlebt: ›Huch, was machen Sie denn?‹ Die haben öfters ihr Erstaunen ausgedrückt. Männer äußern auch ihr Erstaunen, aber nicht so, daß ich denke, ich bin die absolute Exotin. Ich bin da zwar nicht der Regelfall, aber das gibt es öfters. Also, das Interessante schwingt da mit rein.« (Kerstin B., 38, Softwareentwicklerin).

Die Aussage einer weiteren Befragten bestätigt diesen Sachverhalt:

»Bei Männern kann es natürlich sein, daß sie einschnappen. Bei Frauen hast du aber manchmal den Eindruck, daß man dir insgeheim vorwirft, daß du aus der Reihe tanzt. Wenn man gefragt wird, was man beruflich macht, kann es passieren, daß so Blicke von der Seite kommen, so taxierend. Gerade von den Frauen!« (Maria T., 30, Diplom-Informatikerin, Unternehmensberaterin).

Diese Befremdung und Ablehnung ausdrückende Reaktion kommt den Erfahrungen der Befragten zufolge vor allem von solchen Frauen, die selbst keinerlei Kontakt zur Computertechnik haben. Das »Ausscheren« aus der festgefügten Gender-Ordnung, welche für Frauen qualifizierte Tätigkeiten im technischen Bereich nicht vorsieht, kann offenbar von jenen Frauen am wenigsten toleriert werden, welche sich selbst ausschließlich innerhalb vorgegebener Gender-Zuordnungen bewegen (und die in dieser Studie als (computer)technikfern charakterisiert werden). Differierende Selbstkonzepte von Frauen mit unterschiedlicher berufsbiographischer Sozialisation stehen hier einander gegenüber. »Doing gender« findet also nicht nur in der Begegnung von Männern und Frauen statt, sondern wird auch zwischen Frauen angewandt. Die Ergebnisse dieser qualitativen Studie machen darüber hinaus deutlich, daß die Gruppe der Frauen tatsächlich weitaus weniger homogen ist, als manche Theorieansätze zur Geschlechtsspezifik suggerieren.

Resümee

Bereits die Schilderungen über den Einstieg in die Computerwelt machten auf die unterschiedlichen Perspektiven und Voreinstellungen von Frauen und Männern aufmerksam. Computerspiele stellen einen wichtigen Wegweiser dar, anhand dessen sich die Computer-Sozialisation männlicher EDV- Experten, EDV-Profis und EDV-Einsteiger gleichermaßen zurückverfolgen läßt. Keine der befragten Frauen kam dagegen über das Interesse für Computerspiele zur EDV. Sie lehnen diese Freizeitbeschäftigung meist heftig ab, kritisieren sie als Zeitverschwendung und fürchten eine Vernachlässigung von sozialen Bezügen. Nur wenn sich im Familien-, Freundes- oder Kollegenkreis ein Situation ergibt, in der gemeinsam gespielt wird, gewinnt diese Tätigkeit auch für sie wieder an Attraktivität.

Das Doing-gender-Konzept stellt auf soziale Beziehungen ab und will Relationen herausarbeiten, was der ausschließlichen Betrachtung nur einer Gruppe (etwa der Gruppe der Frauen) entgegensteht. Wie ein Individuum ihre/seine Herangehensweise an den Computer erfährt und definiert, wird erst vor dem Hintergrund bestehender Gender-Verhältnisse sichtbar. Denn innerhalb der symbolischen Ordnung der Zweigeschlechtlichkeit nimmt die Technik als gender-differenzierender Faktor eine herausgehobene Stellung ein. Die Aneignung des Computers findet demnach nicht voraussetzungslos statt, sondern in einem sozialen Raum, der technische Kompetenz bei Jungen/Männern voraussetzt und bei Mädchen/Frauen nicht. Auf der Basis der alltagsweltlichen Aushandlungen des doing gender wird das Verhältnis zum Computer geklärt. Dabei erleben Individuen, wie sich ihnen Handlungsspielräume eröffnen oder verschließen und wie von den AkteurInnen unterschiedliche Aneignungsformen aktualisiert werden. Bei dem empirischen Material dieser Arbeit liegt deshalb der Schwerpunkt nicht auf Definitionen, wie Männer sind und wie Frauen

(anders) sind, was weiblich und männlich ist im Computerumgang, sondern es ging darum, zu zeigen, wie sich ›doing gender‹ vollzieht, wie sich Frauen und Männer daran beteiligen und wie sie sich unter dem Eindruck des ›doing gender‹ verhalten.
Gegenüber EDV-Expertinnen und EDV-Profi-Frauen kommt doing gender in Form des Bewährungssyndroms zum Vorschein, wenn ihre fachliche Kompetenz nicht vorausgesetzt, sondern auf die Probe gestellt wird. Es ist ein Ausdruck von strukturellen Statusunterschieden zwischen Männern und Frauen, wenn die Definitionsmacht, wer als technikkompetent gilt, weitgehend bei Männern liegt. Treten technikkompetente Frauen, wie EDV-Expertinnen und EDV-Profi-Frauen, auf, die das dichotome Ordnungsraster transzendieren, dann führt dies in aller Regel nicht zu einer Überprüfung dieses Ordnungsprinzips und zu einer Einstellungsänderung bei den sozialen Akteuren. Vielmehr kommt es nicht selten statt dessen zu einer temporären Suspendierung einer weiblichen technikkompetenten Person von ihrer Genderzuordnung als Frau. Ein Überblick über die Aneignung des Computers durch Frauen zeigt, daß sie zwar zuweilen mit Verhaltenszumutungen, die aus doing gender-Prozessen herrühren, konfrontiert werden, daß sie dadurch aber nicht von ihrem beruflichen oder privaten Ziel des kompetenten Computertechnikumgangs abzubringen waren. Doing gender stellt sich als ein zwar omnipräsenter, wenngleich nicht deterministisch wirkender Faktor dar. Die befragten Frauen sind sich zwar bewußt, daß ihre Tätigkeit zuweilen Erstaunen oder gar Befremden auslöst. Ihre eigene Perspektive zeichnet sich in Abgrenzung dazu durch eine Dennoch-Haltung aus. Sie demonstrieren wirkungsvoll ihre Fähigkeit zum kompetenten Computerumgang (auch gegen eine zeitweise sich widerständig gebärdende Umwelt) und beziehen daraus ein Stück zusätzliches Selbstbewußtsein. Haben also Frauen den Graben erstmal durchschritten, der traditionell zwischen ihrer Genderzuschreibung und der (Computer-)Technik konstruiert wird, können sie ihre technikbezogenen Kenntnisse und Fähigkeiten nutzen, um damit ihren Status als EDV-Expertin oder EDV-Profi zu unterstreichen. Auf diese Weise erhält die Auseinandersetzung mit der Computertechnik ein emanzipatorisches Element.

Literatur

BIBB (Hrsg.) (1989), Zur Ausweitung des Berufsspektrums für Frauen im gewerblich-technischen Berufsbereich, Berlin & Bonn

Brecher, D. (1988), *Go – Stop – Run. Das Frauen Computer Lehrbuch*. Berlin: Orlanda Frauenverlag

Cockburn, C. (1988), *Die Herrschaftsmaschine. Geschlechterverhältnisse und technisches Know-how*. Berlin & Hamburg: Argument Verlag

Collmer, S. (1997), *Frauen und Männer am Computer. Aspekte geschlechtsspezifischer Technikaneignung*. Deutscher Universitätsverlag Wiesbaden

Derrichs-Kunstmann, K. (1990), Frauen und neue Informations-und Kommunikationstechnologien. Bilanz einer Debatte, in: Forschungsinstitut für Arbeitnehmerbildung (Hg.), *Frauenforschung in der Arbeitnehmerorientierten Forschung* Nr. 9/90. Recklinghausen, S. 11-27

Dostal, W. (1989), *Die Datenverarbeiter – Ende des Booms?* Materialien aus der Arbeitsmarkt- und Berufsforschung Nr. 2/1989. Nürnberg

Eckert, R./W. Vogelsang /T. A. Wetzstein/R. Winter (1991), *Auf digitalen Pfaden. Die Kulturen von Hackern, Programmierern, Crackern und Spielern*. Opladen: Westdeutscher Verlag

Fuchs, W. & R. Klima (u. a.) (1978), *Lexikon zur Soziologie*. Opladen: Westdeutscher Verlag

Glaser, B. G. & Strauss, L. Anselm (1979), Die Entdeckung begründeter Theorie«, in: Gerdes, K., *Explorative Sozialforschung*. Stuttgart: Beltz Verlag

Hagemann–White, C. (1992), *Das Ich, das Es und die Geschlechterverhältnisse, Wie weit trägt die Betrachtung der Zwei–Geschlechtlichkeit als kulturelles Konstrukt?* Vortrag gehalten am 26. Deutschen Soziologentag in Düsseldorf. 29. September 1992.

Hagemann–White, C. (1993), Die Konstrukteure des Geschlechts auf frischer Tat ertappen? Methodische Konsequenzen einer theoretischen Einsicht. S. 68-79 in: *Feministische Studien, Heft 2*

Hirschauer, S.(1994), Die soziale Fortpflanzung der Zweigeschlechtlichkeit, S. 668-692 in: *Kölner Zeitschrift für Soziologie und Sozialpsychologie, Heft 4*, Jg.46

Hoffmann, U. (1987), *Computerfrauen. Welchen Anteil haben Frauen an Computergeschichte und -arbeit* ? München: Hampp Verlag

Janshen, D./H. Rudolph et al. (1987), *Ingenieurinnen. Frauen für die Zukunft*. Berlin & New York: De Gruyter Verlag

Kahle, R. (1989), Frauen, ran an den Computer? Technikangst und Technikdistanz von Frauen in kritischen Computerkursen, in: *Psychologie & Gesellschaftskritik, Heft 1/2, S. 95-123*

Kalmbach, I./J. Kauermann-Walter/S. Metz-Göckel (1990), *Mädchen und Jungen am Computer, Unterschiedliche Zugangsweisen zum Computer.*

Hrsg. vom Hochschuldidaktischen Zentrum der Universität Dortmund: Schwerte
Kanter, R. M. (1977), *Men and Women of the Corporation*. New York: Basic Books
Keiler, P. (1988), Betrifft: Aneignung, in: Holzkamp, K. (Hrsg.), *Forum Kritische Psychologie 22*. Berlin & Hamburg, S. 102-122
Knapp, G.-A. (1987), Arbeitsteilung und Sozialisation: Konstellationen von Arbeitsvermögen und Arbeitskraft im Lebenszusammenhang von Frauen, in: Beer, U. (Hrsg.), *Klasse Geschlecht, Feministische Gesellschaftsanalyse und Wissenschaftskritik*, Bielefeld: AJZ Verlag, S. 236-273
Knapp, G.–A. (1989), »Männliche Technik – weibliche Frau? Zur Analyse einer problematischen Beziehung«, in: Becker, D./R. Becker-Schmidt /G.-A. Knapp/A. Wacker: *Zeitbilder der Technik. Essays zur Geschichte von Arbeit und Technologie*. Bonn: Dietz Verlag, S. 193-253
Lutz,B.(1987), »Das Ende des Technikdeterminismus und die Folgen – soziologische Technikforschung vor neuen Aufgaben und neuen Problemen«, in: Ders (Hrsg.), *Technik und sozialer Wandel, Verhandlungen des 23. Deutschen Soziologentages in Hamburg 1986*. Frankfurt/Main & New York. Campus Verlag, S. 34-52
Rammert, W. (1992), »Wer oder was steuert den technischen Fortschritt? Technischer Wandel zwischen Steuerung und Evolution«, in: *Soziale Welt Nr. 1*, S. 8-25
Roloff, Ch. (1994), »Weiblichkeit und Männlichkeit im Feld der Technik. Zum Erwerb technischer Kompetenz«, in: Aulenbacher, B. & M. Goldmann (Hrsg.), *Transformationen im Geschlechterverhältnis*. Frankfurt & New York: Campus Verlag, S. 47-70
Schachtner, Ch. (1993), *Geistmaschine. Faszination und Provokation am Computer*. Frankfurt/Main: Suhrkamp Verlag
Seeland, S. & C. Strauven(1985), »Frauen, ran an die Technik!«, in: Huber, M. & B. Bussfeld(Hrsg.), *Blick nach vorn im Zorn. Die Zukunft der Frauenarbeit.*Weinheim & Basel: Beltz Verlag, S. 198-210
Turkle, S. (1986), *Die Wunschmaschine, Der Computer als zweites Ich*, Reinbek: Rowohlt Verlag
Wagner, I. (1986), »Das Erfolgsmodell der Naturwissenschaften. Ambivalenzerfahrungen von Frauen«, in: Hausen, K. & H. Nowotny (Hrsg.), *Wie männlich ist die Wissenschaft?* Frankfurt/Main: Suhrkamp Verlag, S. 237-252
West, C. & D. H. Zimmerman (1991), »Doing gender«, in: Lorber, J. & S. A. Farell (Hrsg.), *The Social Construction of gender*, Newbury: Calif. Sage Publ., S. 13-37

Arno Bammé

Subjektivität in der Technologischen Zivilisation

Voraussetzungen und Formen politischer Einflußnahme[1]

Problemaufriß

Die »Technologie«, die ihren historischen Ursprung im Stoffwechselprozeß des Menschen mit der Natur hat, mit innerer ebenso wie mit äußerer, gewinnt zunehmend an Bedeutung gegenüber der »Ökonomie« als dem Syntheseprinzip der bürgerlichen Gesellschaft, das von der Stofflichkeit der Auseinandersetzung des Menschen mit der Natur geradezu abstrahiert. Damit verändert sich die historische Frage nach dem Verhältnis von menschlicher Subjektivität, Natur und Gesellschaft. Auf der einen Seite erzeugt der technologische Zugriff des vergesellschafteten Menschen auf die Natur die *Notwendigkeit* langfristiger, weltweiter politischer Ordnungsverfahren, um die ökologischen und sozialen Folgewirkungen zu kanalisieren und »Selbstläufe« zu verhindern. Auf der anderen Seite eröffnet er überhaupt erst die historische *Möglichkeit* der Bearbeitung dieser Probleme, zum einen dadurch, daß er durch den Zuwachs an Arbeitsproduktivität »disposable time« schafft, frei verfügbare Zeit, zum anderen dadurch, daß er, unter anderem durch die Verkehrs-, Informations- und Kommunikationstechnologien, die materiellen Voraussetzungen hierfür zur Verfügung stellt. Dem »subjektiven Faktor« im Rahmen dieses widersprüchlichen historischen Entwicklungsprozesses bewußt und demokratisch legitimierte Eingriffsmöglichkeiten zu verschaffen, würde vor allem bedeuten, gesellschaftliche Partizipations- und Entscheidungs*verfahren* zu *institutionalisieren*, die den unterschiedlichen Abstraktionsebenen und Aggregationsniveaus der zur politischen Entscheidung anstehenden Probleme in je unterschiedlicher Weise gerecht werden. Appellative Mahnungen, Visionen eines herrschaftsfreien Diskurses reichen nicht mehr aus.

Daß die Technologie die Ökonomie als gesellschaftliches Synthe-

1 Für Hinweise und Kritik danke ich Christine Wächter (Graz), Hasso Reschenberg (Würzburg) und Ernst Kotzmann (Klagenfurt).

seprinzip entwertet und damit zugleich die Notwendigkeit *und* die Möglichkeit politischer Diskurse über gesellschaftliche Entwicklungslinien eröffnet, diese Überlegung, das sei zugestanden, ist eine Hypothese, die weiterer empirischer Absicherung bedarf: In welchen Technologiebereichen werden Entwicklungslinien politisch, nicht ökonomisch dominiert? In welchem Umfang genau geschieht das? Welche Interessen und Motive stehen hinter den Entscheidungen? Wie werden sie verschleiert?

Der Prozeß der Politisierung von Technologie ist seit längerem schon zu beobachten. Er entzieht sich aber weitgehend demokratischer Kontrolle. Den »subjektiven Faktor« gegenüber »objektivierten Selbstläufen« und »Sachgesetzlichkeiten« in anderer Weise wirksam werden zu lassen, heißt, technologische Entwicklungen nicht nur bewußt zu gestalten, Eigendynamiken zu verhindern, sondern auch die durch sie verschleierten politischen Interessen offenzulegen und einer demokratischen Kontrolle zuzuführen. Subjektivität, verantwortliche Gestaltungsmacht und bewußter Gestaltungswille, dieser ständige Balanceakt zwischen Autonomie und Heteronomie, zwischen Eigen- und Gemeinsinn, der über gesellschaftliche Zukünfte entscheidet, kann unter den Bedingungen der technologischen Zivilisation eine politisch verbindliche Durchschlagskraft aber nur dann entfalten, wenn ihm entsprechende demokratisch legitimierte Institutionen und Verfahren zur Verfügung stehen. Sie gilt es (weiter) zu entwickeln.

Exemplarisch werden im folgenden drei Modelle vorgestellt, die den »subjektiven Faktor« in unterschiedlicher Weise, in unterschiedlicher Gewichtung von Expertenkompetenz, basisdemokratischen Elementen und Elementen der repräsentativen Demokratie zur Geltung bringen. Bei den zwei mikrosoziologischen Varianten, der »Planungszelle« und der »Zukunftswerkstatt«, handelt es sich um zwei Vorschläge der Bürgerbeteiligung, mit deren Hilfe der »subjektive Faktor« *unmittelbar* in politische Entscheidungs*verfahren* eingebunden werden soll. Auf der Ebene überregionaler *Institutionen* wird das von Burkhard Wehner vorgeschlagene makrosoziologische Modell einer effizient arbeitenden und demokratisch legitimierten Expertensouveränität der Komplexität und Dynamik übergreifender technologischer Entwicklungen sicher eher gerecht als die lokal und zeitlich begrenzten »Bürgerinitiativen vor Ort«. Ihm wären Aufgaben zuzuordnen, die bislang unter anderem, und unter der Hand, von NGO's, non governmental organizations, wahrgenommen werden. Gegen die Überlegungen Wehners lassen sich zweifellos gewichtige Vorbehalte formulieren: Ist das traditionelle parteipolitisch orientierte System der parlamentarischen Demokratie tatsächlich am Ende seiner Möglichkeiten? Verbergen sich hinter den Grundannahmen des Wehnerschen Modells mittelbarer Einflußnahme letztlich nicht neoliberale Vorstellungen, die ihre ideologische (sprich: marktökonomische) Basis im 19. Jahrhundert haben? Wie und durch welche Vermittlungsinstanzen finden die notwendigen Abstimmungen zwischen den einzelnen von ihm skizzierten »Spartenstaaten« statt, etwa zwischen einem Militär- und Währungsrat? Letztlich doch wieder durch tagespolitische Gremien? Trotz dieser Vorbehalte finden sich bei Wehner bedenkenswerte Überlegungen, den »subjektiven Faktor« unter den Rahmenbedingungen einer technologischen Zivilisation in gesellschaftlich wirksamer Weise neu zu institutionalisieren.

2. Technologisches Zeitalter oder Postmoderne?

Stünden wir vor der Aufgabe, die Gesellschaft, in der wir leben, zu charakterisieren, so hätten wir vor allem zwei Phänomene, die einander scheinbar ausschließen, in unsere Betrachtung einzubeziehen. Auf der einen Seite läßt sich eine zunehmende Vielfalt an subjektiven Werten, Deutungen und Zielvorstellungen registrieren. Gesellschaftliche Verbindlichkeiten, so scheint es, verlieren an Gewicht. Beliebigkeit und Zufälligkeit prägen immer stärker unser Leben. Fundamentalismen aller Art vermehren sich ständig und entwerten sich dadurch selbst. Dem einzelnen Subjekt eröffnen sich in diesem »Kuddelmuddel« Gestaltungs- und Interpretationsspielräume, Möglichkeiten der Selbstdarstellung, die früher ganz undenkbar waren. Man[2] gewinnt den Eindruck, als ob die Lebensgestaltung der vielen einzelnen immer mehr vom subjektiven Entwurf und immer weniger von der objektiv vorgegebenen Situation, in der sie sich befinden, bestimmt wird. Folgerichtig

2 Aus Gründen der Sprachvereinfachung ist im folgenden Text und in der zitierten Literatur überwiegend die männliche Form der Substantive verwendet worden. Die weibliche Form (etwa der Bürgerin, der Politikerin) ist substantiell immer mitgemeint, sofern nicht explizit etwas anderes gesagt oder aus dem Sinnzusammenhang ersichtlich ist.

wird in den Sozialwissenschaften allenthalben der »subjektive Faktor« wieder entdeckt. Kulturelle Vielfalt ersetzt monokratische Selbstverständlichkeiten. Kurzum: Die postmoderne »Erlebnisgesellschaft« (Schulze 1992) ist weitgehend geprägt durch eine »Entkollektivierung von Wirklichkeitsmodellen« (1992, S. 541); Heterogenes ist abstandslos und die Gleichzeitigkeit des Ungleichzeitigen zur Normalität geworden – im Zeitalter des Flugverkehrs und der Telekommunikation (Welsch 1991, S. 216).
Im Zeitalter des Flugverkehrs und der Telekommunikation – damit wären wir beim zweiten Phänomen, bei der Technologie, die eine »Weltgesellschaft« konstituiert. Sinnstiftende Einheit, verbindliche Ordnung, eine Struktur, die das Ganze zusammenhält, all das findet sich nicht mehr in der Philosophie, nicht mehr in der Religion und nicht mehr in spekulativen Gesellschaftsentwürfen vom besseren Leben. Die Einheit der Welt, das sie durchdringende und beherrschende Band findet sich in der Technologie. Sie »formiert« Weltgesellschaft (Hülsmann 1985). Nun müssen beide Phänomene, postmoderne »Unübersichtlichkeit« und technologische »Formierung« der Gesellschaft, einander gar nicht ausschließen. Sinnvoller scheint mir eine Interpretation, die beides als zwei Seiten ein und derselben Medaille nimmt, als jeweils unterschiedliche Fokussierungen zweier Perspektiven der Betrachtung ein und desselben Sachverhalts. Die Postmoderne, ihre verwirrende Vielfalt, hat zur Basis eine einheitsstiftende Technologie. Sie erst ermöglicht postmoderne Vielfalt. Mit anderen Worten: Das technologische Zeitalter *ist* die Postmoderne (Zimmerli 1988).

Technologie oder Ökonomie?

Nur eine durch Technologie geeinte und zusammengehaltene Gesellschaft könne, so ließe sich resümieren, in ihrem geistigen Überbau jene verwirrende Buntheit aufweisen, ohne im Chaos zu enden. Diese einheitsstiftende und zivilisatorische Funktion hatte in der bürgerlichen Gesellschaft bislang zweifellos die Ökonomie inne (Bammé/Fleissner 1994, S. 62 ff.). Ökonomie in der bürgerlichen Gesellschaft heißt Marktökonomie. Der Markt vermittelt zwischen den isolierten einzelnen. Gesellschaft etabliert sich hinter dem Rücken der Menschen über die Warenbeziehungen, die sie miteinander eingehen.

Hat in der bürgerlichen Gesellschaft bislang die Ökonomie (der Markt) die Technologie (die Produktion) dominiert, so deuten verschiedene Anzeichen seit der Jahrhundertwende auf eine Umkehrung dieses Dominanzverhältnisses hin. Bereits 1925 ortet Hans Freyer (S. 176f.) in der Technik ein »System von eigener Herkunft, eigener Entwicklungstendenz und planetarischem Ausmaß«, das durchaus »eigene Verbindungen und Abhängigkeiten zwischen den Menschen zu stiften« vermag. Damit gerät Technik nicht mehr nur als Instrument, sondern als Ordnung, als Gesellschaft gestaltende Kraft ins Blickfeld. Ja, mehr noch: Die Technik lasse sich nicht länger auf ein ökonomisches Bezugssystem zurückführen, schreibt Friedrich Georg Jünger. Vielmehr müsse die Ökonomie als eine Funktion der Technik betrachtet werden (1953, S. 229). So hat die Marktwirtschaft weder die Atomindustrie hervorgebracht noch Autobahnen, weder Raumfahrt- noch Rüstungsindustrie. Bei all dem handelt es sich um politische Entscheidungen, abgewickelt zwar nach den Regeln der Marktökonomie, auf den Weg gebracht aber durch politische Vorgaben.

Die Naturseite der Produktion gewinnt an Bedeutung gegenüber ihrer gesellschaftlichen Formbestimmung. Die Technologie, die anderen Gesetzen als denen des Marktes folgt, erhält zunehmend Gewicht und beeinflußt Investitionsentscheidungen immer stärker. Eingriffstiefe und Ausmaß der Technologisierung menschlicher Lebenswelten nehmen zu. Die Naturseite, die Gebrauchswertseite der Produktion, von der der Markt abstrahiert, tritt zunehmend in Widerspruch zu der auf der Verrechnung von Arbeitseinheiten basierenden (Tausch-)Wertseite der Produktion. Nicht mehr die Arbeitszeit, sondern die »disposable time« wird nun zum Maß des Reichtums einer Gesellschaft (Marx 1953, S. 587ff.). Der Widerspruch äußert sich in Gestalt von Umweltkatastrophen und sozialen Krisen.

Freyer und Jünger hatten die Technologien der zwanziger und dreißiger Jahre vor Augen, nicht die gegenwärtigen Informations- und Kommunikationstechnologien, schon gar nicht die gen- und humanmedizinischen Reproduktionstechnologien. Computertechnologien, gen- und humanmedizinische Reproduktionstechnologien greifen in die geistige und körperliche Identität des Menschen ein. Sie domestizieren und sozialisieren ihn nicht nur, so wie es die Ökonomie in der bürgerlichen Gesellschaft durch den stummen Zwang der Verhältnisse, die sie schuf, getan hat (Marx 1968, S. 765), sondern sie stellen ihn viel grundlegender zur Disposition. Doch die Entwicklung ist widersprüchlich. Die neuen Technologien eröffnen dem Menschen Freiräume, erlösen ihn von der Notwendigkeit, tradierte, als selbstverständlich hingenommene gesellschaftliche Zwänge verinnerlichen, an sich selbst vollziehen zu müssen. Gleichzeitig erzeugen sie neue Verhaltenszumutungen.

Die technologische Entwicklung vergrößert, individuell und gesellschaftlich, nicht nur die »disposable time« und ermöglicht dadurch, daß gesellschaftlich notwendige Arbeit zunehmend außerhalb des traditionellen erwerbswirtschaftlichen Sektors erbracht werden kann, sondern sie stellt auch die Voraussetzungen für neue Formen zwischenmenschlicher Vernetzungen zur Verfügung, sie erzeugt die Notwendigkeit neuer gesellschaftlicher Regulationsmechanismen und Politikpraktiken. Aber: Sie müssen erlernt und praktiziert, in sie muß eingeübt werden. Planungszelle, Zukunftswerkstatt, Dritte Kammer, Zukunftsrat – all das sind Formen demokratisch fundierter Entscheidungsprozesse zur Technologie- und Politikgestaltung, die aufgrund dringender aktueller Probleme entstanden sind (Kernenergiediskussion, ISDN/Integriertes Sprach-Daten-Netz, alternative Energie etc.).

4. Technologie und Politik. Die Frage nach dem Subjekt

Die verlorengegangene Einheit der Menschen stellt sich nicht im Bereich des Subjektiven wieder her, sondern sie setzt sich vermittelt über Technologie durch. In der historischen Umbruchphase, in der wir uns gegenwärtig vermutlich befinden, lassen sich die einander überlagernden gesellschaftlichen Integrationsleistungen von Technologie und Ökonomie nicht trennscharf voneinander unterscheiden. Zweifellos werden technologische Entwicklungen durch ökonomische Motive politisch mitbestimmt, ebenso wie ökonomische Interessen auf technologische und politische Vorgaben Rücksicht nehmen müssen. Hieraus resultiert nach Sohn-Rethel (1989) ein Großteil der aktuellen Krisenerscheinungen. Die *eine* Stufe gesellschaftlicher Synthese, die (Markt-)Ökonomie, beherrscht die gesellschaftliche Entwicklungsdynamik nicht mehr, und die *andere*, die (Produktions-)Technologie, beherrscht sie noch nicht.

Gesellschaftliche Zukünfte werden zunehmend politisch, im vorparlamentarischen Raum, weitgehend unabhängig vom Marktgeschehen entworfen. Ein Amalgam, ein trübes Gemisch aus Industrie-, Militär- und Parteiinteressen ist dafür verantwortlich, ohne jedoch Verantwortung für die Folgen zu übernehmen (vgl. die Reportage »Kämpfen und Kungeln« 1993, S. 50ff.). Es ist die Formkraft des politischen (nicht des demokratischen) Prinzips, das die Entwicklungslinien der Technologie und damit die Zukunft der Gesellschaft festlegt. Die Technologie entwickelt keine Motive und Interessen aus sich selbst heraus. Es sind immer die dahinter stehenden Menschen, die das, oft unbewußt und unwillentlich, tun. Es käme deshalb darauf an, der Politik bewußt und willentlich Priorität einzuräumen, also das, was unter der Hand, in einem trüben Gemisch unterschiedlicher Interessen, ohnehin geschieht, in demokratisch legitimierte Bahnen zu lenken. Aber wie und durch wen kann demokratisch legitimierte und kontrollierte Macht ausgeübt werden, die oftmals gegen die aktuellen Interessen der Mehrheit der Bevölkerung zu handeln genötigt ist, um zukünftige Überlebensmöglichkeiten der Menschen nicht zu gefährden? Diese Frage stellen, heißt, die Frage nach dem historischen Subjekt, das all die notwendigen Veränderungen bewirken und verantworten soll, zu stellen.

Wenn Geschichte gemacht, Gesellschaft gestaltet wird, *wer* macht, *wer* gestaltet sie? Üblicherweise, in der Tradition bürgerlicher Aufklärung und Selbstbewußtseins, verstehen wir unter einem Subjekt einen Handlungsträger, der Ursache von Handlungen ist, der weiß, daß *er* handelt, daß *er* zur Verantwortung gezogen werden kann, daß *er* einer Begründungspflicht anderen gegenüber unterliegt (Heintel 1993, S. 185). Doch wer befindet sich heute noch in einer solch privilegierten Situation, daß er die Wirkungen seines Tuns absehen kann? In der Regel ist die Verantwortung für ein Produkt, für die Folgen einer Handlung einem einzelnen Subjekt kaum noch zurechenbar, weil daran viele, oft anonym und in wechselnder Beteiligung, mitgewirkt haben. Deutlich wird dieser Sachverhalt unter anderem in der Reportage Tracy Kidders (1984, S. 281) über die Entwicklung eines Computers. Am Schluß seines Berichtes beschreibt er, wie die an der Herstellung beteiligten Wissenschaftler und Ingenieure versuchen her-

auszufinden, *wer* aus der Gruppe zu den patentierbaren Merkmalen der neuen Maschine *was* beigetragen hat. Das Unternehmen benötigt die entsprechenden Angaben, um die Patente anzumelden. In den Sitzungen der Mitarbeiter wird deutlich, daß eine individuelle Zurechnung kaum möglich ist, weil der Bau des Prototyps tatsächlich eine Kollektivleistung ist und viele Mitarbeiter dem Team inzwischen gar nicht mehr angehören.
Daß der einzelne in seiner Verantwortung, ja überhaupt im Begreifen dessen, was um ihn herum geschieht, unter den gegenwärtigen institutionellen Bedingungen überfordert ist, dieser Verdacht erhärtet sich aufgrund der neueren Diskussion darüber, ob nicht nur Individuen, sondern auch Organisationen *lernen* können, ob nicht sie der eigentliche Adressat für gesellschaftliche Veränderungsprozesse sind (Sattelberger 1994, Kreikebaum 1994, Wengelowski und Breisig 1994). Die Diskussion dürfte ähnlich unfruchtbar enden wie jene, die der Frage nachging, ob Computer denken können wie Menschen (Bammé 1994, S. 75 ff.). Sie wird lediglich zu einer Präzisierung der Begrifflichkeit dessen führen, was wir unter »Lernen« verstehen wollen. Aber immerhin richtet sie die Aufmerksamkeit auf das Problem der Zurechenbarkeit von Handlungen und Folgen unter den Bedingungen einer technologischen Zivilisation, ein Problem, das in traditioneller Weise, in der Denkfigur des autonomen (bürgerlichen) Subjekts, nicht mehr angemessen thematisiert werden kann. Es in dieser Form zu thematisieren, würde eine systematische Überforderung des einzelnen, gemessen an den ihm zur Verfügung stehenden Möglichkeiten, bedeuten. Zwar handelt nach wie vor das einzelne Subjekt, aber es tut dies *fragmentarisch* und *in* Organisationen. Erst in ihrem Bezugsrahmen bekommt der einzelne (Vereinzelte) seinen besonderen Platz.
Historisch ist die Situation, in der sich die Menschen heute befinden, nicht mehr dadurch gekennzeichnet, daß sie Wahrheiten über die Wirklichkeit, die sie umgibt, *entdecken*, sondern dadurch, daß sie über die Wirklichkeit von Wahrheit, die sie selber produzieren, *entscheiden müssen*. Wollen sie den Weltraum erobern? Wollen sie die Kernfusion realisieren? Wollen sie den gentechnologischen Eingriff in menschliches Erbgut? All das gehört entschieden. Die von uns selbst geschaffenen Technologien erzwingen es. Ob wir wollen oder nicht: Wir müssen Geschichte machen, die Zukunft gestalten, bewußt planen. Umweltprobleme, Ressourcenverknap-

pung, Überbevölkerung, soziale Unverträglichkeiten gefährden das Überleben der Gattung. Kein Volk, kein Staat ist heute noch länger von der gemeinsamen Geschichte der Menschen ausgeschlossen. Technologische »Selbstläufe« drohen Folgewirkungen zu zeitigen, die niemand mehr in der Hand hat. Die Technologien setzen uns unter Handlungszwang, aber sie geben uns zugleich Möglichkeiten in die Hand, ihn zu bewältigen. Die Kommunikations- und Verkehrstechnologien schaffen die materielle Infrastruktur für eine weltweit mögliche Vernetzung, die den geographischen Standort des einzelnen Subjekts (mit seinen je spezifischen Kompetenzen) im Vernetzungsgeflecht weitgehend beliebig werden läßt. Sie sind jederzeit abrufbar, von jedem Ort. Traditionelle Instanzen gesellschaftlicher Synthese (Familien, Gebietskörperschaften, Staaten) verlieren dadurch an Bedeutung (Nahrada/Stockinger/Kühn 1994). Den Menschen, die sich über Technologien miteinander vernetzen, steht es frei, zwischenmenschliche Beziehungen, welcher Art auch immer, einzugehen, sei es *neben* oder *mittels* der Maschine. An die Peripherie eines Maschinensystems gedrängt, können sie kurz-, mittel- oder langfristige Figurationen bilden. Sie können es auch bleiben lassen. Für den Bestand des Vergesellschaftungszusammenhanges ist das unerheblich. Er ist *in* der Maschinerie vergegenständlicht.

In dem Maß, wie der einzelne Mensch davon befreit ist, als bloßes Mittel der Produktion zu fungieren, wird er auch eher in der Lage sein, politisch Einfluß zu nehmen auf die Gestaltung seiner Lebenswelt, auf Entscheidungen, die politisch, wenn auch nicht immer demokratisch, getroffen werden. Politische Einflußnahme unter den Bedingungen einer technologischen Zivilisation, eine Einflußnahme, die von Wahrheiten nicht ausgeht, sondern sie in gemeinsamer Kommunikation erzeugt, kann nicht einigen wenigen Auserwählten überlassen bleiben. Verantwortung für eine Entwicklung, von der alle betroffen sind, kann nicht arbeitsteilig in einem das einzelne Subjekt überfordernden Sinn wahrgenommen werden. Allerdings: Sie ist an Voraussetzungen gebunden. Entscheidungen in einer komplexen und äußerst dynamischen Umwelt setzen Sachverstand voraus, freie Zeit, ökonomische Absicherung und Interesse. Wer in der Weiterbildung tätig ist, weiß, wie schwierig es selbst hoch motivierten Erwachsenen fällt, abends, nach einem anstrengenden achtstündigen Arbeitstag, einem Vortrag zu folgen.

Eine lebendige Demokratie unter den Bedingungen einer technologischen Zivilisation ist nicht billig zu haben. Im Gegenteil. Längere Aus- und Weiterbildungszeiten werden notwendig sein, ebenso kontinuierliche Freistellungen von Erwerbsarbeit. Es wird zu einer Umverteilung des gesellschaftlich insgesamt erwirtschafteten Reichtums kommen müssen. Daran führt kein Weg vorbei, auch wenn es sich hierbei nur um einen langfristig angelegten Prozeß handeln kann, der die davon Betroffenen ökonomisch, sozial und psychisch nicht überfordern darf. Die Existenz aller Mitglieder einer Gesellschaft muß in einer Art und Weise gesichert sein, die einzelne nicht, wie bisher, stigmatisiert und ausgrenzt. Grund- bzw. Basiseinkommen, Bürgergeld, Zeitsouveränität, Eigenarbeit sind einige Stichworte für die gegenwärtig so heftig geführten Diskussionen um die Neuverteilung und Umstrukturierung der gesellschaftlich zu erbringenden Arbeit (exemplarisch: Opielka und Vobruba 1986, Die Zukunft der Arbeit 1 und 2, 1977 und 1978). Die durch Technologie ermöglichte Reduktion der Lohnarbeit eröffnet die Option, gesellschaftlich notwendige Entwicklungstätigkeiten außerhalb des traditionellen erwerbswirtschaftlichen Sektors durchzuführen und sich die hierfür erforderlichen Kompetenzen anzueignen. Freizeit, traditionellerweise als Kompensation zur Erwerbsarbeit verstanden, wäre dann bis zu einem gewissen Grade mit gesellschaftlich nützlicher und notwendiger Arbeit, mit Kompetenzaneignung usw. ausgefüllt. Es wäre eine verbindlich zu erbringende Tätigkeit, also kein Spiel, aber eben nicht in der Form von Lohnarbeit.

Was uns die Postmoderne lehrt, ist, daß es *die* Wahrheit, die es bloß zu entdecken gilt, nicht (mehr) gibt, sondern daß Wahrheiten Resultat eines Entscheidungsprozesses sind. In der Wissenschaft sprechen wir deshalb, wenig emphatisch, von Konventionen, von Modellen, von Szenarien oder von Sprachregelung, nicht mehr von Wahrheit. Wahrheit ist keine wie auch immer geartete Abbildung von etwas ontologisch Vorgegebenem, wie in den Fundamentalismen unterschiedlicher Spielart behauptet wird, sondern etwas, über das in einer Demokratie erst entschieden wird. Was es gibt, sind Voraussetzungen aller Art: materielle Rahmenbedingungen, Kompetenzen, Interessen, Betroffenheiten, die jede *für sich* Eigenwahrheiten, Teilwahrheiten sind. Wahrheit, gesellschaftlich bzw. kulturell verbindliche Wahrheit ist stets das Resultat von Beziehungen, Entscheidungen und Handlungen, in denen die

Menschen zueinander und zur Natur stehen. Das einzelne Subjekt stellt sein Wissen, seine »Weisheit«, seine Sicht der Dinge in diesem Prozeß zur Verfügung und leistet so einen Beitrag für den geregelten Fortgang der Dinge. Daß inhaltliche Wahrheit immer eine Sache der Entscheidung und nicht nur der Seinserkenntnis ist, das zu durchschauen und diese Einsicht institutionell abzusichern und zu kultivieren, darin besteht eine der größten historischen Errungenschaften und eine ständige Aufgabe der Demokratie (vgl. Heintel und Berger 1995, S. 120, S. 352).
Funktionale Hierarchien, formale Verantwortlichkeiten und geregelte Zuständigkeitsbereiche wird es geben, solange es Arbeitsteilung gibt. Wo und in welcher Form es diese geben muß, wo nicht, das ist allerdings ein neu zu diskutierendes Kapitel der menschlichen Geschichte. Ohne organisierte Machtausübung in geregelten Zuständigkeitsbereichen (über Natur, Menschen, Technologie und Gewaltmonopole) ist das zivilisierte Überleben der Menschen kaum zu sichern. Die Frage ist, wo kollektiv bewußte Eingriffe sinnvoll und notwendig sind, wo nicht und wie sie zu organisieren sind. Der Schlüssel zur sachgerechten und rechtzeitigen Bearbeitung wichtiger politischer Fragen liegt in der Bewältigung eines Hintergrundproblems: in der Fortschreibung der sozialen Apparatur zur Herstellung kollektiv bindender Entscheidungen. Diese Apparatur arbeitet, so Peter Dienel (1992, S. 10), defizitär. Es gebe, fährt er fort, einen mindestens zwei Jahrhunderte alten Nachholbedarf für die Orientierung unserer politischen Einrichtungen an den Gegebenheiten der modernen Massengesellschaft.
Wahrheiten, gesellschaftlich bzw. kulturell verbindliche Wahrheiten sind nicht bloß Resultat kognitiver Anstrengungen, sondern zugleich Ergebnis und »Schmiermittel« sozialer Organisationsformen, in denen Menschen ihr Zusammenleben untereinander und mit der Natur regeln. Veralten diese, so werden auch jene obsolet. Was wir gegenwärtig brauchen, sind neue Sicherheiten, neue Verbindlichkeiten und neue Organisationsformen des politischen Zusammenlebens, die Antworten entwickeln und Wahrheiten hervorbringen. Es geht um die Organisation neuer Verständigungsprozesse. Wie organisieren wir auf breiter gesellschaftlicher Basis *gemeinsames* Lernen, *verbindliche* Entscheidungsprozesse? Wie konstituiert sich dabei Subjektivität als politisch entscheidender Faktor im Rahmen technologischer Zivilisation? Eines ist klar: Auf die verbindenden »Sachzwänge« der Technologie kön-

nen wir uns verlassen, und solange sie funktionieren, wird die Welt nicht auseinanderbrechen. Was aber geklärt werden muß, ist die Richtung, in der sie zu funktionieren haben.

Das Dilemma der parlamentarischen Demokratie

Immer mehr Menschen gilt der demokratische Staat weniger denn je als richtungsweisende gesellschaftliche Steuerungsinstanz. Das Vertrauen in seine Interventionskompetenz nimmt ständig ab. Tatsächlich sind seine Eingriffe oft von Zufälligkeiten geprägt, so daß zwangsläufig der Eindruck entsteht, die politische Welt löse sich auf in eine Vielfalt isolierter Sachzwänge, die eigenen Handlungsimperativen folgen und vor denen die Politik, auch die politische Theorie, resigniere. Verschiedentlich, zum Teil mit unterschiedlichen Begründungen, wird in diesem Sachverhalt der geschichtliche Endpunkt der gesellschaftlichen Entwicklung vermutet (Fukuyama 1992, Guéhenno 1994). Diese, von manchen als postmodern bezeichnete Sicht der Dinge steht allerdings in auffälligem Kontrast zur Realität der gesellschaftlichen Probleme, dazu, daß die Vielfalt isolierter »Sachzwänge« auf gesellschaftliche Katastrophen nationalen und globalen Ausmaßes zuläuft (Breuer 1992, Beck 1986, 1988). Immer stärker tritt ins öffentliche Bewußtsein die Notwendigkeit einer grenzüberschreitenden Institutionalisierung langfristiger Planungs- und Handlungsräume, um die Folgen der technologischen Entwicklung in den Griff zu bekommen (etwa die Folgen der Kerntechnologie, Posner 1990). Um die erstarrten politischen Verfahren demokratischer Entscheidungsfindung neu zu ordnen, bedarf es sicher einiger soziologischer Phantasie. Aber Utopien müssen nicht im luftleeren Raum entwickelt, auf Vorarbeiten kann zurückgegriffen werden. Schaut man sich »Alternativen zur Establishment-Demokratie« (Dienel 1992, S. 15 ff.), »Wege zur Wiederbelebung der Demokratie« (Jungk und Müllert 1983, S. 15 ff.) oder Wehners Vorschläge zur »Neuordnung der politischen Verfahren« (1992 a, S. 9, 25 ff., 38 f., 41 ff., 61 ff., 73 ff.) an, so lassen sich durchaus verallgemeinerungsfähige Mängel der »erstarrten politischen Ordnung« (Wehner 1993, S. 38, S. 139 f., S. 148) auflisten, die zu beheben, in unterschiedlicher Gewichtung, im Zentrum der Bemühungen um Alternativen steht. Es ist nur folgerichtig, daß sich in der jüngsten

Vergangenheit zunehmend staatliche Aufgaben aus dem demokratisch gesteuerten, durch Bürgerwahl legitimierten politischen Prozeß unter der Hand ausgegliedert haben. Gegenwärtig lassen sich grob vier Verfahren im Umgang mit öffentlichen Aufgaben unterscheiden, wovon sich nur drei als Verfahren demokratischer Willensbildung im eigentlichen Sinn bezeichnen lassen (Wehner 1992 a, S. 41, S. 93; etwas anders kategorisiert Dienel 1992, S. 37 ff.):

- der eigentliche demokratische Prozeß, in den der Bürger durch Wahlentscheidung eingreift (repräsentative parlamentarische Demokratie),
- die unmittelbare, in der Regel informelle Einwirkung des Bürgers auf politische Einzelentscheidungen,
- die Delegation der politischen Entscheidung an unabhängige Expertengremien, die nur einem relativ allgemeinen gesetzlichen bzw. verfassungsmäßigen Auftrag verpflichtet sind,
- die Privatisierung, das bedeutet in der Regel auch die weitgehende Entpolitisierung öffentlicher Aufgaben.

Die *Tagespolitik* beschränkt sich im Rahmen der durch die Legislaturperioden vorgegebenen Zeiträume, in der Regel vier Jahre, auf Entscheidungen über öffentliche Investitionen und auf die laufende Bereitstellung öffentlicher Dienstleistungen. Eine *Ordnungspolitik*, die inhaltliche Prioritäten und längerfristig gültige Grundregeln setzt, erfordert von den Politikern andere Voraussetzungen, anderes Wissen und andere Neigungen. Die Vermengung von Ordnungs- und Tagespolitik geht aus struktuellen Gründen üblicherweise zu Lasten der Ordnungspolitik. Ihre Verankerung in eigenständigen Institutionen hingegen entzöge sie dem politischen Druck der kurzfristigen Interessen.

Das zentrale Grundproblem einer demokratischen Gesellschaft unter den Bedingungen der technologischen Zivilisation ist in erster Linie ein Verfahrensproblem. Bereits 1969 hatte Luhmann darauf aufmerksam gemacht: Mehr denn je müsse ein sowohl rational als auch intuitiv akzeptierter Verfahrenskonsens so gründlich fundiert sein, daß politische Entscheidungen allein wegen ihrer Herkunft aus diesem Verfahren respektiert werden. Im Prinzip geht es darum, neue, leistungsfähigere Institutionen demokratisch zu begründen. Es geht darum, plebiszitäre Elemente, Expertenkompetenz und -souveränität sowie Elemente der parlamentarischen Demokratie in ein ausgewogenes institutionelles Verhältnis zueinander zu bringen. Hierbei müßte eine entsprechende Institutionalisierung einerseits sich am Bürgerwillen orientieren, andererseits in der Lösung der anstehenden Probleme übersichtlich und effizient sein. Entsprechend dem Subsidiaritätsprinzip wäre genau zu überlegen, wo von wem welche politischen Entscheidungen zu treffen sind. Analytisch, in einem ersten Zugriff, lassen sich zwei Entscheidungs- und Handlungskontexte unterscheiden, ein eher makrosoziologischer und ein eher mikrosoziologischer.

Zur Neuordnung politischer Institutionen und Verfahren

Weltweit durchschlagende Probleme, technologisch erzeugt, vom Menschen selbst verursacht und in ihren Folgewirkungen den Zeitraum vieler Generationen umspannend, erfordern zu ihrer Bewältigung überstaatliche Vereinbarungen und Institutionen. Solche Institutionen müßten nicht zwangsläufig als vergrößertes Abbild des traditionellen Universalstaates nationaler Prägung gedacht werden. Möglich wäre auch eine Organisationsform, die bei Wehner als »Spartenstaat« (1992 b, S. 48 ff.) vorgestellt wird, eine problembezogene Institution, etwa in der Art eines (weltweit agierenden) Bevölkerungs-, eines Umwelt- oder eines Friedensrates. Auf der anderen Seite, gerade weil Interaktions- und Kommunikationsprozesse zukünftig über Technologien abgewickelt werden, wird es notwendig und hilfreich sein, ursprünglichere Formen und Verfahren zwischenmenschlicher Kommunikation, face-to-face-Beziehungen, zu revitalisieren und zu kultivieren, vor allem auch dort, wo es um politische Grundsatzentscheidungen und um unmittelbare persönliche Betroffenheit geht.

Makrosoziologische Kontexte

Für Burkhard Wehner besteht eine wesentliche Alternative zur repräsentativen parlamentarischen Demokratie mit ihrer »allzuständigen« Staatsführung darin, einzelne staatliche Funktionsbereiche – und damit einzelne Politikfelder – aus dem herkömmlichen Parlament und der Regierung herauszulösen und sie eigenständig zu institutionalisieren. Für jedes dieser Politikfelder wäre aufgrund ihrer herausragenden Bedeutung eine eigene staatliche

Instanz zu schaffen, die allein zuständig und in ihrer Entscheidung unabhängig ist. Das zentrale Merkmal dieser Instanz wäre ihre Eigenschaft als ein von der Tagespolitik unabhängiges, nur sich selbst verantwortliches Expertengremium. Das Parlamentarische in der Demokratie verlöre dadurch einen Teil seiner politischen Bedeutung. (Faktisch ist die Innenwelt der Demokratie schon seit langem von einer solchen Expertenherrschaft durchdrungen; vgl. Beck 1988, S. 183 ff., insbesondere S. 202.) Solche Instanzen, die neben die gewohnten Institutionen der herkömmlichen Demokratie treten würden, das Parlament und die Regierung, wären vorstellbar für Belange der Umwelt, für bevölkerungs-, verteilungs- und geldpolitische Fragen. Als Modell für solche von der Tages- und Parteipolitik losgelöste Instanzen nennt Burkhard Wehner (1992 a, S. 94 ff.) das Bundesverfassungsgericht und den Zentralbankrat in Deutschland. Die Mitglieder beider Gremien seien nach ihrer Wahl über lange Amtsperioden fast vollständig dem Einfluß von Parlament und Regierung entzogen. Obwohl über die grundsätzliche Akzeptanz dieser Gremien in der Bevölkerung kein Zweifel besteht, obwohl es also offensichtlich keiner formellen Bürgernähe bedarf, um das politische Vertrauen in eine Ordnungsinstanz zu gewährleisten, ließe sich gleichwohl dieser Mangel an basisdemokratischer Legitimation beheben, indem solchen Körperschaften ein parlamentarischer Unterbau in Form eines von den Bürgern gewählten Fachparlaments zuteil wird. Würde man dieses Modell auf andere Bereiche der Ordnungspolitik übertragen, so ergäbe sich daraus ein, wie Wehner es nennt, »mehrspuriges« System parallel operierender ordnungspolitischer Parlamente und Räte, deren Zahl er allerdings auf vier oder fünf begrenzt wissen will.

Ordnungspolitische Probleme weisen in vielen Bereichen eine globale, zumindest eine internationale Dimension auf, etwa in der Umwelt-, der Bevölkerungs- und der Fiskalpolitik. Konzepte einer »mehrspurigen« Demokratie, wie Burkhard Wehner sie vorschlägt, können ihre Wirkung nur dann zur Gänze entfalten, wenn sie mit dem gewohnten Bild des traditionellen Staatsbegriffes brechen und unterschiedliche Vorstellungen von Staatszugehörigkeit und Staatsgrenzenverlauf erlauben. Denkbare Körperschaften wie die Solidar-, die Bevölkerungs- oder die Exekutivgemeinschaft müßten dann nicht mehr dem Dach eines staatlichen Gewaltmonopols subsumiert werden (1992 a, S. 130 f.). Für jeden der traditionellen staatlichen Funktionsbereiche ließe sich so immer wieder aufs neue und auf andere Weise die Frage nach der optimalen Körperschafts- bzw. Staatsgröße stellen. Eine funktionsfähige Umweltkörperschaft zum Beispiel kann eine ganz andere territoriale Reichweite erforderlich machen als eine entsprechende Kultur- oder Sicherheitsgemeinschaft. Vorstellbar wäre, die traditionelle »ganzheitliche« Staatsbürgerschaft aufzulösen in separate Mitgliedschaften, ein historischer Vorgang, vergleichbar in etwa der Trennung von Kirche und Staat.

Mikrosoziologische Kontexte

Geht es auf der makrosoziologischen Ebene vor allem um die demokratischen Formen der Institutionalisierung und Legitimation von Expertenkompetenz (Professionalität und Unabhängigkeit) durch akzeptierte Funktionszuweisungen und Rekrutierungsverfahren, so auf der mikrosoziologischen Ebene eher um die Implementierung von Verfahren der Bürger- und Betroffenenbeteiligung im politischen Willensbildungs- und Entscheidungsprozeß, etwa darum, ob in einer Region ein Werk zur Herstellung von Aluminium errichtet werden soll oder nicht. Auch auf dieser Ebene kann auf elaborierte Modelle zurückgegriffen werden.

Das von Peter C. Dienel entwickelte Modell der »Planungszelle« stellt ein Interventionsinstrument dar, mit dem vorhandene politische Entscheidungsverfahren verbessert und neue Möglichkeiten der Bürgerbeteiligung eröffnet werden: »Die Planungszelle ist eine Gruppe von 25 im Zufallsverfahren ausgewählten, auf drei Wochen freigestellten und von der öffentlichen Hand vergüteten Laienplanern, die gemeinsam mit zwei Angehörigen der betreffenden Fachressorts und angeleitet von zwei Prozeßbegleitern Lösungen vorgegebener, in der zur Verfügung stehenden Zeit bewältigbarer Bewertungs-, Kontroll- oder Planungsprobleme erarbeiten« (1992, S. 74).

Zu den zentralen Merkmalen der Planungszelle gehören ihre Größe und Zusammensetzung. Anders als in repräsentativen Gremien werden die Gruppenmitglieder zufällig, etwa aus der Einwohnermeldekartei, ausgewählt, wobei nur wenige Ausschlußkriterien befolgt werden (1992, S. 86 ff.). Dienel hat eine Anzahl von 25 Personen vorgeschlagen, um die bekannten Vorteile des gruppenorientierten Lernens und Arbeitens für die Planungszelle nutzen zu können (1992, S. 75 f.). Die Freistellung und die finanzielle Entschädigung, etwa in der Art, wie sie Zeugen vor Gericht zugebilligt wird, begründet Dienel mit dem hohen Einsatz an Arbeit und Motivation (1992, S. 78 f.): »Der aufgabenorientierte Gruppenprozeß der Planungszelle stellt mit seinen Informations- und Entscheidungsvorgängen erhebliche Anforderungen an den einzelnen Teilnehmer. Dieser muß zum Beispiel kontinuierlich anwesend sein. Die Planungszelle entspricht – wenngleich inhaltlich ganz andersartig gefüllt, und zwar zumeist anregender – in ihrer Zeitanforderung damit einem normalen Arbeitsverhältnis. Anwesenheit des einzelnen setzt voraus, daß dieser von anderen Verpflichtungen voll freigestellt ist.« Um die Arbeitsfähigkeit der Gruppe zu gewährleisten, sind im Konzept der Planungszelle je zwei Fachleute und Prozeßbegleiter vorgesehen. »Personen wie soziale Gruppen lassen sich als leicht verletzbare Gleichgewichtszustände verstehen. Das gilt in erhöhtem Maße bei der im Zufallsverfahren ausgewählten und auf Zeit einberufenen Planungszelle, deren einzelne Mitglieder damit einer sehr neuen und ungewohnten Situation ausgesetzt sind. Sozial so schwierige Situationen können sich in der zur Verfügung stehenden Zeit ohne eine Ergänzung durch ablauforientierte Informationseingaben und ohne die Anwesenheit gruppendynamisch geschulten Sachverstandes nur sehr schwer selber effektiv strukturieren« (1992, S. 97 f.). Die starke Produktorientierung, der Erfolgszwang, unter dem die Planungszelle als Konkurrenz bzw. Ergänzung zu traditionellen Planungsverfahren steht, nötigt dazu, daß außer der Auswahl der Mitglieder nichts dem Zufall überlassen bleibt.

Der zeitliche Ablauf einer Planungszelle besteht aus drei aufeinanderfolgenden Arbeitsphasen: Vorbereitung, Durchführung und Nacharbeit. Aus späteren Veröffentlichungen über Erfahrungen mit der Planungszelle geht hervor, daß – je nach Aufgabenstellung – sowohl die Zeitdauer als auch die Anzahl der Fachleute flexibel gehandhabt werden kann, ohne den Erfolg der Planungszelle zu beeinträchtigen. Die Arbeitszeit läßt sich durchaus auf drei bis fünf Tage reduzieren. Die Fachleute sind oftmals überhaupt entbehrlich (1992, S. 11). Unverzichtbar jedoch ist die Prozeßbegleitung.

Die Technologie ist ein geschichtlich-gesellschaftliches Projekt. In ihr ist projektiert, was eine Gesellschaft und die sie beherrschenden Interessen mit den Menschen und den Dingen zu tun gedenken (Marcuse 1968, S. 127). Ein weiteres mikrosoziologisches Verfahren, Bürger in die Entscheidungsfindung einzubeziehen, die sonst nur Politikern, Experten und Planern vorbehalten bleibt, ist die »Zukunftswerkstatt«, ein Forum, in dem es darum geht, wünschbare, mögliche, aber auch vorläufig unmögliche Zukünfte zu entwerfen. Robert Jungk, auf den das Verfahren zurückgeht, unterscheidet dabei eine Vorbereitungs- und drei Werkstattphasen. Ausgehend von der Erfahrung, daß die Entwicklung von Utopien, ja oftmals sogar von durchaus realistischen Alternativen, häufig daran scheitert, daß ein Änderungsvorschlag schon in der Phase der Entstehung einer intensiven Kritik unterliegt, soll die Beurteilung und Bewertung der neuen Ideen bewußt erst einige Zeit nach ihrer Formulierung stattfinden.

In die Vorbereitungsphase fallen Festlegung und Ankündigung des Themas sowie die praktischen Vorbereitungen, zum Beispiel die Wahl des Ortes, die Beschaffung der Arbeitsmaterialien. Die Werkstatt selbst beginnt mit der Kritikphase, in der die Mitglieder Unmut, Kritik, negative Erfahrungen zum Werkstatt-Thema äußern, auf Papierbögen mitschreiben und zu Themenkreisen ordnen. In der darauf folgenden Phantasiephase wird auf die vorgebrachte Kritik mit eigenen Wünschen, Träumen, Vorstellungen, alternativen Ideen geantwortet. Die interessantesten Einfälle werden ausgewählt und in kleinen Arbeitsgruppen zu Lösungsvorschlägen, sogenannten utopischen Entwürfen, ausgearbeitet. In der abschließenden Verwirklichungsphase werden die Durchsetzungschancen der Entwürfe einer kritischen Prüfung unterzogen, Widerstände analysiert und ihre mögliche Überwindung in Angriff genommen. Sofern es die Umstände erforderlich machen, kann dem Kernbereich der Zukunftswerkstatt eine Nachbereitungsphase bzw. eine permanente Werkstatt angeschlossen werden. Ebenso wie die »Planungszelle« läßt sich die »Zukunftswerkstatt« zeitlich flexibel gestalten als Wochenend- oder Tageswerkstatt.

Charakteristisch für die Arbeitsweise einer Zukunftswerkstatt ist, daß beide Pole menschlichen Denkens und Handelns, Logik und Vernunft einerseits, Emotionalität und Intuition andererseits, beteiligt sind. Um dieses Spannungsverhältnis zu verdeutlichen, benutzen Jungk und Müllert (1981, S. 187 ff.) das Bild zweier ineinander verwobener Spiralen, wobei die eine Spirale die ganzheitlich-intuitiven und emotionalen Fähigkeiten des Menschen darstellt und die andere die »kühle« Rationalität und analytische Intelligenz.

Resümee

Subjektivität in der technologischen Zivilisation politisch entscheidend zur Geltung kommen zu lassen, heißt vor allem, Verfahren und Institutionen zu implementieren, die sie wirksam werden lassen. Auf die einheitsstiftende Funktion der Technologie können wir uns dabei verlassen. Zur Disposition steht die Zielrichtung ihrer Entwicklung. Sie ist in verbindlicher Kommunikation zu entscheiden.
Subjektivität in der technologischen Zivilisation ist auf viele Orte verteilt. Entsprechend zahlreich werden auch die Institutionen und Verfahren politischer Willensbildung sein müssen. Fragen sollten, entsprechend dem Subsidiaritätsprinzip, dort gelöst werden, wo sie anfallen. Aber dieser Prozeß muß organisiert werden. Die gegenwärtige Situation zeichnet sich eher dadurch aus, daß Wissenschaftler sich in der wertfreien Nur-Deskription engagieren oder weiterführende Konzepte als Utopie klassifizieren, daß politische Praktiker ihren »Realismus« pflegen und die vielen Bürger sich in Apathie üben (Dienel, S. 22). In dieser Situation wäre es erforderlich, Entscheidungsverfahren zu entwickeln, die zum einen dem wissenschaftlichen Charakter der technologischen Zivilisation gerecht werden, die zum anderen aber demokratisch legitimiert sind. Vergleichen wir zum Beispiel die Verfahren der »Planungszelle« und der »Zukunftswerkstatt« miteinander, so fallen drei Eigentümlichkeiten auf, die durchaus verallgemeinerbar sind: Beide Verfahren sind *produktbezogen*; sie sind *organisiert*, und sie sind *moderiert*. Wenn Wahrheit nicht mehr in den Inhalten selbst oder bei den einzelnen Subjekten liegt, sondern Resultat von gesellschaftlichen Verständigungsprozessen und den ihnen zugeordneten Verfahren ist, dann muß zweierlei gewährleistet sein: erstens muß es sich dabei um etwas handeln, das den Prozeß der Wahrheitsfindung institutionell *begleitet* und in seiner *Bewegung* adäquat zum Ausdruck bringt; zweitens muß dies mit *wissenschaftlicher Verbindlichkeit* geschehen (Heintel und Berger 1995, S. 300).

Solche Verfahren sind aufwendig. Professionelle Moderation ist an Voraussetzungen gebunden. Auch werden solche Verfahren nicht umsonst zu haben sein. Aber die technologische Zivilisation eröffnet Möglichkeiten, indem sie die materiellen Voraussetzungen und verfügbare Zeit schafft. Gesellschaftlich notwendige Arbeit wird immer weniger innerhalb der Mauern und Zäune von Betrieben, also im traditionellen erwerbswirtschaftlichen Sektor geleistet werden, sondern, zunehmend wichtiger, in der Öffentlichkeit, in der Gemeinde, in Bürgerinitiativen, heute auch schon in den sogenannten NGO's, den non-governmental organizations. Und obwohl sie dort nicht als Lohnarbeit geleistet wird, muß sie doch professionell sein. Moderation in politischen Entscheidungsprozessen ist eine zunehmend wichtigere und deshalb zu kultivierende gesellschaftliche Aufgabe. Dafür muß ausgebildet werden. Für ihr Tätigwerden müssen soziale Orte zur Verfügung stehen. Der durch Technologie ermöglichte Produktivitätszuwachs menschlicher Arbeit schließt die hierfür notwendigen Freiräume auf. Er entläßt den Menschen aus dem Lohnarbeitsvertrag und eröffnet eine historisch neue Form von Subjektivität.

Literatur

Bammé, A. (1994), ... *sub specie machinae*, München und Wien: Profil

Bammé, A./P. Fleissner (1994), »Was hält die Welt zusammen?«, in: *Kurswechsel*, Heft 1, S. 63-82

Beck, U. (1986), *Risikogesellschaft. Auf dem Weg in eine andere Moderne*, Frankfurt: Suhrkamp

Beck, U. (1988), *Gegengifte. Die organisierte Unverantwortlichkeit*, Frankfurt am Main: Suhrkamp

Breuer, S. (1992), *Die Gesellschaft des Verschwindens. Von der Selbstzerstörung der technischen Zivilisation*, Hamburg: Junius

Dienel, P. C. (³1992), *Die Planungszelle. Eine Alternative zur Establishment-Demokratie*, Opladen: Westdeutscher Verlag

»Die Zukunft der Arbeit 1« (1977), in: *Technologie und Politik*, Heft 8, Reinbek: Rowohlt

»Die Zukunft der Arbeit 2« (1978), in: *Technologie und Politik*, Heft 10, Reinbek: Rowohlt

Freyer, H. (1925), *Der Staat*, Leipzig: Wiegandt

Fukuyama, F. (1992), *Das Ende der Geschichte*, München: Kindler

Guéhenno, J.-M. (1994), *Das Ende der Demokratie*, München und Zürich: Artemis & Winkler
Heintel, P. (1993), »Das historische Subjekt. Notizen zu einer Frage«, in: W. Berger/A. Pellert (Hg.), *Der verlorene Glanz der Ökonomie*, Wien: Falter, S. 185-200
Heintel, P./ W. Berger (1995), *Die Organisation der Philosophen*, Klagenfurt: Typoskript
Hülsmann, H. (1985), *Die technologische Formation*, Berlin: Verlag Europäische Perspektiven
Jünger, F. G. (⁴1953), *Die Perfektion der Technik*, Frankfurt am Main: Klostermann
Jungk, R./N. R. Müllert (1983), *Zukunftswerkstätten. Wege zur Wiederbelebung der Demokratie*, München: Goldmann
»Kämpfen und Kungeln« (1993), in: *Der Spiegel*, Heft 43, S. 50-63
Kidder, T. (1984), *Die Seele einer neuen Maschine. Vom Entstehen eines Computers*, Reinbek: Rowohlt
Kreikebaum, H. (1994), »Die Lernfähigkeit von Unternehmen«, in: *IÖW/VÖW-Informationsdienst*, 9. Jg., Heft 3-4, S. 18
Luhmann, N. (1969), *Legitimation durch Verfahren*, Neuwied und Berlin: Luchterhand
Marcuse, H. (⁵1968), »Industrialisierung und Kapitalismus im Werk Max Webers«, in: derselbe, *Kultur und Gesellschaft 2*, Frankfurt am Main: Suhrkamp, S. 107-129
Marx, K. (1953), *Grundrisse der Kritik der politischen Ökonomie*, Berlin: Dietz
Marx, K. (1968), *Das Kapital. Erster Band*, Berlin: Dietz
Nahrada, F./M. Stockinger /Ch. Kühn (Hg.) (1994), *Wohnen und arbeiten im Global Village*, Wien: Falter
Opielka, M./G. Vobruba (Hg.) (1986), *Das garantierte Grundeinkommen*, Frankfurt am Main: Fischer
Posner, R. (Hg.) (1990), *Warnungen an die ferne Zukunft*, München: Raben
Sattelberger, T. (Hg.) (1994), *Die lernende Organisation*, Wiesbaden: Gabler
Schulze, G. (1992), *Die Erlebnisgesellschaft. Kultursoziologie der Gegenwart*, Frankfurt am Main und New York: Campus
Sohn-Rethel, A.(1989), *Geistige und körperliche Arbeit*, Frankfurt am Main: Suhrkamp
Wehner, B. (1992 a), *Die Katastrophen der Demokratie. Über die notwendige Neuordnung des politischen Verfahrens*, Darmstadt: Wissenschaftliche Buchgesellschaft
Wehner, B. (1992 b), *Nationalstaat, Solidarstaat, Effizienzstaat. Neue Staatsgrenzen für neue Staatstypen*, Darmstadt: Wissenschaftliche Buchgesellschaft
Wehner, B. (1993), *Der Staat auf Bewährung. Über den Umgang mit einer*

erstarrten politischen Ordnung, Darmstadt: Wissenschaftliche Buchgesellschaft
Welsch, W. (1991), *Unsere postmoderne Moderne*, Weinheim: VCH
Wengelowski, P./T. Breisig (1994), »Unternehmen als Lernende Systeme«, in: *IÖW/VÖW-Informationsdienst*, 9. Jg., Heft 3-4, S. 9-10
Zimmerli, W. Ch. (Hg.) (1988), *Technologisches Zeitalter oder Postmoderne*, München: Fink

Willi Bruns
Sinnlichkeit in der Technikgestaltung und Technikhandhabung
Ein konstruktiver Ansatz

Es ist allgemein bekannt, daß die Gestaltung und Handhabung von Technik stark durch nichtrationale Einstellungen geprägt ist. Einstein bezeichnet dies als *Basteln und Grübeln*, Levi-Strauss als *Wildes Denken* und Böhle als *subjektivierendes Arbeitshandeln*. Diese Erkenntnis spiegelt sich aber wenig in der Entwicklung unterstützender Methoden und Hilfsmittel wider. Auch Technikgestaltung, die sich nicht auf instrumentelle, funktionale Sichten beschränkt, sondern subjektive, soziale und ökologische Aspekte in den Mittelpunkt rückt, folgt heute kognitiv-rationalen und systemtechnischen Leitbildern. Dieses Vorgehen entspricht den Denkgewohnheiten ingenieurwissenschaftlicher Tradition, in der quantifizierende, trennscharfe Methoden bevorzugt werden. Beim Einsatz rechnergestützter Modellierungs- und Experimentierwerkzeuge als wichtige Hilfsmittel für die Konstruktion komplexer technischer Anlagen werden bisher nichtrationale Einstellungen wenig berücksichtigt. Es existieren kaum methodische Ansätze, die das distanzierende, abstrahierende mit dem intuitiven, einlassenden Vorgehen verbinden. Deshalb soll ein neues Konzept für den Umgang mit Rechnern vorgestellt werden, bei dem diese Verbindung besonders unterstützt wird. In dieser neuen Benutzungsform spielt das Rechengerät eine zweitrangige Rolle, es steht für Berechnungs-, Variations- und Analyseaufgaben unterstützend im Hintergrund. Im Vordergrund steht die Modellierung mit realstofflichen Elementen und die technisch ungebrochene Kommunikation mit ihnen und über sie. Die Modellierung mit dem *Rechner im Rücken* eröffnet neue Möglichkeiten der direkten sinnlichen Auseinandersetzung mit stofflichen Phänomenen und sozialen Beziehungen. Der Ansatz fällt in eine Zeit, in der wir dabei sind, über »Virtual Reality« unsere Seh- und Erlebnisgewohnheiten zu verändern. In der Renaissance führte die Entwicklung der Perspektivdarstellung in der Malerei zu einer neuen Wertschätzung des gegenständlichen Modells. In ähnlicher Weise möchte ich mit dem »Real Reality«-Ansatz einen Beitrag zum gegenständlichen Rechnerumgang leisten. Dieser steht im Gegensatz zum »Virtual Reality«-Konzept, bei dem Nutzer und Wirklichkeit über Datenbrille und Datenhandschuh im Rechner verschwinden und eine Neutralisierung des Körpers sowie eine Partikularisierung der Sinne erfolgen.

Probleme beim Bau harter und weicher Maschinen

Die Geschichte der Maschinen ist durch das philosophische, religiöse und wissenschaftliche Denken des Abendlandes geprägt und hat dieses selbst wieder beeinflußt. Sutter (1988) beschreibt die ideengeschichtliche Bedeutung, die eine mechanistische Modellvorstellung vom Natürlichen für unser Denken hatte, und wie umgekehrt unsere rational orientierte Entwicklung der Wissenschaften dazu beigetragen hat, die natürlichen Phänomene auf die Aspekte der Objektivität, Ordnung, Erkennbarkeit, Kausalität und Zweckhaftigkeit zu reduzieren.

Die Industrialisierung hat mit der wissenschaftlichen Durchdringung der Fertigungstechniken diesen Prozeß noch beschleunigt. Man sieht dies deutlich an

- F. W. Taylors Ansätzen der quantitativen Beschreibung und Optimierung des Zerspanungsprozesses,
- der systematischen Prozeß- und Steuerungsmodellierung auf rechnergesteuerten Werkzeugmaschinen (CNC),
- der Entwicklung hochstrukturierter, standfester und hochpräziser Werkzeuge, wie Schneiden aus Industriediamanten,
- der hohen Abstraktion der Fertigung bei stereolitographischen Verfahren[1],
- dem Aufbau hochstrukturierter Produkte im Nanobereich[2] (10** – 9 = 1 Millionstel Millimeter).

Produkte und Produktionsprozesse wurden gleichermaßen ratio-

1 Bei diesem Verfahren erfolgt eine rein technisch vermittelte Umsetzung rechnerinterner Produktgeometrien in Produkte über das Aushärten von Kunststoff durch Laserstrahlen.

2 Die Nanomechanik ist eine junge Wissenschaft, die den Bau molekularer Maschinen (Förderbänder, Motoren, Montagesysteme usw.) durch die mechanisch geführte chemische Synthese einzelner Moleküle zu stabilen Ringstrukturen anstrebt.

nalisiert und objektiviert, also von den individuellen, subjektiven Eigenschaften der Produzenten unabhängig. Dies entspricht der Logik einer Gesellschafts- und Wirtschaftsform, in der der Mehrwert einer Ware nicht von ihrem Bezug zur individuellen Arbeit und zur subjektiven Äußerung des Produzenten abhängt, sondern von der abstrakten gesellschaftlich notwendigen Arbeit und den Gesetzen eines abstrakten Marktes.

Diese Objektivierung von Produkten und Herstellungsverfahren hat auch die Sinne der Produzierenden und der Konsumenten verändert, indem distanzierende und überbrückende Fernsinne (Sehen, Hören) bedeutsamer als Nahsinne (Riechen, Greifen) wurden. Den geschichtlichen und gesellschaftlichen Charakter sinnlicher Wahrnehmung hat Horkheimer besonders hervorgehoben (Horkheimer 1937, S. 217): »Die Tatsachen, welche die Sinne uns zuführen, sind in doppelter Weise gesellschaftlich präformiert: durch den geschichtlichen Charakter des wahrgenommenen Gegenstands und den geschichtlichen Charakter des wahrnehmenden Organs. (...) Der physiologische Sinnesapparat des Menschen arbeitet selbst schon längst weitgehend in der Richtung physikalischer Versuche. Die Art, wie im aufnehmenden Betrachten Stücke geschieden und zusammengefaßt werden, wie einzelnes nicht bemerkt, anderes hervorgehoben wird, ist ebensosehr Resultat der modernen Produktionsweise, wie die Wahrnehmung eines Mannes aus irgendeinem Stamm primitiver Jäger und Fischer Resultat seiner Existenzbedingungen und freilich auch des Gegenstandes ist. Bezogen darauf ließe sich der Satz, die Werkzeuge seien Verlängerungen der menschlichen Organe, so umdrehen, daß die Organe auch Verlängerungen der Instrumente sind. Auf den höheren Stufen der Zivilisation bestimmt die bewußte menschliche Praxis unbewußt nicht bloß die subjektive Seite der Wahrnehmung, sondern in höherem Maß auch den Gegenstand.«

Nun wäre dieser Vorgang nicht weiter beunruhigend, denn der Mensch entwickelt seine Sinne so, wie er sie braucht und durch sie empfindet, würde die Geschwindigkeit dieser Objektivierung in der industriellen Produktion nicht zu Problemen und Belastungen führen.

Böhle (1992) stellt die These auf, daß eine wissenschaftliche Sicht von Natur und Technik die Herstellung von technischem Gerät, das eine wissenschaftliche Handhabung erzwingt, unterstützt.

Eine auf Analyse und Abstraktion ausgerichtete Methode (Wissenschaft) wird mit negativen Folgen für die Konstruktion und Produktion (Technik) eingesetzt. Produktion als Auseinandersetzung mit realem, konkretem Stoff geht über verallgemeinernde Gesetze hinaus, und ihre Beherrschung setzt gerade die Bewältigung dieser Gesetzabweichungen voraus. Kein realer Stein fällt nach dem Gesetz des freien Falls. Der Experte im Steinwerfen oder Bogenschießen hat die Regeln dieses Gesetzes erfolgreich überwunden.

Objektivierte, automatisierte, aus der Technikwissenschaft abgeleitete Technik zwingt einen Teil der Wirklichkeit, die Maschinenelemente, in ein geschlossenes, steuerbares, deterministisches System und vernachlässigt, abstrahiert andere Aspekte von Wirklichkeit, das realstoffliche und prozeßhafte Umfeld, dessen Verhalten man zwar durch die Naturwissenschaften abzuschätzen trachtet, das aber immer einen unberechenbaren Rest enthält. Für die Anpassung an diese nichtdeterministische Umgebung werden dann alle Fähigkeiten des Menschen zur Kompensation benötigt. Dieser Anpassungsbedarf ist um so größer, je weniger objektivierbar und determinierbar der Umgebungsbereich ist. Der stoffumformende, stoffverändernde Bereich gehört, anders als z. B. die Geldwirtschaft, zu den weniger objektivierbaren Bereichen. Hier tritt ein Dilemma der Automatisierungstechnik auf, das Böhle & Milkau (1988) besonders bei der Arbeit von CNC-Facharbeitern untersucht haben. Die Technik entlastet die Arbeitenden durch einen weitgehenden Automatismus, der in einem abgeschlossenen, geschützten, distanzierten Rahmen verläuft, sie erschwert aber die Erfahrungsbildung über dessen Normal-, Grenz- und Fehlverhalten auf der Basis vielsinniger Wahrnehmung und Handlung. Andererseits werden diese Erfahrungen und Fähigkeiten unvermittelt in Störsituationen angefordert.

Technikgestaltung und -handhabung verlangen einerseits eine immer größere Rationalität im engeren, instrumentellen Sinne, andererseits bleibt Technik aber durch ein hohes Maß unkalkulierbarer, sich dem aktuellen Stand der Wissenschaften und ihrer Theorien entziehender Phänomene geprägt. Weil sich Technikentwicklung nicht auf eine wissenschaftliche, systematische Dimension reduzieren läßt, klammert eine rein zweckorientierte, instrumentelle, in Ursache-Wirkungsketten deduktiv vorgehende Gestaltung wichtige Entwicklungsdimensionen aus. Levi-Strauss (1962) verfolgt den kreativen Herstellungsprozeß anthropologisch und sieht in dem *Wilden Denken* früher Kulturvölker einen Ort der kommunikativen Begegnung zwischen Menschen, Materialien und Geschichte. Ich gehe davon aus, daß ein wichtiger Rest dieser anthropologisch feststellbaren Einstellung des Menschen zum Schaffensprozeß auch heute noch in jedem kreativen Akt steckt. Also auch Technikentwicklung ist auf den Umgang mit dem Konkreten, Anschaulichen angewiesen, mit dem, was im Vorbegrifflichen auf Verstehen durch Sinneswahrnehmung beruht und Anteile von einem träumerischen Sich-Einlassen auf Wirklichkeit besitzt.

Böhle & Rose (1992) unterscheiden objektivierendes und subjektivierendes Handeln. *Objektivierendes Handeln* ist am Allgemeingültigen, an personen- wie situationsunabhängigen Kentnissen und Bewertungen orientiert, es ist rationales Handeln. *Subjektivierendes Handeln* ist an der sinnlichen Wahrnehmung, an der sympathetischen Verbundenheit zwischen Subjekt und Umwelt, am subjektiven Einlassen, am Gefühl orientiert.

Es drängt sich der Eindruck auf, daß eine human-, sozial- und umweltorientierte Technikgestaltung die Verbindung dieser zwei gegensätzlichen Einstellungen voraussetzt. Auf der einen Seite verlangt die Entwicklung, Konstruktion und Herstellung moderner technischer Produkte[3] abstrakte, formalisierte Produkt- und Prozeßbeschreibungen[4], verlangt die Abschätzung ihrer Auswirkungen eine rationale, wissenschaftliche Analyse. Andererseits werden die Wechselwirkungen zwischen Mensch, Natur und Technik immer intensiver, verflochtener und undurchschaubarer, so daß mir eine vielperspektivische, experimentelle und phantasievolle Spekulation über Wirkungen und Nebenwirkungen neuer Technik notwendig erscheint.

Dies gilt insbesondere für die moderne Form des Maschinenbaus, die Softwareentwicklung, denn Software ist aus einem ganz besonderen Stoff. Sie ist in ihrem Ablauf determiniert wie eine klassische Maschine, aber in ihren Möglichkeiten so vielfältig und flexibel, daß sie einerseits kaum verifizierbar, also auf ihr beab-

3 Z. B. rechnergesteuerte Produktionsmaschinen, Telekommunikationsnetze, Verkehrssysteme.

4 Spezifikationssprachen, Modellierungssprachen, Steuerungssprachen, Bedienungssprachen.

sichtigtes Verhalten hin überprüfbar, andererseits flexibel an die individuellen Bedürfnisse der Nutzer anpaßbar ist. Software ist darüber hinaus in hohem Maße vorstellungs- und verhaltensprägend.
Die Flexibilisierung dieser Produktionsmaschinen setzt eine neuartige Experimentierfreudigkeit unserer Produktionsverhältnisse voraus und verlangt eine größere Phantasie auf Seiten der (Software-)Maschinenbauer. Denn stärker als in der traditionellen mechanischen Einzweckmaschine kommt bei Softwaresystemen die Antizipation mentaler Konstitutionen und des Verhaltens zukünftiger Nutzer ins Spiel. Hier nur eine kognitive Ebene zu berücksichtigen, ist zu wenig. Der Kontakt und die rationale wie emotionale Beziehung zwischen Entwickelnden und Nutzenden, als produktlebenslanger Kontakt, erscheint mir höchst wünschenswert.
Je größer der Sachzwang zum formal-abstrakten Vorgehen ist, desto stärker droht eine Vernachlässigung dieser konkreten Erfahrungsdimension. Wenn Technikentwicklung sich aber nicht nur in einem engeren, instrumentellen Rationalisierungssinn vollziehen soll, sondern in einem weitergehend vernünftigen Sinn, also unter Einbeziehung individueller, sozialer und umweltorientierter Aspekte, dann sollte dies einfühlende Denken gestärkt werden.
Mit dem Aufkommen der Virtual Reality Technik (VR) gewinnt die Frage nach dem Verhältnis von konkreter zu abstrakter Erfahrungswelt eine besondere Relevanz. Wie das Medium Telefon und wie die CNC-Werkzeugmaschine schafft die Virtuelle Realität Distanz und überbrückt sie zugleich. Neu bei der VR-Technik ist aber die Möglichkeit der totalen Versenkung in eine abstrakte, gedoppelte Welt, die die Illusion des Konkreten vorspiegelt, in Wirklichkeit aber eine hochformalisierte, gefilterte Modellwelt ist.

Simulation als Experimentierfeld

Ein Hilfsmittel, das sich zur Unterstützung eines experimentellen, vielperspektivischen Vorgehens in der Systemgestaltung anbietet, ist die Simulation, der iterative Zyklus von Modellbildung und Experiment.
»Simulation ist die Nachbildung des Verhaltens eines dynami-

schen Prozesses in einem System mit Hilfe eines experimentierfähigen Modells, um zu Erkenntnissen zu gelangen, die auf die Wirklichkeit übertragbar sind. Im weiteren Sinne wird unter Simulation das Vorbereiten, Durchführen und Auswerten gezielter Experimente mit einem Simulationsmodell verstanden« (VDI 1992). Diese oder ähnliche Definitionen kennzeichnen einen wesentlichen Zweck der Simulation: den der Erkenntnisgewinnung und Objektivierung.

Modellbildung, Experiment, Analyse, Abstraktion und deren Kombination in der Simulation sind besonders in den Ingenieurwissenschaften bewährte Methoden der Erkenntnisgewinnung. Ingenieure setzen darüber hinaus die Simulation zur Rationalisierung und Effektivierung technischer Anlagen, Arbeitsorganisationen und individueller Arbeitsbedingungen ein.

Modellbildung ist eine allgemeine menschliche Aktivität der abstrahierenden Realitätsbewältigung. Die Realität vermittelt sich durch Erscheinungen, die über äußere oder innere Sinne wahrgenommen werden. Wahrnehmungen werden bezeichnet und damit zu Phänomenen. Abstraktionen dieser Phänomene führen zu Begriffen und Modellen, mit denen wir Zusammenhänge darstellen, Urteile bilden und diese äußern. Unterscheiden wir innere und äußere Modelle (vgl. Dutke, 1994), so handelt es sich bei der hier betrachteten Simulation um äußere Modelle, formale Beschreibungen in einer physikalischen (Bauelemente) oder mathematischen (Formeln und Zahlen) Sprache. Sie hat objektivierenden Charakter. Indem sie aber Äußerung ist, ist sie auch Projektion von Wünschen und Vorstellungen und wird für den Äußernden und für andere interpretierbar, beurteilbar, veränderbar. Diese letztgenannten Aspekte verweisen auf die psychologische Kategorie der Übertragung von Wünschen auf ein OBJEKT und die soziale Kategorie der Kommunikation.

Experimente erfolgen mit der bewußten oder unbewußten Absicht, das Verhalten und die Tragfähigkeit von Modellen zu erkunden und sind mit einer Perspektive und Zielsetzung verbunden. Bei einem systematischen Simulationsvorgang werden verschiedene Umgebungssituationen vorgegeben und ihre Wirkung auf das Modellverhalten untersucht. Dies erfolgt in der Regel über das Anbringen von Meßpunkten im Modell und das Erfassen quantifizierbarer Meßgrößen.

Diese Definition der Simulation sagt noch nichts über ihre konkrete Realisierung aus, sie kann z. B. mit Hilfe physikalischer Modellbausteine, sprachlicher, geometrischer oder bildhafter Elemente, abstrakter funktionaler und logischer mathematischer Elemente oder diskreter Zustandsautomaten auf einem Digitalrechner erfolgen. Zunehmende Verbreitung findet die rechnergestützte Simulation. Hier wird mit Hilfe eines speziellen Computerprogrammes, dem Modellierer, ein Modell in einer speziellen Simulationssprache beschrieben. Besondere Merkmale dieser Simulationssprachen sind, daß sie Elemente zur Beschreibung beweglicher und stationärer, aktiver und passiver Objekte und deren örtlicher und funktionaler Beziehungen zueinander, zur diskreten Veränderung des Zustandes der Objekte und Beziehungen, zur Einbeziehung äußerer und Erzeugung innerer deterministischer und stochastischer Ereignisse, zur Verwaltung der Simulationszeit, zur Messung zeitveränderlicher Größen, deren Auswertung und Darstellung enthalten. Ein derartig beschriebenes Modell wird dann von einem weiteren Computerprogramm, dem Simulator, abgearbeitet, indem dabei – häufig im Zeitraffer – die grundsätzlich spezifizierte Folge von Modellzuständen durchlaufen wird. Der Visualisierer, ein weiteres Programm, stellt die Ergebnisse in textlicher oder grafischer Form statisch oder dynamisch dar. Eine Einheit von Modellierer, Simulator und Visualisierer wird Simulations(entwicklungs)system genannt; es unterstützt über die o.g. Funktionen hinaus noch die Verwaltung von Modellvarianten, Experimenteserien und die entsprechende Ergebnispräsentation. Interessant ist nun die Frage, wie diese Hilfsmittel die Simulation unterstützen und einschränken.

Ziel eigener Forschung war es, eine empirische Grundlage für die Beurteilung der Möglichkeiten zur Überwindung vorwiegend technisch instrumenteller Sichten von Automatisierungsvorhaben unter Einsatz der rechnergestützten Simulation zu gewinnen (vgl. Bruns & Heimbucher 1992). Die zunächst intuitive Abschätzung der Möglichkeiten und Grenzen des technisch unterstützten Diskurses bei der *Arbeit und Technik*-Gestaltung und der Defizite von Methode und Mittel wurden durch Fallstudien differenziert und Verbesserungsmöglichkeiten aufgezeigt. Dies erforderte die Analyse vorhandener Simulatoren, den exemplarischen betrieblichen Einsatz ausgewählter Simulatoren, die Durchführung von Qualifizierungsmaßnahmen für Planer und Betroffene und die konkrete Verbesserung dieser Simulatoren. Betriebliche Anwen-

dungen waren z. B. die Simulation von Hafenanlagen, Fertigungssystemen und Lagersystemen.
Wichtigstes Ergebnis der durchgeführten Fallstudien war, daß für eine heterogene Gestaltungsgruppe die heute verfügbaren Simulatoren ungeeignet sind. Sie verlangen ein sehr spezialisiertes und intensives Umgehen mit dem Hilfsmittel selbst und tendieren zur Perspektivverengung. Wichtige vorbegriffliche Einflüsse können bei der Modellierung zu wenig berücksichtigt werden.
Dynamische Vorgänge, schon wenn sie nur aus zwei zeitlich parallel verlaufenden Aktivitäten bestehen, sind umgangssprachlich schwer zu beschreiben. Eine gleichberechtigte Teilnahme unterschiedlich Vorgebildeter und Spezialisierter am Technikgestaltungsprozeß setzt die *gemeinsame* Begriffs- und Theoriebildung voraus. Diese läßt sich bei komplexen dynamischen Vorgängen aber nicht auf eine Verständigung im Sinne einer formalen Begriffsanalyse, wie sie von Wille u. a. (1987) entwickelt wurde, reduzieren. Im Verlauf unserer Forschungs- und Entwicklungsarbeit waren neben statischen und dynamischen Visualisierungstechniken, wie Wandskizzen, Videoaufnahmen, Computeranimationen, auch Handhabungstechniken von Bedeutung. Es zeigte sich, daß für bestimmte Prozeßabläufe, wie die Synchronisation von Fahrstüh-

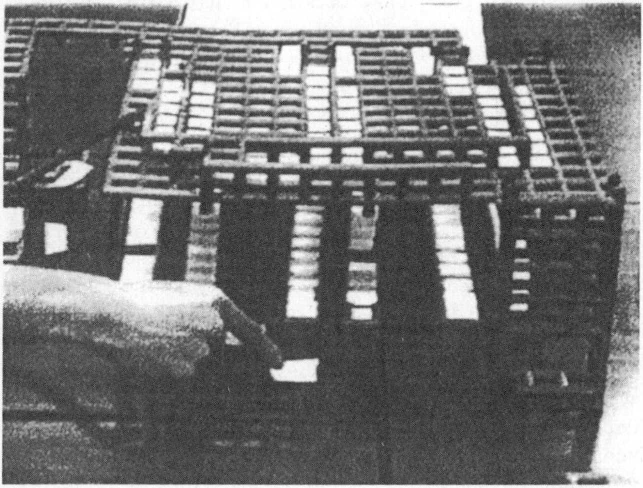

Abb. 1: Modell einer Transportanlage

len, Kränen, LKWs, das manuelle Vormachen mit handlichen Modellen (Abb. 1) sehr förderlich für die Herausbildung eines gemeinsamen Verständnisses war. Diese Erfahrung warf Fragen bezüglich einer zu frühen Begriffsbildung und Computerformalisierung im Hinblick auf kommunikatives Handeln auf. Im Interesse einer Kritisierbarkeit von Geltungsansprüchen war eine enge Kopplung zwischen abstrakter werdendem Modell und konkret sinnlich erfahrbaren Modellabläufen erwünscht. Diese Kopplung wird aber bisher von keinem Simulationssystem unterstützt. Die festgestellten Defizite von Methode und Hilfsmittel waren ein Grund für das Auseinanderfallen objektiver (technischer), sozialer und subjektiver Aspekte des Gestaltungsprozesses.
Die festgestellten Defizite führten zu einer Suche nach neuen Umgangsformen mit dem Rechner. Wie kann die Wirkung minimiert werden, die dazu führt, daß sich der Rechner mit seinen an Tastatur und Bildschirm fesselnden, auf Einzelnutzer bezogenen Betriebsarten zwischen die Kommunizierenden drängt? Wie kann erreicht werden, daß die Nutzer im direkten Umgang kommunizieren und handeln, also von Angesicht zu Angesicht, den Rechner aber trotzdem unterstützend im Rücken haben? Wie kann verhindert werden, daß menschliches Handeln im Gestaltungsprozeß auf abstrakte Denkprozesse reduziert wird? Die Beantwortung dieser Fragen soll durch einen Prototypen zur Diskussion gestellt werden (vgl. Bruns et al 1993), der im folgenden Abschnitt vorgestellt wird.

Ein gegenständlicher und abstrakter Modellierer mit Übergängen und Übertragungen

Aus den Erfahrungen im Umgang mit gegenständlichen Modellbaukästen, Kunststoffprototypen (Abb. 1) und abstrakten Rechnersimulationsmodellen entstand das folgende Konzept der *erfahrungsorientierten Übergänge zwischen gegenständlichen und abstrakten Modellen der Produktion*. Dieser Ansatz sieht den Wert einer Simulation weniger in der objektiven Modellierung und Optimierung eines zu bauenden Systems als in der Unterstützung der assoziativen und diskursiven Elemente eines explorativen gruppendynamischen Technikgestaltungsprozesses.
Der kreative Umgang mit Modellen setzt Erfahrungen mit Ele-

menten und Regeln der jeweiligen Modellwelt *und* der zu modellierenden Realität voraus. Liegen Modellwelt und Realität weit auseinander, so ist der Modellierungsprozeß zeitaufwendig und von Fehlermöglichkeiten geprägt. Dies trifft leider häufig für die rechnergestützte Simulation produktionstechnischer Systeme zu.

Verfügbare Simulatoren unterstützen bisher nicht den vorbegrifflichen Modellbildungsprozeß, sie setzen bereits auf einem hohen mathematischen Abstraktionsniveau an. Dies erschwert eine vielperspektivische, kreative Kommunikation zwischen Entwickelnden und Betroffenen, die üblicherweise unterschiedliche Vorerfahrungen, Abstraktionsfähigkeiten und Interessen haben. Vergleichende Simulationen eines Referenzproblems zeigen, daß bereits einfache technische Fragestellungen, wie die Modellierung flexibler Fertigungszellen, bei verschiedenen Simulationsexperten zu teilweise erheblich unterschiedlichen Ergebnissen führen. Dies liegt nicht nur an der unterschiedlichen Funktionalität der Simulationswerkzeuge, sondern vor allem an der unterschiedlichen Interpretation der Aufgabenstellung und der relevanten Systemzusammenhänge.

Es existieren zwar Ansätze, das Modellieren konkreter und kommunikationsförderlicher zu gestalten, diese Versuche, Rechnermodelle handhabbarer und intuitiv nutzbar zu machen, konzentrieren sich jedoch darauf, mit neuen Eingabe- und Ausgabegeräten (sensorisierter Datenhandschuh, Datenhelm, Datenanzug) in virtuellen, photorealistischen Räumen *im Rechner* zu operieren.

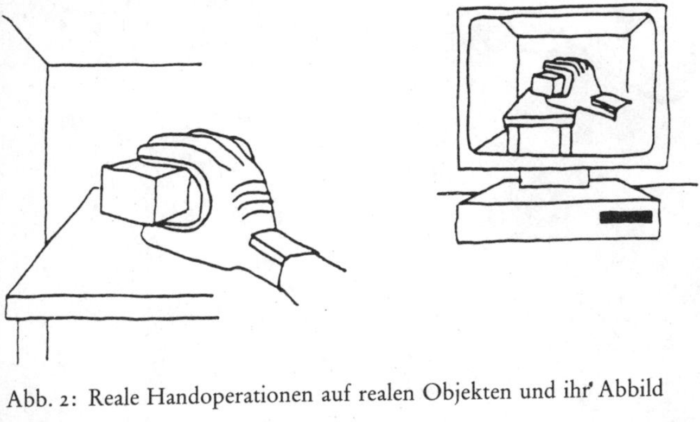

Abb. 2: Reale Handoperationen auf realen Objekten und ihr Abbild

Hier vollzieht sich unmerklich eine Gewöhnung an die Verlagerung von Wirklichkeit in den Rechner. Mit dem Abbild eines ganzen menschlichen Körpers oder Teilen, wie der Hand, wird in der virtuellen dreidimensionalen Welt des Rechners navigiert und mit virtuellen Objekten hantiert. Die Dinge werden schwerelos, widerstandslos, leer und ohne Substanz. Diesen Weg halte ich für bedenklich.

Der Versuch, den *direkten Umgang mit der Realität* durch Erkennungs- und Synthesealgorithmen und entsprechende Interface-Techniken zu unterstützen, ist neu. Unsere Arbeit konzentriert sich auf die Entwicklung eines Modelliersystems, mit dem aus gegenständlichen Bausteinen ein Modell einer technischen Anlage aufgebaut werden kann und gleichzeitig dazu ein rechnerinternes Abbild entsteht. Dies wird erreicht, indem die Operationen der Modellierenden mit den realen Bauelementen über sensorisierte Handschuhe vom Rechner erfaßt und synchron dazu die entsprechenden rechnerinternen Datenfragmente zu einem Gesamtmo-

Abb. 3: Synchrone Modellierung im Realen und im Virtuellen

dell synthetisiert werden (Abb. 2 und 3). Die Erfahrungen aus dem traditionellen Umgang mit Stoff und Form bleiben erhalten, und trotzdem kann der Rechner mit seinen Stärken des Rechnens, Archivierens, Suchens, Vergleichens und Variierens genutzt werden. Dabei haben wir bewußt die Alternative gewählt, die Hand zu sensorisieren und nicht die gegenständlichen Objekte der Welt mit Orts- und Lagesensoren auszustatten oder gar über allgegenwärtig positionierte Bilderkennungsvorrichtungen den Menschen in seinen Handlungen mit den Dingen zu beobachten. Die beiden ausgeschlossenen Alternativen wären technisch sehr aufwendig und enthielten ein Potential der externen Überwachung des Menschen, das in der gewählten Lösung ausgeschlossen werden kann. Der handelnde Mensch bleibt das Maß der Dinge, er kann den Datenhandschuh ausziehen und sich so jeder Kontrolle entziehen.

Mit diesem Ansatz streben wir eine Alternative zum Modellieren im abstrakten Rechnerraum an. Der sinnlichen Wahrnehmung und dem Umgang mit Gegenständlichem wird dabei eine zentrale Bedeutung für das Begreifen und Beurteilen komplexer Zusammenhänge zuerkannt.

Wir gehen von der These aus, daß der Grad der *Stofflichkeit und Konkretheit* von Modellelementen einen Einfluß auf das Verständnis der Modellierenden, auf die Kommunikation unter ihnen und auf die Überprüfung der Modellqualität hat. Verständnis, Verständigung und Reflexion sind wichtige Dimensionen der Technikgestaltung. Darüber hinaus ist zu erwarten, daß eine *schrittweise*, nachvollziehbare und überprüfbare Abstraktion, ausgehend von konkret erfahrbaren Zusammenhängen zu physikalischen, mathematischen und numerischen Modellen, Fehler und Mißverständnisse bei der Modellierung reduziert.

Das Modelliersystem koppelt Realwelt und Modellwelt und erlaubt daher konzeptuelle Übergänge, mit denen eine schrittweise, leichter validierbare Modellierung und zugleich ein kommunikativer Modellierungsvorgang ermöglicht werden. Dieser findet in der realen Handlungsrunde und nicht vor dem Rechner statt (vgl. Abb. 3). Die Abstraktionen erlauben das Vor und Zurück zwischen Gegenstand, Bild, Vorstellung, Anschauung, Begriff, Urteil, Schluß und ihrer teilweisen Repräsentation im Rechner.

Aufbauend auf Entwicklungen zur Gestenerkennung (Abb. 4), Geometriedatenverarbeitung und der Simulation entsteht der

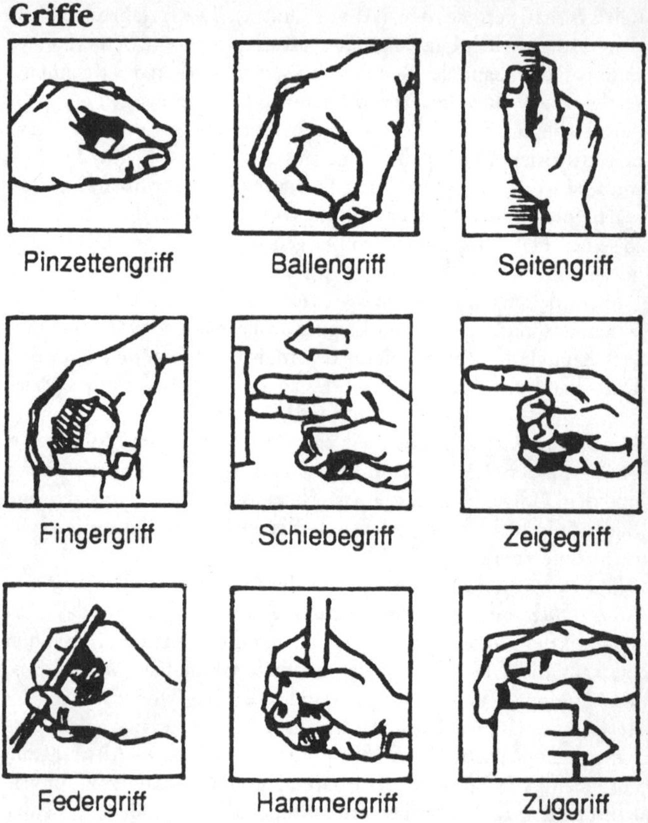

Abb. 4: Taxonomie der Grifferkennung

Prototyp eines simulierbaren Labilbaukastens (LABILO). Unter Labilbaukasten verstehen wir einen physischen Baukasten mit erweiterbaren Maschinen- und Prozeßelementen und jeweils entsprechenden Rechnermodellfragmenten. Unter Verwendung sensorisierter Handschuhe wird das Zusammenfügen der gegenständlichen Elemente von einem synchronen Prozeß der Modellbildung im Rechner begleitet. Durch Gesten und Griffe wird der rechnerinterne Modellbildungsprozeß gesteuert. Hierbei wenden sich die Modellierer aber ganz dem konkret Stofflichen zu, der

Rechner bleibt im Hintergrund. In der modellerzeugenden Phase besteht eine direkte geometrische, topologische und funktionale Analogie zwischen dem physikalischen und dem rechnerinternen Modell. Erst in einer nachfolgenden Phase erfolgt das quantitative Experimentieren mit dem rechnerinternen Modell.
Mit dem vorgestellten Prototypen können bereits jetzt einfache Transportprozesse und Montageoperationen abgebildet werden. Eine Erweiterung auf komplexere Funktionen, wie Elektro-Pneumatikvorgänge oder Maschinen- und Prozeßsteuerungen befindet sich in Arbeit. Das Grundprinzip der über den Menschen vermittelten Kopplung von Modellprozeß und Realprozeß eröffnet interessante Perspektiven für die Unterstützung der Arbeit mit komplexen technischen Anlagen. Ein synchroner Aufbau von Realanlage und Modell verspricht nicht nur eine neue Dimension der Einsicht in die Anlage, mit dem Modell könnte auch eine Kommunikationsgrundlage geschaffen werden, die sowohl für die Behandlung von Störungen als auch für die Erweiterung der Anlage von Vorteil wäre. Handlungen des dezentral in der Realanlage Tätigen würden sich in dem zentralen Modell der Anlage widerspiegeln lassen.
Wird Simulation nicht primär zweckorientiert im Sinne der Optimierung eingesetzt, so kann das übliche Verständnis von Simulation als Reduktion von Realität auf ein abstraktes Modell erweitert werden. Simulation als Fortsetzung des Spiels mit ernsterem Hintergrund kann realitätsbildend und konstruktiv sein. Der spielerische Umgang mit Vorhandenem fördert neue Ideen. Simulation übernimmt dann eine Übergangsrolle auf dem Weg zur »techne«, zum Hervorbringen von Neuem, über das kommuniziert werden kann: vom unbewußt dominierten Spiel über das plamäßige Experimentieren mit formalen Strukturen zum objektivierten Äußeren. Simulation könnte für den einzelnen die Funktion eines Übergangs-OBJEKTES im psychologischen Sinne haben (vgl. Winnicott 1971), also als ein Übergangsphänomen von inneren, unsicheren, unscharfen Gestaltungsphantasien zum sozial reflektierten, auf Kriterien beruhenden Produkt.
Nach der dargestellten Umorientierung der rechnergestützten Modellierung von der abstrakten Virtualität zur gegenständlichen Realität unterliege ich der Versuchung, und bitte schon jetzt um Nachsicht, einen weiteren, zugegeben etwas gewagten Schritt zu gehen. Ich will versuchen von Konzepten der Psychoanalyse für

eine humanere Technikgestaltung zu lernen, indem ich eine entfernte Ähnlichkeit zwischen dem Mutter-Kind-Verhältnis und der Softwareentwickler-Nutzer-Beziehung unterstelle.

Bion (1984) geht von der These aus, daß der Denkapparat und das Denken sich in einem zyklischen Prozeß herausbilden, der aus einer erfolgreichen Verarbeitung und Verwandlung von Sinneseindrücken in Emotionen, Emotionen in traumfähige Gedanken, Gedanken in Konzepte und Konzepten in deduktive Denksysteme besteht. Eine notwendige Voraussetzung für die normale Entwicklung dieser frühkindlichen Phase der Entstehung des Denkens ist das Vorhandensein angeborener Erwartungen (»Prä-Konzeptionen«) nach der Mutterbrust, eine angemessene Frustrationstoleranz gegenüber verzögerter Bedürfnisbefriedigung und die Fähigkeit der Mutter, in träumerischer Gelöstheit dem Kind liebevoll zugewandt, emotional unverarbeitbare Ausscheidungen vorverdaut zurückzugeben. Sein Modell der emotionalen strukturellen Kopplung zwischen Kind und Mutter orientiert sich an dem physikalischen Prozeß des Stoffwechsels, bei dem unverdaubare Nahrungsobjekte ausgeschieden werden, um von der Mutter vorverarbeitet zurückgereicht zu werden. Dieser Prozeß wird auch auf die Verdauung emotionaler Objekte übertragen; so erzeugt z. B. der Sinneseindruck einer fehlenden Brust das nicht näher differenzierbare emotionale Objekt (Beta-Element) der »bösen Brust«, welches ausgeschieden wird und von der liebenden Mutter emotional und physikalisch-sinnlich als gutes Objekt rückübertragen wird. Durch diesen Prozeß wird das Kind in die Lage versetzt, Grundbausteine für die Bildung von Gedanken zu sammeln (Alpha-Elemente), die in Träumen zu Gedanken verarbeitbar sind und zur Grundlage des Denkens werden können. Erst das Denken mit den Möglichkeiten der Abstraktion versetzt das Kind in die Lage, nicht mehr primär die aktuell fehlende Brust als »böse Brust« zu erleben, also die Leere als Ding-an-Sich, sondern diesen Zustand als Noch-nicht-Dasein einer zu erwartenden guten Brust zu ertragen. Ist einer dieser drei Faktoren (»Präkonzeption«, Frustrationstoleranz, träumerisch gelöste Mutter) gestört, so kommt es zu Störungen im Denkapparat des Kindes, die bis zu Psychosen führen können.

Kann für die Softwareentwicklung von dieser Theorie Bions gelernt werden? Könnte man sich die Softwareentwickelnden als Mütter, die Nutzenden als Kinder und die milchspendende Brust als funktionserfüllende, aber häufig auch versagende Software vorstellen? Softwareentwicklung wäre dann ein emotionales Einlassen und träumerisch zerstreutes Wahrnehmen der Bedürfnisse konkret vorhandener und vorgestellter Nutzer. Die Konsequenz wäre die tendenzielle Abkehr von formalisierten Methoden des Softwareengineering und eine Hinwendung zu intuitiver Herstellung kleiner Systeme. E. Krejci schreibt im Vorwort zu Bion (1990) bezogen auf die analytische Arbeit mit einem Patienten: »Sind wir vorschnell mit Namen und Begriffen, mit Denkmodellen und Theorien zur Hand, so nehmen wir der unbekannten emotionalen Erfahrung die Möglichkeit, in uns Gestalt zu gewinnen. – Es gehört zum bewährten psychoanalytischen ›Suchverhalten‹, während des Zuhörens in der analytischen Sitzung theoretische Überlegungen und Konzeptualisierungen zu dispensieren und das Urteil in der Schwebe zu halten, bis ausreichend Evidenz für einen unbewußten Zusammenhang entstanden ist.« Zu fragen ist, ob diese Methode der direkten Übertragung zwischen Menschen auch für den Maschinenbau hilfreich sein kann, wenn wir eine Maschine unter dem Aspekt ihres Vorstellungs- und Verhalteneinflusses auf den Nutzer betrachten.

Ich sehe den Wert der Simulation nicht so sehr in der Objektivität des Modells als vielmehr in dem dadurch evozierten kreativen und kommunikativen Probehandlungsakt. Die Simulation, als bewußtes Experimentieren, könnte eine sozialorientierte Brücke schlagen zwischen dem stark unbewußten subjektiven Spiel und der objektivierten Außenwelt.

Das Ziel traditioneller Simulation ist es, größere Klarheit, analytische Schärfe, Problemeingrenzung, Geschlossenheit und damit Sicherheit zu erzeugen. Die hier vorgestellte methodische Alternative wäre, Simulation stärker als Suchmethode zu verstehen, um Fragen aufzuwerfen, Unschärfen zuzulassen, Offenheit und Unsicherheit zu erzeugen und zu ertragen. Nicht die Überprüfung von Ideen zum Zwecke der größeren Planungssicherheit, sondern die Ideenfindung stünde hier im Vordergrund. Simulation könnte das problematische Prinzip, Unsicherheit zu ertragen, unterstützen und damit zum flexibleren Denken und Umdenken führen.

Bion, W. R. (1990), *Lernen durch Erfahrung*, Frankfurt am Main: Suhrkamp

Bion, W. R. (1984), *A Theory of Thinking*, London: Karnac Books

Böhle, F./B. Milkau (1988), *Vom Handrad zum Bildschirm*, München: Campus

Böhle, F. (1992), »Grenzen und Widersprüche der Verwissenschaftlichung von Produktionsprozessen. Zur industriesoziologischen Verortung von Erfahrungswissen«, in: T. Malsch, U. Mill (Hg.), *ArByte: Modernisierung der Industriesoziologie?*, Berlin

Böhle, F./H. Rose (1992), *Technik und Erfahrung. Arbeit in hochautomatisierten Systemen*, München

Bruns, F. W./A. Heimbucher (1992), »Simulation as a Means of Shaping Work and Technology. Using new tools in participatory factory planning«, in: Brödner P., W. Karwowski (Hg.), *Ergonomics of Hybrid Automated Systems* III, Amsterdam: Elsevier

Bruns, F. W./A. Heimbucher/D. Müller (1993), »Ansätze einer erfahrungsorientierten Gestaltung von Rechnersystemen für die Produktion«, in: *artec-Paper* 21, Bremen

Bruns, F. W. (1993), »Zur Rückgewinnung von Sinnlichkeit. Eine neue Form des Umgangs mit Rechnern«, in: *Technische Rundschau* 29/30, S. 14-18

Dutke, S. (1994), *Mentale Modelle, Konstrukte des Wissens und Verstehens*, Göttingen: Verlag für Angewandte Psychologie, Reihe Arbeit und Technik, Band 4

Horkheimer, M. (1937), »Traditionelle und kritische Theorie«, in: ders., *Traditionelle und kritische Theorie – Fünf Aufsätze*. Frankfurt am Main: S. Fischer, 1992, S. 205-269

Levi-Strauss, C. (1962), *Das wilde Denken*, Paris, Übers. Frankfurt am Main, 1968

Sutter, A. (1988), *Göttliche Maschinen. Die Automaten für Lebendiges*, Frankfurt am Main: Athenäum

Verein Deutscher Ingenieure VDI (1992), »Simulation von Logistik-, Materialfluß- und Produktionssystemen«, in: *VDI-Richtlinie 3633. Entwurf*, Düsseldorf

Wille, R. (1987), »Bedeutung von Begriffsverbänden«, in: B. Ganter, R. Wille, K. E. Wolff (Hg.), *Beiträge zur Begriffsanalyse*, Mannheim: B. I.-Wissenschaftsverlag

Winnicott, D. W. (1971), *Playing and Reality*, London: Tavistock Publications Ltd, aus dem Engl. übers. von Michael Erdmann (1993), *Vom Spiel zur Kreativität*, Stuttgart: Klett-Cotta

Zu den Autorinnen und Autoren

Arno Bammé, Dipl.-Hdl., Dipl.-Soz., Dr. phil., geb. 1944; o. Univ. Prof. am Institut für Weiterbildung der Universität Klagenfurt und Leiter des Arbeitsbereichs Technik- und Wissenschaftsforschung am Institut für Interdisziplinäre Forschung und Fortbildung der Universitäten Innsbruck, Klagenfurt und Wien (IFF). Wissenschaftlicher Mitarbeiter am Projekt ›Berufsverläufe von Ingenieuren und Naturwissenschaftlern‹ der Deutschen Forschungsgemeinschaft an der Universität Hamburg. Gründungsmitglied des Laborbetriebs ›Ökotopia‹ im Berliner Mehringhof sowie des Technik- und Sozialwissenschaftlichen Forschungsinstituts Berlin (TESOF). Längere Berufserfahrung in der Industrie. Leiter des Projekts ›Soziale und psychische Implikationen humanmedizinischer Reproduktionstechnologien‹ (gemeinsam mit der Fernuniversität Hagen) sowie des Projekts ›Technologie-Entwicklung und Weiterbildung‹ (gemeinsam mit der Technischen Hochschule Zittau).

Fritz Böhle, Dipl.-Soz., Dr. rer. pol., Privatdozent, geb. 1945, arbeitet am Institut für Sozialwissenschaftliche Forschung e. V. München und lehrt an der Universität München. Arbeitsgebiete: Risiken im Arbeitsprozeß, Sozialpolitik, Industrielle Beziehungen, Sinnliche Wahrnehmung und Arbeitshandeln, Verwissenschaftlichung von Technik.

Wilhelm F. Bruns, Prof. Dr.-Ing., geb. 1945, Forschungsarbeiten in numerischer Mathematik, Softwareentwicklung für Computer Aided Design und Maschinensteuerung, Simulationstechnik. 1990 Zeitprofessur für Technikgestaltung/Automatisierungstechnik am Forschungszentrum Arbeit und Technik (artec) der Universität Bremen. Arbeitsschwerpunkt: Produktionsinformatik und Simulationstechnik.

Sabine Collmer, Dr. phil., Dipl.-Soziologin, geb. 1962, studierte Soziologie, Psychologie und Ethnologie in München. Forschungsschwerpunkte: Qualifikationsforschung, neue Technologien und Berufsentwicklung, Militär und Gesellschaft, Geschlechterverhältnis und Technik. Nebenberufliche Tätigkeit als EDV-Trainerin an der Frauen-Computerschule in München. Promotion zum Thema: ›Frauen und Männer am Computer: Aspekte geschlechtsspezifischer Technikaneignung‹. Zwischen 1991 und 1995 wissenschaftliche Mitarbeiterin am Sozialwissenschaftlichen Institut der Bundeswehr (SOWI), seit Dezember 1995 WM an der TU Berlin, Zentrum Technik und Gesellschaft.

Barbara Maria Grüter, Dipl. Psych., Dr., geb. 1950; wiss. Assistentin am Institut für Arbeits-, Organisations- und Gesundheitspsychologie an der Freien Universität Berlin und Mitglied der Arbeitsgruppe Entwicklungspsychologie. Arbeitsschwerpunkt: Entwicklung, Innovation, Gestaltung. Forschungsaufenthalt an der Universität in North Carolina in Chapel Hill.

Thomas Leithäuser, Prof. Dr., geb. 1939; Institut für Psychologie und Sozialforschung der Universität Bremen. Studium der Germanistik, Geschichte, Philosophie, Psychologie, Soziologie an der Johann Wolfgang Goethe-Universität Frankfurt. Promotion zum Dr. phil. an der Universität Hannover 1972, wiss. Assistent am Psychologischen Seminar der Universität Hannover, Gastprofessuren an den Universitäten Amsterdam und Pernambuco (Recife, Brasilien). Arbeitsschwerpunkte: Entwicklungspsychologie und Sozialpsychologie.

Christina Schachtner, Sozialwissenschaftlerin, Prof. Dr., geb. 1948, Institut für Erziehungswissenschaft an der Philipps-Universität Marburg, Gastprofessorin an den Universitäten Wien und Innsbruck. Forschungsaufenthalte an den Universitäten San Francisco und Berkeley/Kalifornien. Arbeitsschwerpunkte: Technik- und Medienforschung, Geschlechterverhältnis, Gesundheit, Denken und Handeln.

Brigitte Scherer, Dipl.-Psych., geb. 1958, Sozialpädagogikstudium in Reutlingen, Studium der Psychologie an der Universität Bremen. Wissenschaftliche Mitarbeiterin am Institut für Psychologie und Sozialforschung der Universität Bremen. Arbeitsschwerpunkte: Sozialpsychologische Technikforschung, Lernen von und in Organisationen, Psychoanalyse und Geschlechterdifferenz, Wirkungsweise der nationalsozialistischen Vergangenheit.

Hartmut Schulze, Dipl.-Psych., geb. 1960, arbeitet an der Universität Hamburg. Psychologisches Institut I – Arbeits- Betriebs- und Umweltpsychologie. Arbeitsgebiete: Arbeitshandeln und Erfahrungswissen, humanorientierte Technikentwicklung.

Erhard Tietel, Dr. phil., Dipl.-Psych., Dipl.-Betriebswirt, geb. 1953; derzeit Wissenschaftlicher Assistent am Institut für Psychologie und Sozialforschung der Universität Bremen sowie freiberuflicher Supervisor. Lehrtätigkeit an den Universitäten Bremen und Oldenburg. Arbeitsschwerpunkte: Sozialpsychologie der Technik, Psychoanalyse, Organisationsforschung, Theorie und Praxis der Supervision.

suhrkamp taschenbücher wissenschaft
Soziologie, Theorie der Gesellschaft

Adorno: Einleitung in die Musiksoziologie. stw 142
– Prismen. stw 178
– Soziologische Schriften I. stw 306
Assmann/Hölscher (Hg.): Kultur und Gedächtnis. stw 724
Baecker: Womit handeln Banken? stw 946
Beck/Bonß (Hg.): Weder Sozialtechnologie noch Aufklärung? stw 715
Bendix: Freiheit und historisches Schicksal. stw 390
– Könige oder Volk. stw 338
Berg/Fuchs (Hg.): Kultur, soziale Praxis, Text. stw 1051
Bertram (Hg.): Gesellschaftlicher Zwang und moralische Autonomie. stw 450
Bonß/Honneth (Hg.): Sozialforschung als Kritik. stw 400
Bourdieu: Entwurf einer Theorie der Praxis. stw 291
– Die feinen Unterschiede. stw 658
– Homo academicus. stw 1002
– Sozialer Raum und »Klassen«. Leçon sur la leçon. stw 500
– Zur Soziologie der symbolischen Formen. stw 107
– *siehe auch Eder*
– *siehe auch Gebauer/Wulf*
Bourdieu u. a.: Eine illegitime Kunst. stw 441
Brandt: Arbeit, Technik und gesellschaftliche Entwicklung. stw 780
Bude: Bilanz der Nachfolge. stw 1020
Cicourel: Methode und Messung in der Soziologie. stw 99
Claessens: Kapitalismus und demokratische Kultur. stw 1041
Coulmas: Die Wirtschaft mit der Sprache. stw 977
Cremerius (Hg.): Die Rezeption der Psychoanalyse in der Soziologie, Psychologie und Theologie im deutschsprachigen Raum bis 1940. stw 296
Dahme: *siehe Simmel*
Duby: Ritter, Frau und Priester. stw 735
Durkheim: Erziehung, Moral und Gesellschaft. stw 487
– Die Regeln der soziologischen Methode. stw 464
– Der Selbstmord. stw 431
– Soziologie und Philosophie. stw 176
– Über soziale Arbeitsteilung. stw 1005
Dux: Die Logik der Weltbilder. stw 370
– Die Zeit in der Geschichte. stw 1025
Edelstein/Habermas (Hg.): Soziale Interaktion und soziales Verstehen. stw 446
Edelstein/Keller (Hg.): Perspektivität und Interpretation. stw 364
Edelstein/Nunner-Winkler (Hg.): Zur Bestimmung der Moral. stw 628

205/1/8.92

suhrkamp taschenbücher wissenschaft
Soziologie, Theorie der Gesellschaft

Eder: Die Entstehung staatlich organisierter Gesellschaften. stw 332
– Geschichte als Lernprozeß ? stw 941
– Die Vergesellschaftung der Natur. stw 714
Eder (Hg.): Klassenlage, Lebensstil und kulturelle Praxis. stw 767
Eisenstadt: Die Transformation der israelischen Gesellschaft. stw 1009
Eisenstadt (Hg.): Kulturen der Achsenzeit. 2 Bde. stw 653
– Kulturen der Achsenzeit II. stw 930
Elias: Engagement und Distanzierung. stw 651
– Die Gesellschaft der Individuen. stw 974
– Die höfische Gesellschaft. stw 423
– Studien über die Deutschen. stw 1008
– Über den Prozeß der Zivilisation. 2 Bde. stw 158/159
– Über die Zeit. stw 756
Korte (Hg.): Gesellschaftliche Prozesse und individuelle Praxis. Bochumer Vorlesungen zu Norbert Elias' Zivilisationstheorie. stw 894
Evers/Nowotny: Über den Umgang mit Unsicherheit. stw 672
Fend: Sozialgeschichte des Aufwachsens. stw 693
v. Friedeburg: Bildungsreform in Deutschland. stw 1015
Frisby: Georg Simmel. stw 926
Fromm: Die Gesellschaft als Gegenstand der Psychoanalyse. stw 1054
Garz (Hg.): Die Welt als Text. stw 1031
Gebauer/Wulf (Hg.): Praxis und Ästhetik. Neue Perspektiven im Denken Pierre Bourdieus. stw 1059
Gerhardt: Gesellschaft und Gesundheit. stw 970
Gerhardt/Schütze (Hg.): Frauensituation. stw 726
Geulen: Das vergesellschaftete Subjekt. stw 586
Geulen (Hg.): Perspektivenübernahme und soziales Handeln. stw 348
Giddens: Die Klassenstruktur fortgeschrittener Gesellschaften. stw 452
Giegel (Hg.): Kommunikation und Konsens in modernen Gesellschaften. stw 1019
Giesen: Die Entdinglichung des Sozialen. stw 908
Giesen (Hg.): Nationale und kulturelle Identität. stw 940
Goffman: Das Individuum im öffentlichen Austausch. stw 396
– Interaktionsrituale. stw 594
– Rahmen-Analyse. stw 329
– Stigma. stw 140
Goldmann: Soziologie des Romans. stw 470
– Der verborgene Gott. stw 491
Goudsblom: Soziologie auf der Waagschale. stw 223

205/2/8.92

suhrkamp taschenbücher wissenschaft
Soziologie, Theorie der Gesellschaft

Greiffenhagen: Das Dilemma des Konservatismus in Deutschland. stw 634
Groethuysen: Die Entstehung der bürgerlichen Welt- und Lebensanschauung in Frankreich. 2 Bde. stw 256
Groh: Anthropologische Dimensionen der Geschichte. stw 992
Habermas: Strukturwandel der Öffentlichkeit. stw 891
– Zur Logik der Sozialwissenschaften. stw 517
– Zur Rekonstruktion des Historischen Materialismus. stw 154
– *siehe auch Edelstein/Habermas*
– *siehe auch Honneth/Joas*
Haferkamp (Hg.): Sozialstruktur und Kultur. stw 793
Haferkamp/Schmid (Hg.): Sinn, Kommunikation und soziale Differenzierung. Beiträge zu Luhmanns Theorie sozialer Systeme. stw 667
Hahn/Kapp (Hg.): Selbstthematisierung und Selbstzeugnis: Bekenntnis und Geständnis. stw 643
Halbwachs: Das Gedächtnis und seine sozialen Bedingungen. stw 538
Haupert/Schäfer: Jugend zwischen Kreuz und Hakenkreuz. stw 952
Hausen/Nowotny (Hg.): Wie männlich ist die Wissenschaft? stw 590
Heinsohn: Privateigentum, Patriarchat, Geldwirtschaft. stw 455
Hirschauer: Die soziale Konstruktion der Transsexualität. stw 1045
Hörning/Gerhard/Michailow: Zeitpioniere. stw 909
Honig: Verhäuslichte Gewalt. stw 857
Honneth: Kritik der Macht. stw 738
Honneth/Joas (Hg.): Kommunikatives Handeln. Beiträge zu Jürgen Habermas' »Theorie des kommunikativen Handelns«. stw 625
Institut für Sozialforschung (Hg.): Kritik und Utopie im Werk von Herbert Marcuse. stw 1037
Jäger (Hg.): Kriminologie im Strafprozeß. stw 309
Jaeggi: Theoretische Praxis. stw 149
Joas: Pragmatismus und Gesellschaftstheorie. stw 1018
– Praktische Intersubjektivität. stw 765
Joas (Hg.): Das Problem der Intersubjektivität. stw 573
Joas/Steiner (Hg.): Machtpolitischer Realismus und pazifistische Utopie. stw 792
Joerges (Hg.): Technik im Alltag. stw 755
Jokisch (Hg.): Techniksoziologie. stw 379
Jung/Müller-Doohm (Hg.): Wirklichkeit im Deutungsprozeß. stw 1048
Kempski: Schriften 1-3. stw 922- 924

205/3/8.92

– Brechungen. stw 922
– Recht und Politik. stw 923
– Prinzipien der Wirklichkeit. stw 924
Kern/Schumann: Industriearbeit und Arbeiterbewußtsein. stw 549
Kettler/Meja/Stehr: Politisches Wissen. stw 649
Kippenberg/Luchesi (Hg.): Magie. Die sozialwissenschaftliche Kontroverse über das Verstehen fremden Denkens. stw 674
Kocka (Hg.): Interdisziplinarität. stw 671
Korte: *siehe unter Elias*
Lenhardt: Schule und bürokratische Rationalität. stw 466
Lenski: Macht und Privileg. stw 183
Lepenies: Melancholie und Gesellschaft. stw 967
Lepenies (Hg.): Geschichte der Soziologie. 4 Bde. stw 367
Löwenthal: Schriften 1-5. stw 901-905
Luckmann: Die unsichtbare Religion. stw 947
Lüderssen/Sack (Hg.): Vom Nutzen und Nachteil der Sozialwissenschaften für das Strafrecht. 2 Bde. stw 327
– Seminar: Abweichendes Verhalten I-IV. 4 Bde. stw 84-87
Luhmann: Funktion der Religion. stw 407
– Legitimation durch Verfahren. stw 443
– Soziale Systeme. stw 666
– Die Wissenschaft der Gesellschaft. stw 1001
– Zweckbegriff und Systemrationalität. stw 12
– *siehe auch Haferkamp/Schmid*
– *siehe auch Welker; Welker/Krawietz*
Luhmann/Fuchs: Reden und Schweigen. stw 848
Luhmann/Pfürtner (Hg.): Theorietechnik und Moral. stw 206
Luhmann/Schorr: Reflexionsprobleme im Erziehungssystem. stw 740
Luhmann/Schorr (Hg.): Zwischen Absicht und Person. stw 1036
– Zwischen Anfang und Ende. stw 898
– Zwischen Intransparenz und Verstehen. stw 572
– Zwischen Technologie und Selbstreferenz. stw 391
Luhmann/Spaemann: Paradigm lost: Über die ethische Reflexion der Moral. stw 797
Mannheim: Konservatismus. stw 478
– Strukturen des Denkens. stw 298
– *siehe Kettler/Meja/Stehr*
Mead: Geist, Identität und Gesellschaft. stw 28
– Gesammelte Aufsätze. Bd. 1. stw 678
– Gesammelte Aufsätze. Bd. 2. stw 679
– *siehe auch Joas*
Meja/Stehr (Hg.): Der Streit um die Wissenssoziologie. stw 361

205/4/8.92

suhrkamp taschenbücher wissenschaft
Soziologie, Theorie der Gesellschaft

Mommsen: Max Weber. stw 53
Moore: Ungerechtigkeit. stw 692
Müller: Sozialstruktur und Lebensstil. stw 982
Münch: Dialektik der Kommunikationsgesellschaft. stw 880
– Die Struktur der Moderne. stw 978
– Theorie des Handelns. stw 704
Niemitz (Hg.): Erbe und Umwelt. stw 646
Nowotny: Eigenzeit. stw 1052
Oakes: Die Grenzen kulturwissenschaftlicher Begriffsbildung. stw 859
Oser: Moralisches Urteil in Gruppen. stw 335
Otto/Sünker (Hg.): Politische Formierung und soziale Erziehung im Nationalsozialismus. stw 927
– Soziale Arbeit und Faschismus. stw 762
Parsons: Gesellschaften. stw 106
– siehe auch Schluchter (Hg.): Verhalten
– siehe auch Schütz/Parsons
Plessner: Die verspätete Nation. stw 66
Rammstedt: Deutsche Soziologie 1933-1945. stw 581
– siehe auch Simmel
Ribeiro: Der zivilisatorische Prozeß. stw 433
Rosenbaum: Formen der Familie. stw 374
– Proletarische Familien. stw 1029
Rosenbaum (Hg.): Familie und Gesellschaftsstruktur. stw 244
Rossi: Vom Historismus zur historischen Sozialwissenschaft. stw 699
Roth: Politische Herrschaft und persönliche Freiheit. stw 680
Sachße/Engelhardt (Hg.): Sicherheit und Freiheit. stw 911
Schluchter: Aspekte bürokratischer Herrschaft. stw 492
– Rationalismus der Weltbeherrschung. stw 322
– Religion und Lebensführung. 2 Bde. stw 961/962
Schluchter (Hg.): Max Webers Sicht des antiken Christentums. stw 548
– Max Webers Sicht des Islam. stw 638
– Max Webers Sicht des okzidentalen Christentums. stw 730
– Max Webers Studie über das antike Judentum. stw 340
– Max Webers Studie über Hinduismus und Buddhismus. stw 473
– Max Webers Studie über Konfuzianismus und Taoismus. stw 402
– Verhalten, Handeln und System. Talcott Parsons' Beitrag zur Entwicklung der Sozialwissenschaften. stw 310
Schöfthaler/Goldschmidt (Hg.): Soziale Struktur und Vernunft. stw 365
Schröter: »Wo zwei zusammenkommen in rechter Ehe ...« stw 860
Schütz: Das Problem der Relevanz. stw 371

205/5/8.92

205/6/8.92